古代歷史文化研究輯刊

二一編

王明蓀 主編

第38冊

歷史文物與中國古代文明探研

田 率 著

國家圖書館出版品預行編目資料

歷史文物與中國古代文明探研／田率 著 — 初版 — 新北市：
花木蘭文化事業有限公司，2019〔民 108〕
序 4+ 目 2+ 面 246；19×26 公分
（古代歷史文化研究輯刊 二一編：第 38 冊）
ISBN 978-986-485-756-2（精裝）
1. 文物研究 2. 中國
618   108001555

ISBN-978-986-485-756-2

9 789864 857562

古代歷史文化研究輯刊
二一編　第三八冊

ISBN：978-986-485-756-2

歷史文物與中國古代文明探研

作　　者　田率
主　　編　王明蓀
總 編 輯　杜潔祥
副總編輯　楊嘉樂
編　　輯　許郁翎、王筑　美術編輯　陳逸婷
出　　版　花木蘭文化事業有限公司
發 行 人　高小娟
聯絡地址　235 新北市中和區中安街七二號十三樓
　　　　　電話：02-2923-1455 ／傳真：02-2923-1452
網　　址　http://www.huamulan.tw 信箱 hml 810518@gmail.com
印　　刷　普羅文化出版廣告事業
初　　版　2019 年 3 月
全書字數　155511 字
定　　價　二一編 49 冊（精裝）台幣 122,000 元

歷史文物與中國古代文明探研

田率　著

作者簡介

田率，男，1981 年生，北京人。1999 年至 2009 年，就讀於北京師範大學歷史系、歷史學院，依獲學士、碩士、博士學位。現就職於中國國家博物館藏品徵集與鑒定部，副研究館員，兼任山東師範大學碩士研究生導師。研究方向：先秦史、中國古代青銅器。公開發表學術論文 20 餘篇，譯著 2 部，專著 1 部。主持國家社科基金項目 1 項、中國國家博物館自主科研項目 1 項。

提　　要

　　本書收入的十五篇論文是作者 2009 年入職中國國家博物館以來陸續創作的，每篇文章討論的主題器物都是中國國家博物館的藏品，既包括舊藏，也彙集了近年來新入藏的精品。這些器物以商周時期具銘青銅器爲主，另有一件漢代鋼鐵兵器，皆是學術價值豐厚的文物資料。這些珍貴的歷史文物對於研究中國古代文明具有非常重要的意義。

序一

晁福林

　　若談及我國上古史的研究中最爲繁難的課題，商周彝銘的研究必占一席。此項研究，非有多年的學術積澱和功力，不能成就。田率同志自讀大學本科時起，就對彝銘有濃厚興趣，堅持有年，終將郭老的《兩周金文辭大系圖錄考釋》一書逐篇學習、臨摹、研究。在攻讀研究生學位期間，又將相關的研究文章擇要摘錄於他所臨摹的此書之上。這樣的努力便彙集了豐富的研究資料，爲其研究工作打下了堅實基礎。可以說他是一位從事彝銘研究的年輕同志中的老學者。在進入國家博物館工作以後，田率同志更得便利條件，可以終日游走于彝器吉金之間，對於這些珍寶進行近距離的摩挲考究。在這種令專家們羨慕的工作環境裡，田率同志不懈努力，對於許多彝銘的研究有了許多新發現，特別是對國家博物館新徵集的彝器，更能得藏品之便而先期進行考析探討。

　　在青銅器與金文領域，田率同志的知識結構已相當全面。他不僅在金文釋讀方面有深厚的功力，對銅器的器型、紋飾、字體也都相當熟悉，並能依據這些因素對銅器進行斷代。更難能可貴的是，在斷代和釋讀之餘，還能以敏銳的學術嗅覺，捕捉到相關的歷史問題並進行探索。田率同志的工作性質決定，他有向海內外研究者公佈和介紹新見彝器銘文的職責，此類文章也構成了本書的重要部分。得益於全面的知識體系和成熟的研究模式，田率同志的任務完成得非常出色。他的這本書就是他自己彝銘研究的一個階段性的成果。

　　此書的研究多有學術創新。譬如《新見鄂監簋與西周監國制度》一文，研究對象就是國博新入藏的青銅器。田率首先通過器型、紋飾和銘文字形對

《鄂監簋》的時代進行判斷，這種多角度綜合性的斷代是非常科學可信的，為他個人和其他學者研究《鄂監簋》打下了很好的基礎。然後，文章對西周監國制度進行了回顧。學界對西周監國制度的研究已經相當豐富，田率在前人研究的基礎上，對西周監國制度從「監之於外、以國監國」到「監之於內、世官世守」的變化過程的梳理，可謂宏觀與微觀兼備的精當之論。「周鄂關係中的鄂監」是本文的精華，田率站在西周政治地理形勢的高度，對周鄂關係做了精要的論述，並在此大背景下審視「鄂監」的定位與作用，結論水到渠成。又如《舍簋與西周金文中的豐國（氏）》一文，是以《舍簋》這件百餘年前就已著錄的彝器為切入點寫就的一篇宏文。此文是全書收錄論文裡篇幅較大者，但《舍簋》銘文只有十二字，說明這是一篇典型的「以小見大」的論文。此文首先公佈了傳世《舍簋》的器形照片，補足各家著錄之不足，然後對《舍簋》進行斷代和銘文疏證。第二章「西周時期的豐國（氏）」是文章的主體。豐地和豐國（氏）在金文中常見，但只是早年間有學者做過簡要的整理研究，田率同志在這裡做得工作，應當說是目前所見對豐國（氏）相關彝器銘文最詳盡的研究。

本書收錄的論文，除了對新出彝器銘文的介紹和研究，還有對舊藏彝器的整理與再研究。對新出金文做出開創性和奠基性的研究，需要深厚的古文字學素養和準確的學術感覺；而挖掘舊藏金文的新價值，更需要學術積累和創新能力。

天道酬勤。田率同志定會堅持自己扎實深入的學術品格，在今後的商周青銅器及古史研究方面做出更大的成績。

晁福林　序於北京師範大學歷史學院中國古代史研究中心。

時當公元二零一八年初冬。

序二

朱鳳瀚

　　田率博士這本文集，收入了他研究商周青銅器與其銘文的一些文章。按其內容大致可分為兩部分，一是對於中國國家博物館近年來收藏的以及館舊藏的青銅器的介紹與考證；二是對於西周金文中幾個重要問題的專門研究。

　　國博的青銅器，除了上個世紀五十至九十年代前半葉由考古發掘部門與上級管理部門及兄弟館調撥之器物外，從社會上徵集的青銅器不論是新入藏的還是舊藏的，由於均非考古發掘出土的，故對此類銅器的研究，首先即有一個確定年代與判定其文化屬性的問題。作者在這方面做的非常細緻而深入。每考一器，必先用考古學之器型學的研究方法，仔細分析器物的形制與紋飾特徵，盡可能地搜集考古發掘出土的形制相同或相近的器物資料與之作比較，並結合傳世器作綜合的器型學考察，總結同型器的形制變化規律，確定所考器物從器型學角度看所處的位置，從而推定器物的年代範圍。對於有銘器，則在此基礎上，更列舉公私收藏的同銘器或與銘文內容有關的器物，分析銘文字體與內涵，進一步斷定其具體年代（所屬王世或歷史時段的早晚）。我們細讀文集中對每一件（或一組）館藏器物的考證，都會感受到作者在運用上述方法時的細緻程度，體會到一個嚴謹、規範的治學風格。

　　因為上述這樣的研究方式貫穿於此文集，勿須再舉文集中的例子來說明，但需要指出的是，作者在考證館藏器物的定名與文化屬性時，多有值得注意的見解。比如，作者考證亞束父丁方觚，根據杯的共同特徵是圈足較低（或平底），否定稱此器為杯的看法，並通過對已知方觚的型式分析，將此器年代歸為商末，頗有說服力。又如，作者考證杞伯為邾曹所作的作為媵器的雙聯鬲，通過有明確出土地點的考古發掘的同形鬲，指出這種尖足跟、高弧

襠的袋足鬲，其流行區域在所謂東夷文化圈，與杞國在春秋時期的位置相合，並通過與杞伯每刃器物相比，確定此雙聯鬲早于杞伯每刃器組。特別是，作者聯繫考古發掘資料指出，雙聯的形制多用作媵器的性別指向，是頗有意思的。

上述研究成果，自然是與作者在國博工作，因工作機緣能以得天獨厚地得到眾多新的青銅器資料有關（這種機會近年來在公立博物館中也是不多的）。然而，正如圖書館雖是知識寶庫，而在館工作卻不愛書的人雖置身書堆中學問也不會長進一樣，田率在青銅器與金文方面取得的成績與他對這門學科的熱愛和勤奮鑽研是分不開的。

文集中所收的幾篇考證西周金文中的文章，也多富獨立見解。如論述宜侯矢簋銘文，認為金文中矢、吳、虞作為國名時從不混用，此銘文中所見西周時外服的虞國是位於今晉南平陸之姬姓虞國，即虞仲所封，宜國乃是由此虞國徙封而建，並指出王畿內有吳氏；又如由對館舊藏酓簋銘文的考察而分別姬姓、妊姓與姞姓豐氏，並兼及西周王畿內的如奠（鄭）、豐之類周王直轄區的存在與其管理方式，已屬於西周史研究中具前沿性的重要問題；再如通過新見鄂監簋，梳理已發現的諸監之器，闡述了西周的監國之制。凡此，都是由具體的銘文考證，包括文字的形、音義的分析、文句釋讀，進而上升到西周史研究的層面，所述多發人深思。當然，作者對所引銘文中字釋與文義的一些具體意見，有的還是可以進一步再斟酌的，相信本書出版後，作者會認真考慮學界的不同意見，將相關研究更推向深入。

商周青銅器與銘文的研究，在近年來由於大量新資料之刊佈，使一些以往未能釐清的重要的史學、古文字學問題的研究得以有長足的進展，同時也引發了許多新的學術問題。在當前方興未艾的出土文獻研究熱潮中，簡牘與甲骨學研究尤其得到重視，則對中國古代文明研究極有價值的金文及與之相關的青銅器的研究實更有必要加強。田率博士的這本研究青銅器與金文的論集，在這樣一種學術背景下出版，其重要意義是不言而喻的。

朱鳳瀚

2018 年 12 月 31 日於北京大學

目次

論新發現的亞束父丁方觚
及其重要意義

　　2015 年中國國家博物館新入藏了一件器形特殊的青銅器，該器曾在中國國家博物館舉辦的「近藏集粹——中國國家博物館近年新入藏文物特展」中展出，近日出版的吳鎮烽先生編著的《商周青銅器銘文暨圖像集成續編》也收錄了這件器物，編號 0738〔註1〕。筆者不揣淺陋，對這件器物著文探討，急就成章，不當之處，求教於方家。

一、器物描述及時代斷定

　　該器高 10、口長 8.5、口寬 8.1、底長 7.5、底寬 7 釐米。橫截面近正方形，侈口，直腹，高圈足微外撇，圈足上有一缺口（圖一）。

　　紋飾分為三層：口沿下飾立三角紋（或稱蕉葉紋）、腹部及圈足飾分解式饕餮紋，腹部獸面圓睛突出，中心為圓形瞳孔，圈足獸面為圓角方形眼，長條形瞳孔。通體無地紋（圖二）。內底鑄有銘文 4 字（圖三）：

　　　　亞束父丁

　　該器器形前所未見，其時代可根據紋飾及銘文字體判斷。該器的主體紋飾可歸於陳公柔、張長壽先生劃定的分解獸面紋IV型 3 式全分解連體獸面紋〔註2〕，主要流行於殷墟二期以後，西周時期發現較少，吳方彝蓋（《銘圖》

〔註1〕吳鎮烽：《商周青銅器銘文暨圖像集成續編》第 3 冊，上海古籍出版社，2016年，第 3 頁。
〔註2〕陳公柔、張長壽：《殷周青銅容器上獸面紋的斷代研究》，《考古學報》1990 年第 2 期。

13545）是這類紋飾目前發現的最晚的一件實例〔註3〕。唯本器紋飾獸面與身軀極其減省抽象，皆用突起的細陽線爲表現手法。與之最爲接近的是1901年寶雞戴家灣墓地出土的冊竹耒祖癸角（《銘圖》08781）（圖四）、傳世的裘祖己角（《銘圖》08734）（圖五）和甘肅靈臺白草坡M1出土的青銅角（M1：19）〔註4〕（圖六）腹部所飾的饕餮紋。戴家灣角與白草坡M1角饕餮紋基本相同，區別在於前者通身無地紋，後者以雷紋塡地。寶雞戴家灣出土的角，任雪莉女士將其歸爲戴家灣一期，時代在殷墟四期至商末周初之際〔註5〕，白草坡M1的時代在西周早期偏早，本器紋飾與戴家灣祖癸角更爲接近，時代也應相當。

從銘文字體上看，「亞」字形四邊出頭，折角爲直角。亞字形框全銘。根據嚴志斌先生對亞字形的分類和分期，這種類型的銘文時代最早出現在殷墟三期，以後比重不斷上升〔註6〕。

另外參考幾件同屬「亞束」氏器物的時代，也有助於對之斷代。

1. 南京大學考古與藝術博物館收藏有一件青銅甗（《銘圖》03209）（圖七），聯體鑄造，侈口，口沿上有一對索狀立耳，甑腹較深，腹壁斜直，束腰，鬲部袋足分襠，三圓柱形足跟。口沿下飾雲雷紋組成的饕餮紋，鬲袋足飾大饕餮紋。甑內壁鑄有銘文4字：「亞束父丁。」（圖八）與此甗器形接近的是寶雞石鼓山M3出土的萬甗（M3：6）〔註7〕、扶風上宋鄉紅衛村墓葬出土的甗（06FSM1：8）〔註8〕等，石鼓山M3與紅衛村墓地的時代接近，在商周之際。

2. 無憂卣（《銘圖》13203）（圖九）器形爲扁圓體罐形卣，蓋面隆起，蓋頂立花苞形鈕，蓋沿下折作束腰形，鼓腹，圈足微外撇，蓋面、器腹均飾內

〔註3〕 吳方彝蓋銘有「二祀二月初吉丁亥」的曆日四要素，學界基本認定其爲懿王時器。參見夏商周斷代工程專家組：《夏商周斷代工程 1996～2000 年階段成果報告（簡本）》，世界圖書出版公司，2000 年，第 31 頁；劉啓益：《西周紀年》，廣東教育出版社，2002 年，第 264 頁；韓巍：《簡論作冊吳盉及相關銅器的年代》，《中國國家博物館館刊》2013 年第 7 期。

〔註4〕 甘肅省博物館文物隊：《甘肅靈臺白草坡西周墓》，《考古學報》1977 年第 2 期。

〔註5〕 任雪莉：《寶雞戴家灣商周銅器群的整理與研究》，線裝書局，2012 年，第 91 頁。

〔註6〕 嚴志斌：《商代青銅器銘文研究》，上海古籍出版社，2013 年版，第 124～126 頁。

〔註7〕 石鼓山考古隊：《陝西省寶雞市石鼓山西周墓》，《考古與文物》2013 年第 1 期。

〔註8〕 扶風縣博物館：《陝西扶風縣新發現一批商周青銅器》，《考古與文物》2007 年第 3 期。

卷角饕餮紋，蓋沿、器頸及圈足均飾勾喙夔紋，紋飾滿工充盈器表，內鑄銘文8字：「亞束，無憂作父丁彝。」（圖一〇）與之器形、紋飾及布局皆相似的是涇陽高家堡西周墓 M1 出土的戈五卣（M8：1）〔註9〕，高家堡 M1 的時代上限可早至先周文王時期〔註10〕。

3. 宜豊卣（《銘圖》13258）惜缺器形資料，從銘文字體上看，其時代在商代晚期偏晚，銘文爲：「亞束，宜豊作父癸寶尊彝，雧。」（圖一一）

4. 婦姪罍（《銘圖》13820）（圖一二），口、腹、圈足橫截面作長方形，直口，頸較短，溜肩，斂腹，腹壁斜收，圈足壁向外傾斜，肩部兩側各置一獸首銜環耳，腹部一側近底部有一獸首半環鋬。頸部及圈足飾饕餮紋，肩部飾浮雕渦紋，前後飾浮雕獸首。與之器形近似的是北京故宮博物院收藏的商代晚期的糅父己方罍（《銘圖》13775）、安陽劉家莊北 M1046 出土的方罍（M1046：25）〔註11〕、滕州前掌大 M11 出土的史方罍（M11：99）〔註12〕。劉家莊北 M1046 的時代在殷墟四期偏晚，前掌大 M11 的時代在西周早期偏早，婦姪罍的時代應在其間。器銘爲：「亞束，婦姪作母癸尊彝，雧。」（圖一三）整篇銘文且篇幅較長的全部在亞字框內的這種類型，始見於殷墟四期，西周之後也不乏其例。

上述諸器銘文中的「束」字，作束（或束），該字舊被釋爲桼或棗，今應皆釋爲束，考證詳見後文。這些「亞束」氏的器物時代主要集中在殷墟四期至周初。

綜合上論，本器的時代大致可定在商代末葉，下限有可能已入周初。

二、器物的定名

該器之器形前所未見，對其定名曾有如下推測：

（一）方杯說

吳鎮烽先生將其定名爲杯，歸爲飲酒的杯類〔註13〕。商周時期的無鋬杯

〔註9〕 陝西省考古研究所：《高家堡戈國墓》，三秦出版社，1995年，單色版拾.1。

〔註10〕 陝西省考古研究所：《高家堡戈國墓》，三秦出版社，1995年，第127頁。

〔註11〕 中國社會科學院考古研究所安陽工作隊：《安陽殷墟劉家莊北1046號墓》，《考古學集刊》15，文物出版社，2004年。

〔註12〕 中國社會科學院考古研究所：《滕州前掌大墓地》，文物出版社，2005年，第279頁，圖一九九。

〔註13〕 吳鎮烽：《商周青銅器銘文暨圖像集成續編》第三冊，上海古籍出版社，2016年，第3頁。

横截面一般作圓形，商代晚期至西周早期的杯主要爲圓筒形，如北京故宮博物院收藏的▨杯〔註14〕（圖一四）、湖南省博物館收藏的亞若癸杯（《銘圖》10862）（圖一五）等，西周中期以降無鋬杯的形制近似商代二里崗時期的觚，侈口，束腰，圈足，整體顯得粗壯低矮，代表器物有1961年長安張家坡窖藏出土的波帶紋杯（41號）〔註15〕（圖一六）、甘肅寧縣宇村西周墓出土的夔紋杯〔註16〕、山西聞喜上郭村M57出土的杯（M57：17）〔註17〕（圖一七）等。上述青銅杯的共同特徵是圈足較低（宇村和上郭村出土的杯爲平底，無圈足），圈足高度皆未超過整體器高的三分之一，而本器的圈足高度占整體器高的五分之二，器形與杯類有異。

（二）失柄方觚、失柄方斗說

這一看法源自於本器圈足部位上的破損，疑似持柄折斷後連接處遺留下的孔洞。商周時期有一類帶柄的圓觚形器，代表性的器物如德國科隆東亞藝術博物館收藏的商代晚期的亞舟斗（《銘圖》14171）（圖一八）、江西新幹大洋洲商墓出土的斗（050號）（圖一九）〔註18〕、1961年長安張家坡窖藏出土的斗（46號）〔註19〕（圖二〇）等，這類器舊被認爲是挹酒使用的斗，王帥先生將其與長柄斗區分開來，但仍名之爲斗形器〔註20〕，嚴志斌先生則認爲其應歸爲觚類〔註21〕，是有道理的。上述諸器的持柄一般鑄造得較粗壯寬大，與主體器壁接觸面較大，有的持柄與主體器壁之間甚至還有連梁。如果本器作爲斗首的話，斗柄按理應鑄接在斗首器壁的一側面上，可參見鹿邑太清宮

〔註14〕故宮博物院編：《故宮青銅器》，紫禁城出版社，1999年，第114頁，圖90。

〔註15〕中國科學院考古研究所：《長安張家坡西周銅器群》，文物出版社，1965年，圖版二七.2。

〔註16〕許俊臣、劉得楨：《甘肅寧縣宇村出土西周青銅器》，《考古》1985年第4期，第351頁，圖五。

〔註17〕朱華：《聞喜上郭村古墓群試掘》，《三晉考古》第一輯，山西人民出版社，1994年，圖版四.3。

〔註18〕江西省文物考古研究所、江西省新幹縣博物館：《江西新幹大洋洲商墓發掘簡報》，《文物》1991年第10期，圖版三.3。

〔註19〕中國科學院考古研究所：《長安張家坡西周銅器群》，文物出版社，1965年，圖版三二.2。

〔註20〕王帥：《略論考古發現中的青銅斗形器——兼說伯公父爵與「用獻用酌」之禮》，《古代文明》2008年第4期。

〔註21〕嚴志斌：《說爵》，載鄒芙都主編《商周青銅器與先秦史研究論叢》，科學出版社，2017年。

長子口 M1 出土的兩件直柄方斗（M1：525、526）〔註22〕（圖二一）。

所以此器無論是作飲酒或挹酒使用，柄的設計都要考慮到牢固性。而本器破損處在圈足壁夾角處，孔洞面積不大，此處安置持柄也不穩固，觀察周圍器壁也無有鑄接斷折之痕跡，缺口破壞了圈足上的紋飾，所以此孔洞應爲使用過程中破損後修葺而成，器原無持柄。

（三）方觚說

本器口沿外侈、腹壁豎直而不鼓、高圈足微外撇，從形制來看，與商代晚期青銅觚的器形十分吻合；從口沿下所飾之三角紋、腹部及圈足飾饕餮紋這種紋飾布局來看，也契合青銅觚三段式紋飾的布局特點。所以我們認爲將其定名爲方觚較爲合理。

三、商周時期青銅方觚的型式劃分

商周時期的青銅方觚迄今發現數量不多，主要流行於商代晚期至西周早期。下面我們可以嘗試對方觚這類器物做一個簡單的型式劃分，參考朱鳳瀚先生在《中國青銅器綜論》中對青銅觚形制的劃分標準〔註23〕，按照腹徑與通高的比例關係可將方觚分爲細體方觚與粗體方觚二型：

A 型　細體方觚。根據器口形狀的不同可分爲二亞型：

Aa 型　通體橫截面皆爲方形，腹徑與通高的比例數在 0.25 以下，按腹壁形制可分爲二式：

I 式　腹壁豎直，中腰不外鼓。

標本一、德國科隆東亞藝術博物館收藏的◇葡㪷觚〔註24〕（圖二二），傳出河南安陽，高 30、口徑 13.5 釐米，瘦長體，敞口，腹壁垂直，圈足下有一周臺沿，自口沿至圈足有四道扉棱。商代晚期。

標本一、朱昌言舊藏，現藏於上海博物館的饕餮紋觚〔註25〕（圖二三），高 34.6、口邊長 14.5x14.8 釐米，重 2.22 千克。商代晚期。

〔註22〕河南省文物考古研究所、周口市文化局：《鹿邑太清宮長子口墓》，中州古籍出版社，2000 年，第 120 頁，圖九九.1、2。

〔註23〕朱鳳瀚：《中國青銅器綜論》，上海古籍出版社，2009 年，第 244～245 頁。

〔註24〕李學勤、艾蘭：《歐洲所藏中國青銅器遺珠》，文物出版社，1995 年，編號 30。

〔註25〕彭適凡：《九如園吉金——朱昌言藏古代青銅器》，上海辭書出版社，2018 年，第 9 頁。

標本一、鹿邑太清宮長子口 M1 出土方觚（M1：118）〔註26〕（圖二四），共方觚 4 件，大小、形制、紋飾相差無幾，應爲一組，高 23、口邊長 10.6x10.5、底邊 7.5 釐米，重 1.1 千克。器形較標本一低矮粗壯。西周初年。

II式　腹壁略有弧度，中腰微鼓。

標本　1990 年安陽郭家莊 M160 出土的亞址方觚（M160：166）〔註27〕（圖二五），共出方觚 10 件，大小、形制、紋飾、銘文基本相似，高 30.3、口邊長 15.5、底邊長 9.5 釐米，重 2.06 千克。瘦高體，與 A 型 I 式標本一器形接近，唯腹部略鼓。殷墟三期偏晚。

Ab 型　圓口，腹部、圈足橫截面爲方形，俗稱天圓地方式。

標本　2006 年山西絳縣橫水墓地出土的饕餮紋觚〔註28〕（圖二六），山西博物院藏，高 30、口徑 17 釐米。主體與 Aa I 式標本二近似。西周早期。

B 型　粗體方觚。上述比列數超過 0.25，腹壁垂直不鼓，這類方觚存世量極少，迄今唯見兩例：

標本一、亞醜方觚（《銘圖》09375）（圖二七），高 43.3、口邊長 22.5、腹深 28 釐米，重 7.535 千克。敞口，長頸直腹，高圈足下有一周高臺沿，口沿下至圈足四隅及四壁中部各有一道扉棱，器體高碩，造型雄偉。商代晚期。

標本一、亞束父丁方觚，高 10、口長 8.5、口寬 8.1、底長 7.5、底寬 7 釐米，器體低矮粗壯，淺腹直壁。上述比例數爲 0.68，與 B 型標本一相比極其粗矮，是十分罕見的矮體方觚。商代末葉。

此外，還有一件所謂的觚形器，由於造型奇特，暫且歸入異型：

標本　2013 年湖北隨州葉家山曾國墓地 M111 出土的素面觚形器（M111：123）〔註29〕（圖二八），高 36、口徑 8 釐米。器形與 Ab 型標本有相似之處，圓口下迅速內收成扁平的長方形，形成深而窄的長方體腹腔，底下接十字形鏤空圈足，圈足底部又恢復爲圓形。圈足內空圓直，原來可能用

〔註26〕河南省文物考古研究所、周口市文化局：《鹿邑太清宮長子口墓》，中州古籍出版社，2000 年，第 87 頁，圖六八.14。

〔註27〕中國社會科學院考古研究所：《安陽殷墟郭家莊商代墓葬 1982 年～1992 年考古發掘報告》，中國大百科全書出版社，1998 年，圖版 44.3。

〔註28〕湖北省博物館：《晉國寶藏——山西出土晉國文物特展》，文物出版社，2012 年，第 76 頁。

〔註29〕湖北省博物館、湖北省文物考古研究所、隨州市博物館：《隨州葉家山——西周早期曾國墓地》，文物出版社，2013 年，第 128 頁，編號 062。

於插接底座〔註30〕，具體用途還未可知。西周早期。

青銅觚興起於商代早期即二里崗上層期，早期形態爲矮粗敦樸的束腰圓筒形，器高普遍未超過 20 釐米。自殷墟三期以降，青銅觚、爵組合成爲商代禮器制度的核心，觚的器形呈現爲高體細腰，體量厚重，通高在 30 釐米左右，紋飾、裝飾也朝著繁蕪華麗的方向發展。進入西周以來，酒器組合發生變化，觚逐漸被觶所取代，觶的體量較小，多在 10～20 釐米之間。

青銅方觚主要流行的時期也是觚類器物盛行的時期，上述列舉的方觚具有這一時期青銅觚的一系列特徵，器高體重，裝飾性強，尤其是亞醜方觚，高度竟達 40 釐米以上，重 7.535 千克，當爲禮用之陳設。而亞束父丁方觚體矮短粗，四隅、四壁無出戟扉棱，利於持握〔註31〕，可視爲商代末期青銅觚器形復古的一種表現。

四、「亞束」氏與束字的演變

本器銘文「亞束父丁」，表示此器的作器者屬於束氏（束氏作爲某一大宗族的分支），爲祭享父丁所作此器。「亞束」這一氏名，涉及到亞字形的含義，現今學界對亞字形的認識主要有以下幾種意見：1. 小宗分支說〔註32〕；2. 職官爵位說〔註33〕；3. 宗廟之形說〔註34〕等。對於氏名連綴亞字的解釋，現在看

〔註30〕 湖北省博物館、湖北省文物考古研究所、隨州市博物館：《隨州葉家山——西周早期曾國墓地》，文物出版社，2013 年，第 128 頁。

〔註31〕 近期學界對銅觚的功用有新的認識，觚內插設瓚，灌澆酒液以行祼祭之禮，所以觚的主要功能似不是直接飲酒使用。

〔註32〕 參見牛濟普：《商代兩銅璽芻議》，《中原文物》1993 年第 3 期；馮時：《殷代史氏考》，《黃盛璋先生八秩華誕紀念文集》，中國教育文化出版社，2005 年；王長豐：《殷周金文族徽研究》，上海上海古籍出版社，2015 年，第 212 頁；朱鳳瀚：《商周金文中「亞」字形內涵的再探討》，《甲骨文與殷商史》新六輯，上海古籍出版社，2016 年。

〔註33〕 參見斯維至：《兩周金文所見職官考》，《中國文化研究集刊》七卷，第 22 頁；郭沫若：《兩周金文辭大系圖錄考釋》下冊，上海書店出版社，1999 年，第 119 頁；陳夢家：《殷虛卜辭綜述》，科學出版社，1956 年，第 508～511 頁；曹定云：《「亞其」考——殷墟「婦好」墓器物銘文探討》，《文物集刊》2，文物出版社，1980 年；何景成：《商周青銅器族氏銘文研究》，齊魯書社，2009 年，第 59～61 頁；唐蘭：《武英殿彝器考釋》，第 2 頁；李孝定：《甲骨文字集釋》，中央研究院歷史語言研究所專刊之五十，1965 年，第 4172 頁；李雪山：《商代分封制度研究》，中國社會科學出版社，2004 年，第 52～53 頁；嚴志斌：《商代青銅器銘文研究》，上海古籍出版社，2013 年，第 173～175 頁。

來第一種認識可能更加符合歷史實際。從前揭窥豊卣、婦姘疊的銘文內容來看，束氏顯然是嬰這一望族的分支。束族早在商代武丁時期就已出現，在卜辭中被稱作「束人」，如：

> 庚寅卜，貞：由束人令省在南啚？十二月。（《合集》9636）

> 辛亥，率令束人先涉……（《合集》33203）

> 率叀束人以🪶？（《合集》34240）

> 令束人先涉？（《英藏》2414 正）

帶有束族族氏銘文的青銅器自商代晚期延續至西周晚期屢有出現，河南、湖北、山東等地多有出土。

西周時期「亞束」氏的銅器，有明確出土地點的是長安花園村 M15、M17 出土的 10 件青銅器，計圓鼎 3、方鼎 3、鬳 1、圓壺 2、方壺 2 件；河北正定馮家莊出土的雀鷺爵〔註35〕等。

前文所述的那幾件所謂「亞束」氏的器物，牽涉到對「束」字的識讀，我們可對束字字形的演變做一個梳理。甲骨、金文中束字主要有以下幾種字形：

A. 🪶 （《合集》4787）

B. 🪶 （《合集》5129）

C. 🪶 （《合集》15940）

D. 🪶 （《合集》20327）

E. 🪶 （《合集》33203）、 🪶 （束鼎《銘圖》00182）

F. 🪶 （厚趠方鼎《銘圖》02352）

G. 🪶 （《合集》22077）、 🪶 （束夌簋《銘圖》04205）

〔註34〕 （宋）王黼：《博古圖錄》卷一第十八；吳榮光、徐同柏、高田忠周、林義光、羅振玉、張鳳等學者也都有類似的看法，參見周法高：《金文詁林》，香港中文大學，1974 年，第 7849～7865 頁；于省吾：《甲骨文字釋林·釋亞》，中華書局，1979 年，第 339 頁；朱鳳瀚：《商周金文中的複合氏名》，《南開學報》1983 年第 3 期；張光直：《說殷代的「亞形」》，《中國青銅時代》，三聯書店，1999 年，第 305～317 頁；〔英〕艾蘭：《龜之謎——商代神話、祭祀、藝術和宇宙觀研究》，四川人民出版社，1992 年，第 99～102 頁。

〔註35〕 劉有恒、樊子林：《河北正定出土商周青銅器》，《文物》1982 年第 2 期。

H. ✦（《合集》20036）、✦（「責」字所從，《合集》21306）、✦（「續」字所從，五年師旋簋《銘圖》05248）、✦（「諫」字所從，牆盤《銘圖》14541）

I. ✦（《合集》22226）、✦（束卣《銘圖》13236）

J. ✦（《合集》21444）、✦（束父丁爵《銘圖》07800）

A、B、C、D 形主要見於殷墟卜辭中，A 形是比較原始的構形，B、C、D 形是 A 形的衍變，E 形是 F、G、H 形的初形，F、G 形是 E 形的省構，I 形是 H 形的變體。《說文》云：「束，木芒也。」上述「束」字諸形雖有差異，但豎劃頂上尖刺狀筆畫是其共同特徵，非常契合束字的含義。方觚銘文中的束字作✦，可視爲在 H 形基礎上加一橫飾筆的繁化，在後世的戰國文字中可以覓見，算是一脈相承的。

而前文所舉亞束父丁甗、無憂卣、冘豐卣、婦姪罍諸器銘文中的「束」字，作✦（或✦），該字舊被釋爲桼或棗，我們認爲✦應爲✦的訛變，即連接兩短豎筆之間的直筆訛變爲折筆，這種折筆與直筆訛混的情況在金文中比較常見，如新見的宗人簋（《銘續》0461）銘中涑字所從之束作✦。另外「來」字中間的折筆有時也會訛爲直筆：如嗇字，《說文》云：「從來，從亩。」史牆盤（14541）作✦，而它簋（《銘圖》05384）作✦；再如沬司徒疑簋（《銘圖》05020）起首有「王✦伐商邑」之句，新見的卿盤（《銘圖》14432）起首有「周公✦伐商」，作冊大鼎（《銘圖》02392）起首有「公✦鑄武王、成王異鼎」之句。上述三器中的✦、✦、✦舊被隸爲「束」，於義不通，應釋爲「來」。從語法上看，在金文中「來」常與動詞相連，組成固定的詞組，除了「來伐」、「來鑄」這種格式，常見的還有：

　　　　唯公太保來伐反夷年（旅鼎《銘圖》02353）

　　　　唯王來格于成周年（厚趠方鼎《銘圖》02352）

　　　　王來奠新邑（新邑鼎《銘圖》02268）

　　　　蚋來覲于妊氏（蚋鼎《銘圖》02405）

　　　　余來歸獻擒（不嬰簋《銘圖》05387）

唯王來征人方（小臣艅犀尊《銘圖》11758）

王來狩自豆麓（宰甫卣《銘圖》13303）

　　由此可見，「朿」、「來」二字中間的直筆與折筆容易混替，朿與來爲一字之異體，釋爲「朿」應該可以成立。現將「朿」字字形演變歸納如下圖所示：

朿（《合集》20036）→ 朿（五年師旋簋《銘圖》05248）→ 朿（《貨幣大系》126）

朿（宗人簋《銘續》0461）

朿（亞朿父丁方觚）→ 朿（《古陶文匯編》3.993）

朿（無憂卣）　　　朿（《包山簡》167）

朿（亞朿父丁觚）　　朿〔註36〕（《長沙楚帛書》丙八・三）

　　此文原刊於鄒芙都主編《商周青銅器與先秦史研究論叢》，科學出版社，2017 年，第 300～319 頁。收入本書後略有補充修改。

〔註36〕該字林澐先生、朱德熙先生認爲應隸爲「腺」，從肉朿聲。參見林澐：《釋古璽中從朿的兩個字》，《古文字研究》第十九輯，中華書局，1992 年；朱德熙：《長沙帛書考釋（五篇)》，《朱德熙古文字論集》，中華書局，1995 年。

圖一

1. 亞束父丁方觚器形 1　　2. 亞束父丁方觚器形 2　　3. 亞束父丁方觚器形 3

圖二

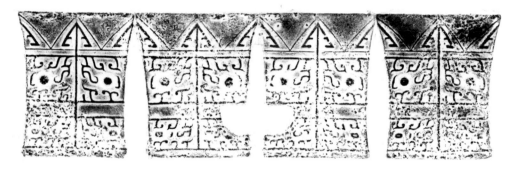

亞束父丁方觚紋飾展開圖

圖三

1. 亞束父丁方觚銘文　　　　2. 亞束父丁方觚銘文拓本

圖四 圖五

戴家灣墓地出土青銅角腹部紋飾　　　　裴祖己角腹部紋飾

圖六

甘肅靈臺白草坡 M1 出土青銅角腹部紋飾

圖七　　　　圖八　　　　圖九　　　　圖一〇

南京大學考古與藝　南京大學考古與藝　無憂卣　　　無憂卣銘文
術博物館藏亞束父　術博物館藏亞束父
丁甗　　　　　　　丁甗銘文拓本

圖一一

圖一二

宛鼄卣銘文

婦姪罍

圖一三

婦姪罍銘文

圖一四

圖一五

圖一六

圖一七

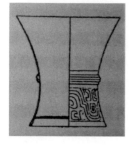

北京故宮博物院藏◻杯

湖南省博物館藏亞若癸杯

1961 年長安張家坡窖藏出土的波帶紋杯

山西聞喜上郭村M57出土的杯（M57：17）

圖一八

圖一九

圖二〇

圖二一

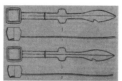

科隆東亞藝術博物館藏亞舟斗

新幹大洋洲商墓出土的斗

1961 年長安張家坡窖藏出土的斗

鹿邑太清宮長子口M1出土的兩件直柄方斗（M1：525、526）

圖二二

圖二三

圖二四

圖二五

科隆東亞藝術博物館藏◇葡羋觚

上海博物館藏饕餮紋方觚

鹿邑太清宮長子口 M1 出土方觚（M1：118）

1990 年安陽郭家莊M160 出土的亞址方觚（M160：166）

圖二六　　　　　　圖二七　　　　　　圖二八

2006 年山西絳縣橫水　　　亞醜方觚　　　2013 年湖北隨州葉家山
墓地出土的饕餮紋觚　　　　　　　　　　　曾國墓地 M111 出土的素
　　　　　　　　　　　　　　　　　　　　面觚形器（M111：123）

新見鄂監簋與西周監國制度

　　2013 年中國國家博物館新入藏了一件鄂監簋，保存完整，具有十分重要的歷史價值，現將資料獻於學界，以供方家研討。

鄂監簋器形及時代

　　鄂監簋最早著錄於《銘圖》，編號 0441。簋合蓋高 17.6、口徑 15.5 釐米，弇口，圓鼓腹較深，圜底，蓋面隆起，蓋頂有圈足狀捉手，上有一對穿孔，腹部兩側有兔首鋬形耳，下有方鈎狀珥，圈足壁微斜直。蓋面和口沿下飾一周細密的菱格紋，前後各置一浮雕小獏首（圖一）。蓋內和器內底對銘鑄有銘文 7 字（圖二），依行款隸定如下：

　　　　噩（鄂）監乍（作）父

　　　　辛寶彝。

　　彭裕商先生的《西周銅簋年代研究》將此式簋定爲 Ea I 式〔註 1〕，起於晚殷，流行於西周早期武、成、康三世。與之形制屬於同式的有北京故宮博物院收藏的亞醜父丁簋〔註 2〕，1958 年河南安陽小屯村西地出土的大万簋（GT231③：18）〔註 3〕，2013 年寶雞石鼓山西周墓地 M4 八號壁龕內出土的圓腹鳥紋簋〔註 4〕，美國舊金山亞洲美術博物館藏的牛簋〔註 5〕，西周早期的

〔註 1〕 彭裕商：《西周銅簋年代研究》，《考古學報》2001 年第 1 期。
〔註 2〕 故宮博物院編：《故宮青銅器》，紫禁城出版社，1999 年，第 106 頁。
〔註 3〕 中國社會科學院考古研究所：《殷墟發掘報告（1958～1961 年）》，文物出版社，1987 年，圖版三七 1。
〔註 4〕 陝西省考古研究院、寶雞市文物旅遊局、上海博物館：《周野鹿鳴——寶雞石鼓山西周貴族墓出土青銅器》，上海書畫出版社，2014 年，第 109 頁。
〔註 5〕 《中國青銅器全集》編輯委員會：《中國青銅器全集 5》圖版五七，文物出版社，1996 年，第 54 頁。

戈厚簋（《西清古鑒》卷二十八），山西洪洞永凝堡西周墓葬出土的恒父簋（NM9：20）〔註6〕、北京故宮博物院收藏的鼧簋〔註7〕等器（圖三）。這類球腹簋的形制演變特徵爲：腹部由深至淺，呈現出寬扁外鼓的趨勢。大万簋的時代爲殷墟四期晚段，接近殷末〔註8〕，石鼓山 M4 的時代爲商末周初，其出土的鳥紋簋與周初武、成時期的牛簋器形十分接近，上述三簋合蓋整體略呈球形，大万簋的腹深與口外徑比例約爲 0.9，牛簋、石鼓山的鳥紋簋上述比例約爲 0.89，鄂監簋的上述比例約爲 0.77，腹部稍淺，合蓋呈扁球形，雙盤耳向下低垂，整器更顯寬矮，時代較前述三簋稍晚；恒父簋蓋面微隆起，蓋面與腹部相連已不成弧線，圈足下端有折沿，可作爲此式簋的下限，其出土墓葬時代在成、康時期〔註9〕。鄂監簋的時代應介於大万簋、石鼓山 M4 出土的鳥紋簋、牛簋與恒父簋之間。

　　另外從銘文字體上來看，整篇銘文豎成列，橫不成行，「作父」兩字合占一字之位，「寶」字所從之「宀」作銳頂聳肩，兩側斜筆出簷，這種寫法亦見於成王時期的保卣（《集成》〔註10〕05415）等器。「父辛」二字也有較早時期的風格，「父」字從「又」部分，上下兩橫筆略呈鈎狀，豎筆較肥，有破磔感；「辛」字最下一橫兩端向上摺起，豎筆呈錐狀。這種寫法常見於西周早期典型的器物，如堯父辛鼎（《集成》01637）、陝仲僕盤（《集成》10083）、守宮卣（《集成》05359）、宿卣（《集成》05313）、此尊（《集成》05886）、田告母辛方鼎（《集成》02145）、顯卣（《集成》05389）、象祖辛尊（《集成》05609）等。結合器形和銘文字體，鄂監簋的時代應爲西周早期前段，定爲成王時期較宜，下限在成、康之際。

西周監國制度的考察

　　監國制度是古代王朝的一種政治制度，在早期國家時期是中央王朝控制

〔註6〕 山西省文物工作委員會、洪洞縣文化館：《山西洪洞永凝堡西周墓葬》，《文物》1987 年第 2 期。

〔註7〕 故宮博物院編：《故宮青銅器》，紫禁城出版社，1999 年，第 139 頁。

〔註8〕 岳洪彬：《殷墟青銅容器分期研究》，《三代考古》（一），科學出版社，2004 年。

〔註9〕 山西省文物管理委員會、洪洞縣文化館：《山西洪洞永凝堡西周墓葬》，《文物》1987 年第 2 期。

〔註10〕 中國社會科學院考古研究所：《殷周金文集成（修訂增補本）》（以下簡稱《集成》），中華書局，2007 年。

管理地方的統治經營模式。周代的監國制度表現為由周王任命在各地設置監
察之官，以監督、審視諸侯、邦君的行為，達到維護周王朝的統治秩序、保
證國家安全的目的。

監字在甲骨、金文的字形皆作人俯視器皿以照其面，為古人以水鑒人的
生動寫照，故《尚書・酒誥》有「人無於水監，當於人監」之語。監的動作
突出以上視下，《說文・臥部》云：「監，臨下也。」段玉裁注引《小雅毛傳》：
「監，視也。」在國家政治層面，監的實質是自上而下實行監督、監察、監
管之義。如頌鼎（《集成》02827）銘文：「王曰：頌，令（命）女（汝）官嗣（司）
成周賈廿家，監嗣（司）新𧟖（造）賈，用宮御。」頌被周王任命負責在成周
監管新設的商賈，將其資貨提供給王室內廷使用。頌的職權受天子冊命，直
接對周王負責，為王朝服務，這就是周朝監察制度的主要特徵。

監國制度古已有之，《史記・五帝本紀》記載在黃帝時期「置左右大監，
監於萬國」，儘管上述有託古之嫌，但早期國家中央王朝在地方設立監察官員
之事應有所本。周代以「小邦周」驟代「大邑商」，力圖統治天下，便實行了
「封建親戚，以藩屏周」的分封制，在冊命諸侯的同時，也設置了諸監。最
具代表性的就是武王創設三監之舉。武王克殷之後，並未徹底消滅殷商貴胄，
仍封紂子武庚於殷舊都，奉守商祀，並將商王畿分為邶、鄘、衛三地以便監
殷。有關三監人物的界定，千年聚訟不已，《漢書・地理志》等以武庚、管叔、
蔡叔為三監；《逸周書・作雒篇》、《帝王世紀》、鄭玄《毛詩・邶鄘衛譜》等
以管叔、蔡叔、霍叔為三監，以監視控制武庚及殷臣。近年問世的清華簡《繫
年》篇第三章的相關內容為這一紛爭給出了明確的答案：

> 周武王既克殷，乃埶（設）三監於殷。武王陟，商邑興反，殺
>
> 三監而立彔子耿。

李學勤先生對「彔子耿」進行考證，引日本學者白川靜先生的觀點，認
為其就是大保簋（《集成》04140）中的「彔子𦔻」，即王子武庚祿父。〔註11〕
從簡文可知，三監是不包括武庚在內的，應為管、蔡、霍三叔。商邑舊孽叛
亂，殺害的不是三監本人，而是「參與監管的周人官吏軍士」〔註12〕。至此，
三監身份的紛爭渙然冰釋，確為管、蔡、霍三叔無疑。三監所監區域，文獻
中亦有記載：

〔註11〕 李學勤：《清華簡〈繫年〉及有關古史問題》，《文物》2011 年第 3 期。
〔註12〕 李學勤：《清華簡〈繫年〉及有關古史問題》，《文物》2011 年第 3 期。

> 周武王伐紂，以其京師封紂子武庚爲殷後，……乃三分其地，置三監，使管叔、蔡叔、霍叔尹而教之：自紂城而北謂之「邶」；南謂之「鄘」，東謂之「衛」。(《毛詩‧邶鄘衛譜》)

> 自殷都以東爲衛，管叔監之；殷都以西爲墉，蔡叔監之；殷都以北爲邶，霍叔監之。是爲三監。(《帝王世紀》)

周初設置三監，爲當時嚴峻險惡的政治環境所迫，三叔所治之邶、鄘、衛，駐有獨立掌控的軍隊，與被監視國是平行的關係，「周初的監殷，看來是一種以諸侯監諸侯之制，三叔各有自己的封國，同時又負有監殷的使命」[註13]，這種監國的方式被學者概括爲「監之於外」、「以國監國」[註14]，監視的對象正如《尙書‧多方》所言「王曰：『嗚呼！猷告爾有多方多士暨殷多士，今爾奔走臣我監五祀，越惟有胥伯小大多正，爾罔不克臬』，爲武庚爲首的舊邦諸侯及其臣屬。

然而隨著武王去世，成王即位，周公攝政，趁周朝王位更替之際，武庚聯合「三監」及東夷諸國發動叛亂，遂有周公東征，平定三監之亂，誅管叔而放蔡叔。三監之亂嚴重威脅了周王朝的統治秩序，爲周朝統治者敲醒了警鐘，周王族的親支近宗尚且奪權謀位，鑒於此，監國制度需要改進：「以國監國」、「監之於外」的控制方式逐漸被天子冊命派遣監官進駐諸侯國內或貴族邑內實行監督、監視之權所替代，「監之於內」的監國形式得到推廣完善。周王所置之監官爲世守，由天子冊命，地位崇高。據《禮記‧王制》載：「天子使其大夫爲三監，監於方伯之國。其祿視諸侯之卿，其爵視次國之君。」各諸侯國中的天子諸監最爲著名的就是齊國的國、高二氏，《左傳》僖公十二年載：「王以上卿之禮饗管仲，管仲辭曰：『臣，賤有司也。有天子之二守國、高在，若節春秋來承王命，何以禮焉？陪臣敢辭。』……管仲受下卿之禮而還。」杜注云：「國子、高子，天子所命爲齊守臣，皆上卿也。」可見監官的地位僅次於諸侯國君而高於一般的卿大夫。西周中期晚段的仲幾父簋(《集成》03954)銘曰：「中(仲)幾父事(使)幾事(使)于者(諸)厌(侯)、者(諸)監，用乎(厥)寶(價)乍(作)丁寶殷(簋)。」銘文內容爲幾被上司派遣

〔註13〕趙伯雄：《周代國家形態研究》，湖南教育出版社，1990年，第151～154頁。

〔註14〕任偉：《從「應監」諸器銘文看西周的監國制度》，《社會科學輯刊》2002年第5期；徐銘：《周初的監國方式探析》，《遼寧工程技術大學學報(社會科學版)》2011年第4期。

出聘諸侯、諸監，受到諸侯、諸監的接見款待。幾這樣的臣屬被派出使諸監，日的應為收集派駐在各封國內諸監手中掌握的諸侯邦君的情報〔註 15〕，便於上峰控制、操縱各地局勢。

　　毋庸置疑，西周時期的諸監普遍存在，諸監之器亦屢見不鮮。1958 年江西餘干發現一件應監甗（《集成》00883）：「雁（應）監乍（作）寶尊彝。」器形作口沿外侈，腹較深，足跟作細長狀，口沿下飾四瓣目紋與圓渦紋組成的紋飾帶，與甘肅靈臺白草坡西周墓地出土之甗（M1：11）〔註 16〕形制相近，應監甗鬲腹部略鼓，與靈臺白草坡出土甗相比略晚，時代應為西周早期前段，郭沫若先生曾指出該器可能由駐紮在應國的王室監察官員所鑄〔註 17〕。新見有一件應監甗（《銘圖》03329）：「雁（應）監乍（作）寶尊彝，其屬（萬）年永用。」此甗侈口，甑中腹，鬲分襠較低、鼓腹，柱形足跟粗矮，素面無紋飾，僅口沿下飾兩道弦紋，整體顯低矮橫寬，器形與 1960 年陝西扶風齊家村窖藏出土的弦紋甗〔註 18〕相近，符合西周中晚期之際的風格特徵。從上述諸器可以看出，自西周早期至中晚期，由周王朝設置在應國的監官一直存在，而且是世襲不絕，世守其職。

　　1964 年山東龍口市蘆頭鎮韓欒村出土過一件分襠鼎〔註 19〕，淺腹，腹微顯袋足狀，襠部內凹甚淺，三柱足，腹部飾內卷角饕餮紋，足飾變形蟬紋，與之形制相似的有長安河迪村西周早期墓葬出土的鼎〔註 20〕，此件鼎是典型的西周早期前段的器物。鼎內壁鑄有銘文：「向（句）監乍（作）寶尊彝。」朱鳳瀚先生認為：「（句監）其身份與周初之三監同，是周王朝派到下屬侯國或其他地區代表朝廷進行監管的官吏。韓欒村出土鼎所銘『向監』，當是向地之監，而向有可能屬於本地服屬於周的一小方國，未見史載。」〔註 21〕朱先生所論甚確，此鼎與 1958 年江西餘干的應監甗的發現情況極為相似，皆為偶得，非墓葬、窖藏出土，周圍並無同時代的文化遺存，故器

〔註 15〕　李峰：《西周的政體：中國早期的官僚制度和國家》，三聯書店，2010 年，第249 頁。

〔註 16〕　甘肅博物館文物隊：《甘肅靈臺白草坡西周墓》，《考古學報》1977 年第 2 期。

〔註 17〕　郭沫若：《釋應監甗》，《考古學報》1960 年第 1 期。

〔註 18〕　陝西省博物館、陝西省文物管理委員會：《扶風齊家村青銅器群》，文物出版社，1963 年，圖版二三。

〔註 19〕　李步青、林仙庭：《山東省龍口市出土西周銅鼎》，《文物》1991 年第 5 期。

〔註 20〕　鄭洪春：《長安縣河迪村西周墓清理簡報》，《文物資料叢刊》第 5 輯。

〔註 21〕　朱鳳瀚：《中國青銅器綜論》，上海古籍出版社，2009 年，第 1400 頁。

物有可能非爲本地所有。周初王朝在此處設置監官，以加強對東夷地區的控制和掌握。

1981 年陝西扶風縣南陽鄉溝原村曾出土一件叔趞父再〔註22〕，爲劍鞘末端飾物，時代爲西周晚期，正面有銘文：「弔（叔）趞父乍（作）旅再，其寶用。」背面有銘文「榮監」二字。此器應爲周王設置在榮氏家族封邑之內的監官，叔趞父爲此人名。榮氏爲西周王朝重要的世族之一，《國語・晉語四》載：「（文王）諏於蔡、原而訪於辛、尹，重之以周、邵、畢、榮。」韋昭注：「周，周文公；邵，邵康公；畢，畢公；榮，榮公。」又《尙書序》云：「成王既伐東夷，肅愼來賀，王賜榮伯作《賄肅愼之命》。」《史記・周本紀》亦有此事載，裴駰《集解》引馬融云：「榮伯，周同姓，畿內諸侯，爲卿大夫也。」可知自西周立國之初，榮氏一族即地位顯赫，爲周王所倚重。西周早期亦發現「榮子」諸器〔註23〕，據傳出於河南洛陽〔註24〕。1965 年洛陽北窯墓地M299 出土一件榮仲爵〔註25〕，時代應爲西周中期偏早，與保利博物館收藏的榮仲方鼎（《銘圖》02412）時代相近，二器器主榮仲似爲一人〔註26〕。從上述諸器可知榮氏的一支居邑應在成周洛陽一帶，與殷商舊族居處較近。從《尙書序》的記載來看，榮氏家族與東方民族關係非凡，故周王命其禮遇肅愼。而西周中期之後，榮氏在宗周王室活動頻繁，地位非凡。數代榮伯在穆、恭、懿時期擔任王朝卿士，是執政大臣之一，參與聽命周王的賞賜活動〔註27〕，主持處理臣僚之間的土地交易〔註28〕，在冊命儀式中經常擔任儐右〔註29〕。

〔註22〕 羅西章：《扶風溝原發現叔趞父再》，《考古與文物》1982 年第 4 期。

〔註23〕 「榮子」諸器如榮子鼎（《集成》02206）、榮子旅鼎（《集成》02503）、榮子旅簋（《集成》03584）、榮子旅甗（《集成》00930）、榮子方尊（《集成》05843）、榮子方彝（《集成》09880）、榮子旅卣（《集成》05256）、榮子盤（《集成》10069）、榮子盉（《集成》09390）、榮子戈（《集成》10888）等器。

〔註24〕 中國科學院考古研究所：《美帝國主義劫掠的我國殷周銅器集錄》，科學出版社，1962 年，第 123 頁。

〔註25〕 洛陽市文物工作隊：《洛陽北窯西周墓》，文物出版社，1999 年，第 214～216 頁。

〔註26〕 董珊：《版方鼎和榮仲方鼎銘文的釋讀》，《古代文明研究通訊》第 27 期，2005 年 12 月。

〔註27〕 見於永盂（《集成》10322），榮伯與朝中執政井伯、尹氏、師俗父、遣仲一起聽命周王賞賜盂土地的儀式。

〔註28〕 見於裘衛盂（《集成》09456），榮伯與朝中執政伯邑父、定伯、䱇伯、單伯一起主持矩伯與裘衛之間的土地交易，並舉行了授田儀式。

〔註29〕 西周中期榮伯在冊命儀式中擔任右者的器物主要有：康鼎（《集成》02786）、由鼎（《銘圖》02453）、衛簋（《集成》04209～04212）、㝬伯師耤簋（《集成》

西周晚期厲、宣時期榮氏家族更是出現了支持厲王「專利」政策的榮夷公（《國語·周語上》），逨盤（《銘圖》14543）銘文中專司天下四方虞林的榮兌，榮氏在此時掌管王室經濟，位高權重。面對在東方頗具影響力、根深蒂固的世族榮氏，周王一方面依靠其爲王室服務，一方面在宗周畿內的榮氏采邑內設置監官，監視、掌控其動向，既反映出周王具備控制管理臣屬的駕馭能力，又彰顯了王權的權望和威懾。

上海博物館藏有一件𤔲監引鼎（《集成》02367），未有圖像著錄，銘文作：「𤔲監引乍（作）父己寶鼎彝。」此鼎被定爲西周中期，是𤔲地之監官所作之器，其私名爲引。作爲地名，𤔲字還有𤔲、𤔲、𤔲、𤔲等異體，從束得聲，于省吾先生考證此字爲管之初文，管地在鄭州〔註30〕，學者多從之。然而隨著新材料的出現，這一認識應當重新審視。李學勤先生認爲此地非是鄭州，而應距朝歌不遠〔註31〕，雷晉豪先生考證此地即戰國時期趙獻侯所都之中牟（而非漢代的管縣，今鄭州市西北）在今鶴壁市山城區一帶〔註32〕。從金文中有關𤔲地的記載來看，此地在殷末建有宗廟大室，商王經常於此祭祀宴饗，武王伐紂之時周王曾在此駐蹕，具有一定的軍事意義。周王在此地設置監官，監察防範殷遺民，合情合理。

周鄂關係中的鄂監

返觀鄂監簋，是周王朝設置在鄂國的監國之官爲其父辛所作之器。鄂國是商周時期南方的姞姓大國，《戰國策·趙策三》記魯仲連語：「昔者，鬼侯、鄂侯、文王，紂之三公也，鬼侯有子而好，故入之於紂，紂以爲惡，醢鬼侯。鄂侯爭之急、辨之疾，故脯鄂侯。文王聞之，喟然而歎，故拘之於牖里之庫，百日而欲舍之死。」（《史記·殷本紀》、《魯仲連列傳》所述之事相同，只「鬼

04257）、同簋（《集成》04271）、輔師嫠簋（《集成》04286）、宰獸簋（《銘圖》05376、05377）、由盨蓋（《銘圖》05673）、由盃（《銘圖》014798）、應侯見工鍾（《集成》00107）等器。上述諸器銘文中周王舉行冊命的地點多在宗周太廟、周康宮、康宮大室，榮氏在宗周畿內定有封邑，故傳世文獻中反覆強調其爲「畿內諸侯、卿大夫」。

〔註30〕 于省吾：《利簋銘文考釋》，《文物》1977年第8期。

〔註31〕 馬承源根據武王伐紂的日程，指出𤔲地決非鄭州。（馬承源：《商周青銅器銘文選》（三），文物出版社1988年，第14頁）李學勤結合甲骨資料、《逸周書·世俘》及新出版方鼎銘文，考證𤔲地應距殷都不遠，當日可以返還。（李學勤：《試論新發現的版方鼎和榮仲方鼎》，《文物》2005年第9期）

〔註32〕 雷晉豪：《金文中的「𤔲」地及其軍事地理新探》，《歷史地理》第26輯。

侯」作「九侯」）從史籍上看，鄂國在商末就已稱侯，而且位列商朝的三公，地位頗高，與西伯侯昌的身份相同，鄂侯在南方地區亦為方伯，實力雄厚、影響甚大。

　　商末的鄂國在西周時期續有遺脈，董珊先生根據新見的疑尊、疑卣銘文分析，西周初年這個姞姓的鄂國曾從沁陽遷至南陽，宋、鄂有密切聯繫〔註33〕。2012 年在南陽新鄉店夏響鋪發現了西周晚期至春秋早期的鄂國墓地，經研究該墓地至少葬有四代鄂君，並出土了鄂侯鼎等鄂國公室器物〔註 34〕，說明至遲在春秋早期鄂國地望應在南陽。

　　而自 1975 年起，隨州安居羊子山便陸續發現鄂國遺物〔註 35〕，1980 年M1 出土了 18 件鄂國青銅器〔註36〕，2007 年 M4 出土了 27 件青銅禮器〔註37〕，學界普遍認為羊子山墓地為西周早期鄂國公族墓地。加之上海博物館、洛陽博物館及海內外藏家的西周早、中期鄂國公室所作的器物，鄂國公室內部宗族勢力繁盛，存在有鄂侯大宗、鄂仲氏、鄂叔氏、鄂季氏等公族〔註 38〕。從上述隨州地區出土的鄂國之器，鄂邦在西周時期著實發展成為南土的大侯，勢力滲透至漢東地區，盤踞於此，可見其畛域範圍似不小。

　　隨棗走廊北接中原，南通江漢，是軍事要衝之地，被視為周王朝南土的重要屏障。鄂國佔據此地，對於周王朝不僅具有軍事戰略意義，更重要的是其地理位置掌控著周王朝物質資源的有效暢通。商周時期的鄂東地區具備豐富的銅礦資源，對大冶銅綠山礦冶遺址的發掘研究表明自商代晚期開始此處就存在著有色金屬富集區，並且發現了大量的勘探、採集、冶煉的遺存〔註39〕。

〔註33〕董珊：《疑尊、疑卣考釋》，《中國國家博物館》2012 年第 9 期。

〔註34〕崔本信、王偉：《南水北調中線工程南陽夏響鋪鄂國貴族墓地發掘成果》，《中國文物報》2013 年 1 月 4 日；《2012 年度河南省五大考古新發現》，《華夏考古》2013 年第 3 期。

〔註35〕隨州市博物館：《湖北隨縣發現商周青銅器》，《考古》1984 年第 6 期。

〔註36〕隨州市博物館：《湖北隨縣安居出土青銅器》，《文物》1982 年第 12 期。

〔註37〕隨州市博物館：《隨州出土文物精粹》，文物出版社，2009 年。

〔註38〕西周早、中期有關鄂國公室的器物主要有：鄂侯之器，如鄂侯鼎（《銘圖》01565）、鄂侯卣（《銘圖》13046）、鄂侯罍（《銘圖》13803、13804）、鄂侯盤（《銘圖》14364）等器；鄂仲氏之器，如鄂仲鼎（《銘圖》01596）；鄂叔氏之器，如鄂叔簋（《銘圖》04305）、鄂叔弗尊（《銘圖》11600）；鄂季氏之器，如鄂季奞父簋（《銘圖》04510）、鄂侯弟曆季簋（《銘圖》04509）、鄂侯弟曆季尊（《銘圖》11688）、鄂侯弟曆季卣（《銘圖》13202）。

〔註39〕黃石市博物館：《銅綠山古礦冶遺址》，文物出版社，1999 年。

以往學者已認識到楚國對這一地區銅礦的長期爭奪〔註40〕，然而在西周早期楚人的力量還未發展到能完全控制整個鄂東地區的銅礦資源，南土大藩的鄂國作爲諸侯之長，勢必是周王朝開通「金道」的主要依靠。

值得注意的是該簋銘文鄂監先考「父辛」使用日名，符合商人的稱謂習慣。而且從鄂監簋的形制來看，此式簋應從安陽殷墟出土的大万簋發展而來，帶有商末殷人風格，迄今發現的西周時期的這種簋，作器者的族屬也都不是姬姓周人的。從鄂監簋的文化特徵上判斷鄂監的身份具備商遺民的可能。另外，有學者根據對鄂東地區的考古遺存進行考察，認爲三監之亂後殘餘的殷商勢力可能流落至此，聚族而居〔註41〕。從疑尊、疑卣銘中可知宋、鄂聯繫緊密，宋爲殷商王室遺胄封國，鄂人與殷遺民存在著千絲萬縷的微妙關係。周王很有可能採取「以夷制夷」的變通政策，利用商人的力量監督管束鄂君，反映出周朝統治者靈活應變的政治智慧。鑒於上述政治、經濟因素，周王朝在依仗鄂國守土闢疆的同時，亦於此設置監官，便於掌控其動態，加強防備。

從後世鄂國叛周的史實來看，周初中央王朝在鄂國設置監官的確具有必要性和預見性，實屬英明之策。一方面，周朝統治者爲了籠絡鄂國國君，與之聯姻，見於西周晚期的鄂侯簋（《集成》03928~03930、《銘圖》04831）:「噩（鄂）厌（侯）乍（作）王姞媵（媵）殷（簋），王姞其萬年子子孫孫永寶。」爲鄂君嫁女於周室的明證。從周屬王時期鄂侯馭方鼎（《集成》02810）銘可知，周王南征後，在班師途中鄂侯主動覲見周天子，並受到周王崇高的禮遇，周王與鄂侯一起宴飲，舉行了射禮，鄂侯還得到了周王豐厚的賞賜。然而此次會晤卻將周鄂關係推向了逆轉，鄂侯有可能受到周朝的長期監視，壓抑已久，通過拜見周王以探虛實，旋即叛周，率領東夷、南淮夷大舉進攻周邦，深入周邦腹地，企圖顛覆周室。而周王亦可從鄂監那裡獲得鄂君的動態，遂做出「勿遺壽幼」（禹鼎《集成》02833）的滅絕性軍令，平息了戰亂，鄂國從此一蹶不振。在周與鄂的博弈鬥爭中，鄂監的貢獻非同小可，從前文所述之仲幾父簋的銘文可知，各邦邑中的監官有收集監視對象情報的職責，鄂監作爲周王的耳目，密切監視鄂君的作爲，爲周王提供鄂國的信息，起到了至關重要的作用。

〔註40〕 張正明:《楚史》，湖北教育出版社，1995年，第45頁；楊寬:《西周史》，上海人民出版社，1999年，第634頁；朱繼平:《考古所見楚對鄂東銅礦的爭奪與控制》，《中國歷史文物》2010年第6期。
〔註41〕 趙東升:《論鄂東南地區西周時期的考古學文化格局及政治勢力變遷》，《華夏考古》2013年第2期。

結　語

在經歷了周初三監之亂後，周朝統治者放棄了「以國監國、監之於外」的監國政策，周王在分封諸侯的同時，開始實行「監之於內、世官世守」的新方式控制地方諸侯：周王朝在諸侯、方國境內設置監察之官，諸監直接對周王負責，世代繼守，監視邦君的行爲，伺察其動靜，建構起周王駕馭諸侯臣屬的有效管理模式。鄂監簋爲研究西周監國制度提供了新的證據，鄂監作爲周王安插在鄂國的親信，監察得力，保證了周王能夠獲得鄂國的準確信息，在周滅鄂的戰爭中發揮了重要作用。

本文原刊於《江漢考古》2015 年第 1 期，收入本書後做了部分刪改。

附　記：

1. 2010 年山西翼城縣隆化鎮大河口西周墓地出土的霸仲簋（M1：67）（圖三），器形特殊之處在於圈足連鑄三條圓柱形附足，除此之外，形制與噩監簋完全相同。大河口 M1 的時代在西周早期，霸仲簋與噩監簋的時代接近。大河口霸國墓地是晉南當地狄人的遺存，本文中我們曾認爲這種（扁）球腹簋不是姬周文化的產物，霸仲簋的出現爲這一認識提供了又一佐證。

2. 此文發表後筆者讀到王沛姬著《新出三件兩周具銘銅器商榷》（載《三代考古》六，科學出版社，2015 年）一文。王女士認爲噩監簋的眞偽值得懷疑，其主要的兩條依據是：①「監」字書寫錯誤，簋銘中的監字「眼睛呈橫目而平視前方，並不作向下俯視的豎目形狀，不符合『監』字的本義，明顯是錯誤的」；②「鄂監」的說法不合制度，「能稱爲『某監』的一般都是周王信任的諸侯……對於這樣一個時常叛亂的異姓諸侯，周天子不太可能命其爲『監』，所以『鄂監』這種說法不甚符合制度」。

我們認爲王女士的辨偽存在著一定的局限性，其論據值得商榷：①在甲骨卜辭中存在著一些「橫目」形的監字，如 （《合集》27740）、（《合集》27742）等，文字構件方向的不同，在古文字中十分常見，不能作爲懷疑此器爲偽銘的依據；②以噩監爲代表的西周監國制度的本質內涵是周王朝在各諸侯國內設置監官，而不是諸侯兼任監官監視別國，

這裡的霝監是王朝任命駐派於霝國以監視霝君的官員，不是霝君做監官監視周邊國家。王女士對監國制度的理解似有偏差。

筆者多次目驗霝監簋，其鑄造精良，保存完好，未有明顯修補痕跡，字口清晰俊朗，墊片分佈合理（圖四），是一件珍貴的歷史文物。

圖一

圖四

鄂監簋

標圓圈部位爲霝監簋蓋內墊片

圖二

1. 鄂監簋蓋銘　　2. 鄂監簋蓋銘拓本　　3. 鄂監簋器銘　　4. 鄂監簋器銘拓本

圖三　與噩監簋形制相關的諸簋類比圖

1. 亞醜父丁簋　　2. 小屯西地出土　3. 寶雞石鼓山 M4　4. 牛簋
　　　　　　　　　大万簋　　　　出土鳥紋簋

5. 戈厚簋　　　　6. 永凝堡 M9 出　7. 甈簋　　　　8. 大河口 M1 出土
　　　　　　　　土恒父簋　　　　　　　　　　霸仲簋

宜侯夨簋銘文相關史地國族問題補論

　　1954 年江蘇鎮江丹徒煙墩山土墩墓出土的宜侯夨簋，自問世以來備受學界關注，前賢時彥對此器的研究成果豐碩，奧義迭出。由於宜侯夨簋屬意外發現，農民在取土時誤將底部鑿碎，銘文殘損破壞嚴重，受當時技術條件所限，修復時使用鉛塊焊接外底，所以無法通過 X-ray 探傷攝影透視銘文，只能根據銘文拓本釋讀。而以往見諸期刊、著錄的銘文拓本質量不甚佳，導致個別字句釋讀分歧較大，影響我們對銘文內容的認識。

　　宜侯夨簋現藏於中國國家博物館，筆者近年因撰寫《中國國家博物館館藏文物研究叢書‧青銅器卷‧西周分冊》，有幸得見此簋銘文的高清照片（見附圖），對某些存在意見分歧的字有一些新的認識。另外此簋涉及的夨、吳、虞、宜等國族源流問題也是學界爭論的熱點，隨著新材料的不斷問世，筆者藉此談一些陋見，懇求方家惠教。

一、「王立於宜」新解

　　簋銘中有一句「王立于宜，内土，南卿」，由於銘文多有鏽泐，歷來釋讀爭議較多。通過高清照片可以看到，「王」後一字，可摹寫爲，確是「立」字，讀爲「莅」，《廣韻‧至韻》：「莅，臨也」。

　　此句中的宜以往多被認爲是國地名，「王立于宜」被解釋爲王來到宜這個地方對夨進行冊命。縱觀傳世文獻與出土資料的記載，西周時期未見有王親赴受封地封建諸侯之例，與當時的禮法不合。宜字字形象把祭肉陳設在俎上獻於神明，在這裡用作祭名。宜祭在商代業已出現，卜辭中記載頗多：

貞：王其宜文武□。(《合集》36179)

宜于姚辛一牛。(《合集》23399)

貞：祐大甲于宜。(《英藏》21)

自上甲宜。(《合集》32367)

其宜祖乙。(《合集》27214)

其宜羊于兄庚。(《合集》23502)

癸亥卜，遘酒宜伐于大乙。(《合集》32216)

　　殷末的作冊般黿(《銘圖》03347)「王宜夷方無改」，記載了夷方首領無改在商王舉行的宜祭中，被作爲人牲使用。從上可知，商代的宜祭普遍用牲、甚至人牲，祭祀的對象比較廣泛，包括先公、先王、先姚、先臣等。

　　周代以後的宜祭發生了較大的變化，《書·泰誓上》：「類於上帝，宜於冢土。」孔安國傳：「祭社曰宜。」《禮記·王制》：「天子將出，類乎上帝，宜乎社，造乎禰。」鄭玄注：「類、宜、造，皆祭名，其禮亡。」《詩·大雅·綿》：「乃立冢土，戎醜攸行。」毛傳：「冢，大。戎，大。醜，眾也。冢土，大社也。起大事、動大眾，必先有事乎社而後出，謂之宜。(按此句引《爾雅·釋天》)」邢昺《爾雅注疏》：「言國家起發軍旅之大事，以興動其大眾，必先有祭祀於此社而後出行，其祭之名謂之爲宜。」《左傳》成公十三年：「成子受脤於社。」杜預注：「脤，宜社之肉也。盛以脤器，故曰脤。宜，出兵祭社之名。」周王在出行、征伐等大事之前舉行宜祭，地點在社，使用的祭肉叫脤。

　　「宜」字後一字《集成》、《銘圖》等金文著錄皆釋爲「入」，通過照片來看，■字明顯是從宀，宀內的結構筆劃不太清晰，似可摹作 ■，應是內字，通「入」。土讀爲社，《公羊傳》僖公三十一年：「諸侯祭土。」何休注：「土謂社也。」社是祭祀土地神祇之所，商代卜辭中有「邦社」、「亳社」、「唐社」等。

　　「南卿」讀作「南嚮」，表示王的面嚮，西周冊命金文中通常記錄的是受命者的位置和面嚮——「立中廷，北嚮」，而根據《周禮·春官·司几筵》「凡封國命諸侯，王位設黼依，依前南嚮」，《周禮·大宗伯》鄭玄注「王將出命，假(格)祖廟，立(位)依前，南嚮」等文獻記載，君王面朝南方。

二、對賞賜物「叀鬯」的認識

宜侯夨受賜物中有「叀鬯一卣，商瓄一□」。叀鬯是偏正結構的詞組，叀是修飾鬯的。鬯是鬯的省構，在西周金文賞賜物品中鬯既可指香草，即釀造鬯酒使用的原材料之一，如「鬯束」（孟卣《銘圖》13306）；又可指成品一種香酒——鬯酒。《說文·鬯部》：「鬯，以秬釀鬱艸，芬芳攸服，以降神也。」《禮記·曲禮下》：「凡摯：天子，鬯；諸侯，圭。」孔穎達疏：「天子鬯者，釀黑黍為酒，其氣芬芳調暢，故因謂為『鬯』也。」鬯是以黑黍為原材料添加了鬱金香草釀造的香酒，故有鬱鬯、秬鬯之稱。叀或認為是地名，叀鬯則為此地出產的鬯酒。我們認為叀鬯與鬱鬯、秬鬯的性質相同，皆指釀酒所用的材料。叀字亦見於小臣叀鼎（《銘圖》02102），作 ；新見的兩件趩簋（《銘續》0438、0439）器主之名為 ，隸定為徰，形旁為從_，是走的繁構，聲旁為叀。叀讀作剠，《說文·刀部》：「剠，又讀若殛。」剠與刉音同。《正字通·艸部》：「芰，同芞，省。」《說文·艸部》：「芞，芞輿也。」《爾雅·釋草》：「藒車，芞輿。」邢昺疏：「香草也，一名藒車，一名芞輿。」叀鬯是以黑黍為原料並加入芞輿再加工製成的香酒。

商讀為璋，瓄釋為瓚，《禮記·祭統》：「君執圭瓚祼尸，大宗持璋瓚亞祼。」鄭玄注：「圭瓚、璋瓚，祼器也。」璋瓚是「祼玉三品」（圭瓚、璋瓚、璜瓚）的一種，長安張家坡 M249（M249：2）〔註1〕、寶雞茹家莊一號墓（BRM1乙：295）〔註2〕等墓葬出土的條狀柄形器，下端榫部有小玉片、小玉條、蚌片等鑲嵌裝飾物，這大概就是西周時期璋瓚的實物例證〔註3〕。

三、西周時期虞、夨、吳、宜等國族辨析

宜侯夨簋銘文完整的記錄了西周時期的封建冊命禮，尤為珍貴的是這次封建諸侯為一次特殊的徙封。簋銘涉及的相關史地國族歷來為學界所爭訟。

〔註1〕 中國社會科學院考古研究所：《張家坡西周墓地》，中國大百科全書出版社 1999年版，第 275 頁，圖 209.2。

〔註2〕 盧連成、胡智生：《寶雞強國墓地》，文物出版社 1988 年版，第 339 頁，圖二三五.1。

〔註3〕 嚴志斌：《小臣叀玉柄形器詮釋》，《江漢考古》2015 年第 4 期。

　　宜侯夨簋的作器者在徙封至宜地之前，稱爲「虞侯夨」。虞，唐蘭先生認爲此字是虞字的早期寫法〔註4〕，北趙晉侯墓地 M114 出土的叔夨鼎（《銘圖》02479）作器者爲叔夨，李伯謙先生認爲叔夨就是唐叔虞〔註5〕，李學勤先生指出夨字與吳、虞二字是孳乳關係〔註6〕，馮時先生認爲夨、吳、虞等字可相通假〔註7〕，陳絜先生、馬金霞女士考證認爲虞、夨、吳是同字異構的關係〔註8〕。從文字學的角度來看，虞是虞的異構，夨、吳、虞、虞諸字關係密切，但在西周金文中，作爲國名使用時還是有區別的。黃盛璋先生認爲虞、吳作爲國名是不混用的〔註9〕，張懋鎔先生也認爲三字分別指代不同的國族，不能籠統的視爲一國〔註10〕，上述看法值得重視。下面我們梳理一下西周時期的夨國、吳國、虞國和宜國的發展脈絡：

　　1. 夨國。西周時期夨國銅器夨字皆作 夨、夨 形，從夨王鼎蓋（《銘圖》01550）、夨王簋蓋（《銘圖》04823）、夨王觶（《銘圖》10587）等器可知夨國君主可稱王。夨國的族姓可從如下諸器中判斷：

　　① 夨王作鄭姜尊簋，子子孫孫其萬年永寶用。（夨王簋蓋）

　　② 散伯作夨姬寶簋，其萬年永用。（散伯簋，《銘圖》04652～04655）

　　③ 散伯作夨姬寶匜。（散伯匜，《銘圖》14875）

　　④ 隔王作夨姬寶尊彝。（隔王尊，《銘圖》11684）

　　以上諸器有學者認爲是不帶媵字的嫁女媵器：① 是夨王爲嫁入鄭氏的女兒所作的媵器，姜爲父家（夨氏）之姓；②、③ 是散伯爲嫁入夨氏的姬姓女

〔註4〕 唐蘭：《宜庆夨毀考釋》，《考古學報》1956 年第 2 期。

〔註5〕 李伯謙：《叔夨方鼎銘文考釋》，《文物》2001 年第 8 期。

〔註6〕 李學勤：《叔虞方鼎試證》，《上海博物館編晉侯墓地出土青銅器學術研討會論文集》，上海書畫出版社 2002 年版。

〔註7〕 馮時：《叔夨考》，《上海博物館編晉侯墓地出土青銅器學術研討會論文集》，上海書畫出版社 2002 年版。

〔註8〕 陳絜、馬金霞：《叔夨鼎的定名與西周歷史上的夨國》，《仰止集——王玉哲先生紀念文集》，天津人民出版社 2007 年版。

〔註9〕 黃盛璋：《銅器銘文宜、虞、夨的地望及其與吳國的關係》，《考古學報》1983 年第 3 期。

〔註10〕 張懋鎔：《談談半個世紀以來圍繞宜侯夨簋論爭給我們的啓示》，《古文字與青銅器論集》（第三輯），科學出版社 2010 年版；張懋鎔：《國博所藏西周青銅器選粹》，《中國國家博物館館藏文物研究叢書·青銅器卷·西周分冊》後附論文，待刊。

兒所作媵器，散氏是姬姓〔註11〕，夨氏是非姬姓，有可能是姜姓。但是④器銘則說明將這些器物視爲廣義上的媵器是不恰當的，因爲隦氏之器主要出土於甘肅靈臺白草坡墓地，白草坡 M1、M2 墓底有腰坑，具有殷遺民葬俗的特點。所以隦氏顯然是非姬姓的殷遺，那麼這些器物應該是男性貴族爲其夫人所作之器，夨氏應爲姬姓。夨族的居住地西周早期在汧河上游的隴縣、千陽一帶，西周晚期內遷至寶雞賈村附近〔註12〕。

2. 吳國，即文獻記載中的太伯、仲雍出奔後建立的姬姓吳國〔註13〕。太伯所奔之吳，學界有認爲在汧水流域甚至晉南地區的傾向。前者主要根據是隴縣有吳山、千陽縣有楚山（荊蠻之地）這些地名，後者的根據則是根據吳、虞二字相通，將平陸的虞國與吳國視爲一國。我們贊同太伯建立的吳國在蘇南的認識〔註14〕。寧鎮地區發現的數量眾多的土墩墓從周初延續至春秋時期，帶有明顯的地域色彩，應是吳國墓葬。太伯建立的吳國在西周金文中皆作從矢從口之形，西周時期存在外服的吳國和畿內的吳氏，後者成員主要見於穆王時期的靜簋和班簋，即與王一同射於大池的吳𢼆和協助毛伯東征的吳伯，吳鎮烽先生認爲他們是同一人〔註15〕。另外在一些器物中還出現有吳姬、吳王姬等女性：

① 伯頵父作朕皇考屖伯、吳姬寶鼎，其萬年子子孫孫永寶用。（伯頵父鼎，《銘圖》02249；伯頵父簋，《銘圖》04998）

〔註11〕 從西周金文來看，散氏確實與姞姓、姜姓女子通婚，故學界有將散氏族姓定爲姬姓的傾向。傳世有一件散姬鼎（《銘圖》01440）：「散姬作尊鼎。」散姬之稱或認爲是散氏爲姬姓的有力證據，但本文所舉①、②、③、④這批與夨國有關的器物不能當作媵器解，所以散姬應理解爲「夫氏+父姓」的女子人名格式，類似的如王姜、王姒、曾姜等，此鼎是嫁入散氏的姬姓女子自作器。

〔註12〕 盧連成、尹盛平：《古夨國遺址、墓地調查記》，《文物》1982 年第 2 期。

〔註13〕 這一史實最早見於《左傳》閔公元年、《國語·晉語一》，作爲士蒍勸諫申生出逃所引故事。《史記·吳太伯世家》記載的更爲詳細：「吳太伯，太伯弟仲雍，皆周太王之子，而王季歷之兄也。季歷賢，而有聖子昌，太王欲立季歷以及昌，於是太伯、仲雍二人乃奔荊蠻，文身斷髮，示不可用，以避季歷。季歷果立，是爲王季，而昌爲文王，太伯之奔荊蠻，自號句吳。荊蠻義之，從而歸之千餘家，立爲吳太伯。」《穆天子傳》卷二：「大王亶父之始作西土，封其元子吳太伯於東吳。」

〔註14〕 張志鵬：《吳越史新探》，河南大學博士研究生學位論文 2012 年。

〔註15〕 吳鎮烽：《金文人名彙編》（修訂本），中華書局 2006 年版，第 147 頁。

②　唯六月既生霸辛巳，王命萮眔叔緐父饋吳姬饕器，師黃賓萮璋一，
　　馬兩，吳姬賓帛束。萮對揚天子休，用作尊簋，季姜。（萮簋，《銘
　　圖》05205）

③　猷（胡）叔作吳姬尊筐，其萬年子子孫孫永寶用。（猷叔簋，《銘
　　圖》05858）

④　吳姬旅簋。（吳姬簋，《銘續》0320）

⑤　自作吳姬媵匜。（自匜，《銘圖》14864）

⑥　吳王姬作南宮史叔飤鼎，其萬年子子孫孫永寶用。（吳王姬鼎，《銘
　　圖》02187）

　　① 作器者伯頮父的父親犀伯之犀通夷，可作氏名解〔註16〕，夷氏為姜姓，
其母親為姬姓的吳國（氏）之女，故稱吳姬；② 銘載周王命萮和叔緐父饋贈
給吳姬饕器，師黃和吳姬分別回贈給萮璋、馬、帛等禮品，吳姬應為師黃的夫
人，接受王的禮遇，其地位顯然不低；③ 器是胡叔為夫人吳姬所作，胡叔是
胡國公室成員，據《史記・陳杞世家》「吳王僚使公子光伐陳，取胡、沈而去。」
司馬貞《索隱》引《系本》：「胡，歸姓。」《左傳》襄公三十一年杜預注：「胡，
歸姓之國。」《史記・楚世家》張守節《正義》引《括地志》：「故胡城在豫州
郾城縣界。」西周時期胡國在今河南漯河郾城。金文中歸姓作媿，猷叔猷姬簋、
蓋（《銘圖》05057～05062）銘：「猷叔猷姬作伯媿媵簋，用享孝于其姑公，子
子孫其萬年永寶用。」這組簋是胡叔、胡姬為其長女伯媿所作的媵器，說明胡
為媿姓，胡姬是冠夫氏於己姓之前的女子人名格式，而吳姬是女子「父氏+父
姓」的格式，皆反映出媿姓的胡國與姬姓之族通婚的史實；④ 漏鑄一「作」
字，是吳姬自作器；⑤ 不應理解為吳姬自己為自己所作的媵器，這裡省略了
吳姬父母兄長等長輩的私名，為其作媵匜；⑥ 器形制與宣王世的毛公鼎相近。
銘文中吳王姬的身份學界有不同的認識，或認為是吳王的配偶（姬非女子之
姓，而是作姬妾解），或認為是嫁入非姬姓吳國的周王的女兒。從銘文內容上
看，此鼎顯然是吳王姬為南宮史叔所作的實用器，二人乃夫妻關係，是西周貴
族夫婦敦睦情誼的反映〔註17〕。吳王姬是女子「父氏＋爵稱＋父姓」的人名格

〔註16〕　夷字亦不排除作謚法解的可能，如周夷王、秦夷公等。
〔註17〕　商周青銅器中丈夫為妻子所作器十分普遍，妻子為丈夫作器確很罕見，但也
　　　　存實例，如 1977 年山東曲阜魯國故城望父台 M48 出土的侯母壺，銘曰：「侯
　　　　母作侯父戎壺，用征行，用求福無疆。」侯母係侯父之妻，二人「夫妻同字」。

式，丈夫爲南宮氏的史叔〔註18〕。根據《史記・吳太伯世家》記載吳國直到壽夢在位時才始稱王，而金文中記載吳國國君稱王的時代要更早〔註19〕。

另據吳鎮烽先生介紹，最近在山東東南部出土有一坑吳國公室貴族的銅器，有鼎、簋、盂、瓴、盤、匜等器〔註20〕，這批銅器的時代在春秋早期，器主爲吳季氏、吳叔氏。我們認爲西周時期的姬姓吳國（太伯、仲雍之後）有一支直至春秋初年，盤踞在魯東南、蘇北一帶。

3. 虞國。西周時期的虞國應有兩個：一爲殷商時期就存在的古國，即周文王詇「虞芮之訟」的嫣姓虞國〔註21〕；一爲周初虞仲所封之姬姓虞國。據《史記・吳太伯世家》載：「是時周武王克殷，求太伯、仲雍之後，得周章。周章已君吳，因而封之。乃封周章弟虞仲於周之北故夏虛，是爲虞仲，列爲諸侯。……自太伯作吳，五世而武王克殷，封其後爲二：其一虞，在中國；其一吳，在夷蠻。」裴駰《集解》引徐廣云：「在河東大陽縣。」司馬貞《索隱》云：「夏都安邑，虞仲都大陽之虞城，在安邑南，故云夏虛。」故址在今山西平陸縣一帶，縣北張店曾發現古城址，黃盛璋先生認爲此處即虞國所

〔註18〕 南宮史叔似不能理解爲男子「氏名＋私名（史叔爲雙字名）」的人名格式，南宮氏與吳國皆爲姬姓，根據周代實行的同姓不婚原則，是有悖常理的。史應爲此人之氏，身份是南宮家族的史官，因官命氏，叔是其排行，族姓是非姬姓的。

〔註19〕 首都博物館藏有一件尹氏叔鯀簋（《銘圖》05825），蓋已失，窄平沿，外折，腹壁斜收，腹兩側有一對環形耳，圈足正中有半圓形缺，口下飾一周一大一小重環紋，腹部飾長卷唇龍紋，圈足飾垂鱗紋。銘文曰：「吳王御士尹氏叔鯀作旅筐。」作器者的身份是吳王身邊的侍臣。與此簋形、紋飾倶肖的是1981年陝西扶風任家村出土的夒紋簋（曹瑋：《周原出土青銅器》，巴蜀書社2005年版，第2168頁），器形相同、紋飾有別的如1960年陝西扶風齊家村銅器窖藏出土的冶遣簋（曹瑋：《周原出土青銅器》，巴蜀書社2005年版，第83頁）、1977年陝西扶風法門雲塘村2號窖藏出土的伯公父簋（曹瑋：《周原出土青銅器》，巴蜀書社2005年版，第2163頁）、現藏於北京故宮博物院的史頌簋（《銘圖》05766）等。這類銅簋的形制特徵爲腹壁與口沿之間的夾角在45°左右，環形耳，紋飾布局爲三段。史頌是周宣王時代的人物，上述諸簋的時代多集中在西周晚期偏晚，故西周晚期吳國有可能就已稱王了。

〔註20〕 張懋鎔：《國博所藏西周青銅器選粹》，《中國國家博物館館藏文物研究叢書・青銅器卷・西周分冊》後附論文，待刊。

〔註21〕 殷末「虞芮之訟」中的虞、芮二國同爲舊邦古國。古芮國爲姞姓，位於今甘肅華亭一帶。（清華大學簡牘研究與保護中心編、李學勤主編：《清華大學藏戰國竹簡》（一），中西書局2010年版，第150頁；趙慶淼：《芮姞簋與古芮國探微》，《故宮博物院院刊》2016年第2期）與位於晉陝交界的姬姓芮國判然有別。古虞國與古芮國相鄰，故址也應在汧隴一帶，周初作爲武王之婿，徙封爲陳國。

在〔註22〕。1979年山西省文物商店收購有一件傳出自晉東南的虞侯政壺（《銘圖》12391），失蓋，器橫截面呈橢方形，微侈口，長頸，鼓腹，矮圈足，頸部兩側有一對獸首銜環耳。頸部飾一周顧首前垂冠鳥紋，腹部飾交叉的寬帶絡紋，交合處有菱形凸飾，圈足飾波帶紋。頸內壁鑄銘：「唯王二月初吉壬戌，虞侯政作寶壺，其萬年子子孫孫永寶用。」此壺形制與陝西延長縣安溝鄉岔口村出土的蘇𩵦壺〔註23〕相仿，銘文字體乖張鬆散，寶字所從之貝下部已封口，頗具西周中期偏晚的風格。故此壺應為西周中期虞侯自作器。另有兩件虞司寇伯吹壺（《銘圖》12394、12395），銘曰：「虞司寇伯吹作寶壺，用享用孝，用祈眉壽，子子孫孫，永寶用。」這對壺無器影資料，從銘文字體來看具有西周晚期的特點，作器者官任虞國司寇。上述虞國銅器中虞皆作從虍從吳之形，這是西周金文中晉南虞國之名的一般寫法。本簋銘中的虞侯之虞是虞字的異構，從結構上看虞、虞二字之間的關係更加緊密，所以虞應是晉南的虞國。

4. 宜國。簋銘言「鄉（遷）侯于宜」，鄉字被鏽所蝕，應與大盂鼎（《銘圖》02514）銘「徝寏鄉自厥土」中的鄉字結構相同，唐蘭先生、李學勤先生讀為遷〔註24〕，《爾雅·釋詁下》：「遷，徙也。」「遷侯于宜」是說王命矢遷至宜地為侯，是西周時期常見的徙封行為。

宜的地望學界多根據此簋出土地點判斷就在鎮江丹徒一帶，這一看法是值得商榷的，煙墩山M1與周圍發現的時代相近的土墩墓文化特徵十分一致，是帶有地域風格的吳國墓葬，宜侯矢簋與同墓所出的其他銅器關係不大，吳國立國已久，不可能在康王時期徙封，所以宜侯矢簋不屬於吳器，很可能是一件外來器。宜國由晉南的虞國徙封而來，平陸的虞國仍有餘嗣，直至春秋時期才被晉國所滅。

宜族在殷末就有政治活動，見於戉𠅤鼎（《銘圖》02296）：「王令宜子迨於省」，宜子的身份是宜族的首領，迨釋為會，即會同之禮，西方代指西方諸侯。鼎銘文記載了王命宜子在巡省的途中與西方諸侯舉行會禮，這次會禮目的是

〔註22〕 黃盛璋：《銅器銘文宜、虞、矢的地望及其與吳國的關係》，《考古學報》1983年第3期。

〔註23〕 姬乃軍、陳明德：《陝西延長出土一批西周青銅器》，《考古與文物》1993年第5期，圖二.3。

〔註24〕 唐蘭：《宜侯矢𣪘考釋》，《考古學報》1956年第2期；李學勤：《宜侯矢簋與吳國》，《文物》1985年第7期。

對西方之叛逆進行征伐，發生的地點在商都境外〔註 25〕。商代宜族所居與西周宜地是否吻合，還需斟酌。從戍𢦏鼎銘內容分析，殷代宜族似與西方諸侯有關，而宜侯夨簋之宜，從王「省東國圖」的記載來看，宜的地理位置大致在東國範圍內，其準確所在仍不得而知。

宜侯夨簋銘文

此文原刊於《古代文明》2019 年第 1 期。

〔註 25〕吳雪飛：《戍求鼎銘文與商代會禮》，《史學集刊》2017 年第 6 期。

內史盨與伯克父甘婁盨

　　中國國家博物館新入藏了兩組（三件）西周時期的青銅盨，具有重要的學術價值，筆者不揣淺陋，草就成文，懇求大方賜教指正。

一、內史盨的形制及意義

　　內史盨（圖一）曾在中國國家博物館舉辦的「近藏集粹——中國國家博物館新入藏文物特展」中展出。該盨合蓋高 24、口長 18.4、口寬 14.4 釐米。直口，與蓋形成子母口，腹部橫截面呈圓角長方形，腹較淺，腹部近底處略顯傾垂，腹下接一周極矮的圈足，下承四柱足，較矮，附耳，耳部橫截面為圓形，蓋面隆起，蓋頂有四矩尺形鈕。蓋沿及口沿下飾橫 S 形垂冠顧龍紋，足根處飾浮雕小饕餮紋。器、蓋對銘 6 字（圖二），蓋銘銹蝕嚴重，漫漶不清，現將器銘隸定如下：

　　　　入（內）史乍（作）鑿（旅）骰（盨）。

　　該盨從外形上看與附耳橢方鼎十分相似，但自名為「盨」，這是青銅盨與青銅簋自名互借的一個現象〔註1〕，也見於 1976 年扶風莊白一號窖藏出土的瘨盨（《銘圖》05671、05672）、滕侯蘇盨（《銘圖》05620、05621）、作旅盨（《銘圖》05501）、平頂山應國墓地出土的應侯盨（蓋）（《銘圖》05503、05504）、伯鮮盨（《銘圖》05528、05529、05530）、華季嗌盨（《銘圖》05596）、乘父

〔註1〕 簋也有借盨之名的，如 1984 年長安張家坡西周墓地出土的達盨（M152：36），是一件漆木與銅構件組合的器物，漆體已朽沒，經張長壽先生、張孝先先生復原，該器器形是一件流行於西周中期的附耳盂形簋，理當歸屬於簋類，其銘中雖自名「旅盨」，但如果從盨、簋器名互借的角度來認識，將其命名為達簋更加準確。

士杉盨（《銘圖》05629）、中國國家博物館收藏的魯司徒伯吳盨（《銘圖》05594）
和保利藝術博物館收藏的兩件伯敢〔註2〕𥾝盨（《銘圖》05613、05614）等器。
所以該器定名爲盨是沒有疑問的，這件器物對於探討青銅盨的發生起源具有
重要的類型學價值。

　　青銅盨中有個別自名爲「盨簋」的，如叔譽父盨（《銘圖》05545、05546）、
伯庶父盨蓋（《銘圖》05600）、魯司徒仲齊盨（《銘圖》05640、05641）、魯伯
悆盨（《銘圖》05656）等，說明盨和簋的用途相同，都是盛食器，考古資料
表明，盨和簋都是偶數組合，是西周以來以鼎、簋爲核心的食器組合成熟發
達的產物。由於盨、簋功能相同、盨與簋存在自名連稱的現象，二者形制也
有近似之處，故學界曾認定盨是從簋演變而來的〔註3〕。

　　而隨著新資料的不斷湧現，這一看法有所改變，首先王世民先生在探討
保利藝術博物館收藏的伯敢𥾝盨時，敏銳的意識到了盨與橢方鼎的密切關係
〔註4〕；隨後李零先生撰文認爲「早期的盨，估計就是脫胎於這種形式的附耳
方鼎」〔註5〕；近年岳連建、王安坤先生在《銅盨的淵源及演變》一文中明確
提出了青銅盨來源於附耳圓角方鼎：

　　　　銅盨主要是由西周早期的小型圓角方鼎衍生而來，同時吸收了
　　銅簋的許多因素而成。換言之，盨就是圓角方鼎和圈足簋相結合的
　　產物，是一個『混血兒』，只不過它的主體部分是來自圓角方鼎而非
　　圈足簋。〔註6〕

〔註2〕此兩件盨最早著錄於《保利藏金》編委會：《保利藏金——保利藝術博物館精
　　　品選》（嶺南美術出版社，1999年，第91～96頁），王世民先生將敢字隸爲敢
　　　𢆉二字。今從王強先生的考證，將其視爲一字，即上從敢，下從弁的雙聲符字，
　　　釋爲「敢」。（參見王強：《西周金文人名用字補釋二則》，北京大學出土文獻
　　　研究所：《北京大學「出土文獻與中國古代文明研究協同創新中心」金文與青
　　　銅器研討班第一期「西周金文與青銅器」研討班手冊論文匯編》，2015年6月）
〔註3〕參見容庚、張維持：《殷周青銅器通論》，文物出版社，1984年，第39頁；唐
　　　蘭：《略論西周微史家族窖藏銅器群的重要意義——陝西扶風新出牆盤銘文解
　　　釋》，《文物》1978年第3期；陳芳妹：《商周青銅粢盛器特展圖錄》，國立故
　　　宮博物院，1985年，第70～72頁；張懋鎔：《西周青銅盨研究》，《考古學報》
　　　2003年第1期；陳佩芬：《夏商周青銅器研究》，上海古籍出版社，2004年，
　　　第507頁。
〔註4〕《保利藏金》編輯委員會：《保利藏金——保利藝術博物館精品選》，嶺南美
　　　術出版社，1999年，第96頁。
〔註5〕李零：《論㸓公盨發現的意義》，《中國歷史文物》2002年第6期。
〔註6〕岳連建、王安坤：《銅盨的淵源及演變》，《考古與文物》2014年第2期。

　　不僅如此，岳、王二先生的文中對青銅盨的型式演變進行了非常詳細和科學的分析（圖三），將青銅盨的形制演變過程分成六組，內史盨屬於第Ｖ組，這一組盨的器形是由長方形圈足盨與四柱足盨相結合形成的〔註7〕。

　　內史盨為探討青銅盨的起源和類型劃分提供了重要的實物資料，具體內容如下：

　　1. 內史盨的器形證實了青銅盨脫胎於西周早期的附耳圓角方鼎，並吸收了簋的圈足部分。附耳橢方鼎是西周時期出現的新器形，代表性器物可舉出北京琉璃河燕國墓地 M253 出土的圍方鼎（M253：11）〔註8〕、山東滕州莊里西村出土的滕侯方鼎〔註9〕、陝西扶風莊白墓葬出土的夨方鼎（《銘圖》02489）〔註10〕、上海博物館收藏的毛公鼎（《銘圖》02336）等。毛公鼎銘有「毛公旅鼎亦惟簋」之詞，惟，《玉篇·心部》：「惟，為也。」說明毛公鼎也可以作為簋的功能使用。如果依照簋與盨器名互借的思路理解，從理論上說，銅盨最初器名表述的某種方式確實出現在這種圓角方鼎上。《銅盨》認為這正是圓角方鼎向盨發展的第一步驟。從器形上看，內史盨與附耳圓角方鼎酷肖，一方面明確反映了盨由圓角方鼎脫穎而出，另一方面其腹部下有一周極矮的圈足，這顯然是借鑒了青銅簋之圈足部分造就而成的。

　　2. 內史盨的時代進一步證實了青銅盨誕生於西周中期偏早階段的認識。學界現今基本認定青銅盨發生於西周中期偏早〔註11〕，代表性的器物有如下幾件：

　　（1）山西曲沃北趙晉侯墓地 M13 出土的盨，該盨的圖像資料未公開發表，根據朱鳳瀚先生、李零先生文中的描述，其器形近似兩件附耳方鼎扣合

〔註7〕 岳連建、王安坤：《銅盨的淵源及演變》，《考古與文物》2014 年第 2 期。
〔註8〕 北京市文物研究所：《琉璃河西周燕國墓地 1973～1977》。文物出版社，1995 年，圖版伍拾三.2。
〔註9〕 滕縣博物館：《山東滕縣發現滕侯銅器墓》，《考古》1984 年第 4 期，圖版柒.4。
〔註10〕 羅西章、吳鎮烽、雒忠如：《陝西扶風出土西周伯夨諸器》，《文物》1976 年第 6 期，圖一三。
〔註11〕 王世民：《白敢卑盨》，《保利藏金》編委會：《保利藏金——保利藝術博物館精品選》，嶺南美術出版社，1999 年，第 96 頁；朱鳳瀚：《中國青銅器綜論》，上海古籍出版社，2009 年，第 136 頁；張懋鎔：《西周青銅盨研究》，《考古學報》2003 年第 1 期；李零：《論夨公盨發現的意義》，《中國歷史文物》2002 年第 6 期；岳連建、王安坤：《銅盨的淵源及演變》，《考古與文物》2014 年第 2 期。

而成，蓋口大器小，器口小底大〔註12〕。M13 的時代在西周中期偏早，約穆王時。而這種器形的盨比較特殊，它雖然源自附耳方鼎，但蓋的形狀與附耳方鼎的蓋一般呈隆面、上有四矩尺形鈕的形制不類。

（2）內史盨的時代可以從器形、紋飾與銘文字體等方面斷定：

前文已述，內史盨的器形更多繼承了西周早期附耳方鼎的諸多特徵，時代不會相隔甚遠；內史盨所飾的垂冠顧首龍紋，亦見於扶風齊家 M19 出土的卣之頸部、爵之腹部（78FQM19：51、35）〔註13〕、扶風莊白伯彧墓出土的彧方鼎（甲、乙）〔註14〕口沿下，上述諸器的時代皆在西周中期偏早；盨銘中的「旅」字作「🔲」，為兩人執一旗，下有一簡省之車形，屬於陳英傑先生歸納的「旅」字異體字形的第一種，這種形體主要集中在西周早期（28 例），西周中期也偶有發現（8 例）〔註15〕。由此可知，內史盨的時代在西周中期偏早應該是沒有問題的。

（3）保利藝術博物館收藏的伯敢緜盨（一對）（圖四），這對盨的器體作長方槽形，子母口，兩側附獸首銜環耳，腹下為四矩尺形扁足，蓋面微隆起，上有四矩尺形鈕，蓋頂中央有一環形鈕，卻置以矩尺形鈕為足作淺盤狀。蓋緣及口沿下皆飾一周兩兩相對的橫 S 形垂冠顧龍紋。王世民先生將其時代定為西周中期前段〔註16〕，是正確的。我們可以再從耳部的形制及銘文字體等特徵補充一二：

A. 這種獸首銜環的耳形狀近似於鋪首，在西周時期作為器耳十分罕見，與之類似的是寶雞茹家莊一號墓出土的強伯簋（BRM1 乙：8）〔註17〕，該簋腹部兩側為兩組牛首口銜雙環，雙環相扣。茹家莊一號墓墓主的強伯任仕昭、

〔註12〕 朱鳳瀚：《中國青銅器綜論》，上海古籍出版社，2009 年，第 136 頁；李零：《論
　　　　 夆公盨發現的意義》，《中國歷史文物》2002 年第 6 期。
〔註13〕 陝西周原考古隊：《陝西扶風齊家十九號西周墓》，《文物》1979 年第 11 期。
〔註14〕 羅西章、吳鎮烽、雒忠如：《陝西扶風出土西周伯彧諸器》，《文物》1976 年第
　　　　 6 期。
〔註15〕 陳英傑：《商周金文異體字研究：以「旅」字為例》，香港大學中文學院主
　　　　 辦、香港中文大學歷史系中國歷史研究中心協辦：《出土文獻與先秦經史國
　　　　 際學術研討會論文集》（上），香港大學 2015 年 10 月 16 日至 17 日，第 344
　　　　 頁。
〔註16〕 王世民：《白敢緜盨》，《保利藏金》編委會：《保利藏金——保利藝術博物館
　　　　 精品選》，嶺南美術出版社，1999 年，第 96 頁。
〔註17〕 盧連成、胡智生：《寶雞強國墓地》，文物出版社，1988 年，圖版一五九.2。

穆二世〔註 18〕，出土器物多帶有昭、穆之際的風格，從這種器耳的設計角度來看，伯敢係盨應與強伯簋的時代應相去不遠；

B. 銘文字體典雅規整，筆劃拘謹，字間較疏，「寶」字所從之「宀」為銳頂折肩狀，「貝」字下不封口，個別筆劃如「殷」字所從之「殳」的捺筆中間仍有粗筆，呈現出西周中期偏早的一些特徵，字體風格與鮮簋（《銘圖》05188）、扶風莊白一號窖藏出土豐尊（《銘圖》11796）等穆王世器較為接近，時代也應相仿。

（4）由盨（圖五），最早出現於 2008 年 12 月崇源國際拍賣會，編號 56。《銘圖》著錄編號 2453，無蓋，器形為直口方唇，束頸，腹部微鼓，四細柱足，足之斷面為半圓形，短邊頸部兩側有一對索狀附耳，長邊頸腹間設有一獸首鋬，下有鉤狀珥。頸部飾對首變形夔紋，以雷紋填地，四足根處飾饕餮紋。內底鑄有銘文 70 字：

> 唯正月初吉庚寅，王在康宮，格于大室，榮伯入右由，即立。
> 王呼內史尹冊命由。王曰：「由，命汝作服。錫汝金車、旂、⊘火
> （市？）、幽黃。」由敢對揚天子丕顯休，用作朕考簋，由其萬年子
> ＝孫永寶用。

從形制上看，該器酷似附耳方鼎，故《銘圖》將其定名為鼎，而器銘中自名為「簋」，這種情況與內史盨完全相同，應該理解成青銅盨自名為「簋」的一種方式，所以該器還是稱作盨更加準確。另外《銘圖》中還收錄一件由盨蓋（《銘圖》05673），惜缺圖像資料，與由盨銘文幾乎完全相同（僅「子」字無重文號），我們推測其可能就是這件由盨的蓋。

由盨的時代可以從以下幾個方面判定：

A. 此盨的主體紋飾是變形夔紋，特徵為低首，開口向下，長身，軀幹分歧為二，前額伸出上卷觸角，頗似象鼻。這類象鼻夔紋多見於西周早期，如見於濬縣辛村 M60 出土的提梁卣（M60：7）〔註 19〕之蓋面及頸部、扶風上宋鄉紅衛村西周墓出土的簋（06FSM1：3）〔註 20〕之頸部及圈足。在西周中期仍有延續，與其紋飾最為近似的是上海博物館收藏的穿鼎（《銘圖》02398），該鼎下腹傾垂明顯，具有西周中期的典型特點。

〔註 18〕 盧連成、胡智生：《寶雞強國墓地》，文物出版社，1988 年，第 410 頁。
〔註 19〕 郭寶鈞：《濬縣辛村》，科學出版社，1964 年，圖版十五.1。
〔註 20〕 扶風縣博物館：《陝西扶風縣新發現一批商周青銅器》，《文物》2007 年第 3 期。

B. 從銘文字體上觀，筆道均勻，粗細一致，已無波磔痕跡，多呈現出西周中期稍晚的某些特徵。如「王」字底部橫筆兩端略翹起，這一寫法亦見於親簋（《銘圖》05362）、士山盤（《銘圖》14536）、三年癲壺甲、乙（《銘圖》12441、12442）等器；「子」、「孫」二字之豎筆呈垂直狀，又見於虎簋蓋（《銘圖》05399）；親簋和虎簋蓋皆有紀年，分別為 24 年、30 年，這兩件高紀年的器物舊被認作穆王世器，現在看來應該可以歸入恭王〔註 21〕，士山盤和三年癲壺是懿、孝時期的器物。

C. 從內容來看，由盨銘是一篇成熟的冊命銘文，「王呼內史尹冊命由」可歸於「王呼史官冊命某」的格式，這種辭例流行於西周恭、懿時期：

> 王呼作冊尹冊申命親 （親簋）
>
> 王呼作冊尹冊命山 （士山盤）
>
> 王呼內史冊命豆閉 （豆閉簋）
>
> 王呼內史駒冊命師奎父 （師奎父鼎《銘圖》02476）
>
> 王呼內史吳冊命師癲 （師癲簋蓋《銘圖》05338）
>
> 王呼史戊冊命吳 （吳方彝蓋《銘圖》13545）
>
> 王呼作命內史冊命利 （利鼎《銘圖》02452）
>
> 王呼作冊尹冊命氂 （輔師氂簋《銘圖》05337）

冊命中的賞賜品，「⊘市」、「幽黃」也是這一時期常見之物。另外右者榮伯，亦見於永盂（《銘圖》06230）、衛簋（《銘圖》05238～05241）、裘衛盉（《銘圖》14800）、弭伯師耤簋（《銘圖》05294）、同簋（《銘圖》05322）、卯簋蓋（《銘圖》05389）等器，多次擔任冊命儀式中的右者，是活躍於恭、懿兩朝的執政大臣之一〔註22〕。

綜上所述，由盨的時代定為西周中期恭王時器，較為妥當〔註23〕。

〔註21〕 參見韓巍：《親簋年代及相關問題》，朱鳳瀚主編《新出金文與西周歷史》，上海古籍出版社，2011 年；王占奎：《2003 年以來所見西周曆日擬年》，李宗焜主編：《古文字與古代史》（第三輯），中央研究院歷史語言研究所，2012 年；朱鳳瀚：《關於西周金文曆日的新資料》，《故宮博物院院刊》2014 年第 6 期。

〔註22〕 榮伯還見於應侯見工鍾（《銘圖》15314～15316）、敔簋（《銘圖》05380）、康鼎（《銘圖》02440）、宰獸簋（《銘圖》05376、05377）等器，這些器物明顯帶有西周中期偏晚或更晚的特徵，這位榮伯有可能是恭、懿兩朝中榮伯的後嗣。

〔註23〕 《中國古董》（2008 年）、《銘圖》對該盨的器形描述皆為「長邊頸腹間置一對獸首半環耳，下有鉤狀垂珥」。從圖片上看，另一側的腹底邊緣並未顯露出垂

（5）應侯再盨（圖六），平頂山應國墓地 M84 出土（M84：68）〔註24〕，腹部橫截面爲圓角長方形，直口，方唇，腹壁較直，兩側置一對獸首半環耳，下有方形珥。底近平，圓角長方形鏤空圈足，蓋頂有底部相連的四矩尺形鈕，卻置可爲足。口沿下與蓋沿均飾長尾鳳鳥紋，勾喙，頭頂有巨型羽冠向前彎卷，尾羽分爲兩股，上股尾羽極細長，下股尾羽與身分離，較粗壯，兩端內卷。這類鳳鳥紋飾亦見於恭王時期的史牆盤（《銘圖》14541）腹部。從 M84 墓葬出土的銅禮器的形制、紋飾、銘文字體等方面來看，與扶風莊白伯斧墓、長安普渡長凶墓、扶風齊家 19 號墓等至爲接近，時代在西周中期穆、恭之際，發掘者將其定爲恭王時期是合適的。

上述所舉五組盨，時代基本在西周中期偏早（或略晚至中葉），年代在穆王至恭王時期，這一時期正是青銅盨的「誕生期」〔註25〕，是其從附耳圓角方鼎這類母體器物中獨立出來的初始階段。

3. 從上述幾件盨的形制來看，我們可知早期的盨在器形上並沒有形成固定的模式，差異較大，器耳、蓋鈕、器足呈現出多種形態。之後的銅盨基本上都是從所列舉的這幾件盨的器形流衍變化發展而成的，大體可以分爲三大類：

（1）由盨這一類是直接從附耳方鼎演變而來，可謂附耳方鼎的「嫡傳」，腹部、耳部基本未作改變，四足略有變化，有與鼎之柱足無二的，代表性器物如：1983 年寶雞賈村公社出土的矢勝盨〔註26〕、2000 年平頂山西高皇出土的兩件應侯盨（XGH 採：6、7）〔註27〕、1993 年洛陽東郊邙山出土的召伯虎盨（C5M906：5）和竊曲紋盨（C5M906：6）〔註28〕、山東省博物館收藏的

珥的任何跡象。筆者懷疑該器僅置單鋬。迄今發現的附置單鋬的青銅器不超過 20 件，具有一定的時代性。任雪麗女士有過很好的分析，她認爲這種具鋬銅器流行於寶雞地區，時代多集中在西周早期，最晚的器物已進入西周中期約穆王世。（參見任雪麗：《從寶雞新出亞共尊看西周特殊的具鋬銅器》，《文物世界》2013 年第 2 期）那麼這件器從器形上看似乎不會遲至西周中期偏晚。

〔註24〕 河南省文物考古研究所、平頂山市文物管理委員會：《平頂山應國墓地八十四號墓發掘簡報》，《文物》1998 年第 9 期。

〔註25〕 岳連建、王安坤：《銅盨的淵源及演變》，《考古與文物》2014 年第 2 期。

〔註26〕 高次若：《寶雞賈村再次發現矢國青銅器》，《考古與文物》1984 年第 4 期，圖一.1。

〔註27〕 平頂山市文物管理局：《平頂山市西高皇魚塘撈出的一批應國銅器》，《中原文物》2010 年第 2 期，圖十、圖十二。

〔註28〕 洛陽市文物工作隊：《洛陽東郊 C5M906 號西周墓》，《考古》1995 年第 9 期，圖四.6、7。

遲盨（《銘圖》05627）等。也有四足不似一般的鼎足（柱足）而作異形的，可能是受伯敢緜盨影響下產生的：如上海博物館收藏的伯呂盨（《銘圖》05635），爲常見於盨蓋的矩尺形足；陝西歷史博物近年新入藏的京叔盨（《銘圖》05534），四足也與其蓋頂上的鈕形狀相似，是扁平狀雲紋矩尺的變形；曲沃北趙晉侯墓地 M1 出土的晉侯對盨（《銘圖》05630），四足爲蹲姿人形；叔休盨（《銘圖》05617～05619）爲卷體夔龍形扁足。

（2）內史盨這一類形制主體部分來自附耳方鼎，吸收了簋之圈足的部分，算是二者的「混血」。內史盨是這類盨中時代最早的器物，是這類盨的祖型，附足由源自方鼎的柱足逐漸趨向低矮弱小，萎縮衰退，直至消失。代表性器物有：上海博物館收藏的應侯盨（《銘圖》05503），圈足四角連鑄半圓形矮柱足；叔倉父盨（《銘圖》05509），圈足四隅下連鑄象鼻形附足；上海博物館收藏的廖生盨（《銘圖》05667）的圈足四角向下延伸成長方形矮足；蘇州博物館師趛盨（《銘圖》05622）與 1976 年扶風莊白二號窖藏出土的仲大師小子休盨（76FZH2：5）〔註 29〕圈足下的小方柱足極其低矮；新見的再組器中的再盨（《銘圖》05666）、1978 年岐山鳳雛窖藏出土的伯寬父盨（78QFH：4、5）〔註 30〕、1951 年黃縣南孚村春秋墓葬出土的曩伯子宬父盨（《銘圖》05631～05634）等盨圈足下無附足。在這類盨中有極個別的腹部呈長方槽形，顯然是接受了伯敢緜盨腹部的形制，比較特殊，如新見的穆父盨（《銘圖》05670）。

（3）應侯再盨這類盨是腹部形製取自圓角方鼎，更多的吸收了簋中的圈足與鑿形耳而成的，從「血緣」上講，與簋更近一些。這類盨的數量較多，常見的有：新見的獄組器中的獄盨（《銘圖》05676）、1940 年扶風法門任家村窖藏出土的伯梁其盨（《銘圖》05653）、芝加哥美術館收藏的善夫克盨（《銘圖》05678）、1977 年曲阜魯國故城春秋墓出土的魯伯悆盨（M30：2）〔註 31〕與魯司徒仲齊盨（M48：1、2）〔註 32〕等；個別器物也借鑒了附足簋的形制，

〔註 29〕 陝西周原考古隊：《陝西扶風縣雲塘、莊白二號西周窖藏》，《文物》1978 年第 11 期，圖版五.3。

〔註 30〕 陝西周原考古隊：《陝西岐山鳳雛村西周青銅器窖藏簡報》，《文物》1979 年第 11 期，圖版二.2、3。

〔註 31〕 山東省文物考古研究所、山東省博物館、濟寧地區文物組、曲阜縣文管會：《曲阜魯國故城》，齊魯書社，1982 年，圖版七七.1。

〔註 32〕 山東省文物考古研究所、山東省博物館、濟寧地區文物組、曲阜縣文管會：《曲阜魯國故城》，齊魯書社，1982 年，圖版七七.2。

在圈足下置有附足，如 1976 年扶風莊白一號窖藏出土的癲盨（76FZH1：15）
〔註 33〕，故宮博物院收藏的斷從盨（《銘圖》05679）等；保利藝術博物館收
藏的燮公盨（《銘圖》05677），總體來看也可歸於此類，其長方槽形的器腹近
乎伯敢陝盨，小獸首環形耳（原有銜環）是簋耳常見的形制。

綜上可知，以由盨、內史盨、應侯再盨為代表的盨構成了青銅盨的三
大類型（圖七），發展延續成為了主流形態。而北趙晉侯墓地 M13 出土的
盨、伯敢陝盨的形制殊異，或式微沒落，或個別因素融入匯並到其他類型
之中。

二、伯克父甘婁盨的時代

伯克父甘婁盨（圖八）兩件規格、器形、紋飾、銘文俱同，通高 23.5、
耳間距 30.3、口長 26.2、口寬 18 釐米，蓋沿內凹成圈與器形成子母口，雙附
耳，耳部內側與器壁之間有連梁，蓋頂有四矩尺形鈕，器腹橫截面為圓角長
方形，腹較淺，腹壁微外鼓，圈足四邊中間有長方形缺口，下置四獸首柱形
矮附足。蓋面及腹部皆飾直棱紋，附耳外側飾重環紋。蓋內及器內底鑄有對
銘 5 行 28 字（圖九）：

> 唯白（伯）克父甘婁（婁）自乍（作）棶（饙）舔（盨），用盤
> （受）禾（黍）稅（稷）族（稻）椋（粱），用之延（征）行，其用
> 及百君子屍（宴）卿（饗）。

從形制上看，這對盨可歸於內史盨那一類，它的特點是腹部橫截面為圓
角長方形，雙附耳，蓋上有四矩尺形鈕，圈足四邊各有一長方形缺口，下有
附足。與之器形完全吻合的較少，較為接近的是應侯盨，區別在於其圈足上
無有缺口，而翏生盨、叔倉父盨等器的附足形態各異；圈足下無附足的盨可
舉出 1978 年岐山鳳雛窖藏出土的伯寬父盨（78QFH：4）、1956 年山東泰安黃
花嶺出土的乘父士杉盨〔註34〕、1979 年河南禹縣吳灣 M1 出土的諫盨（M1：
1）〔註35〕、1951 年黃縣南阜村春秋墓葬出土的异伯子宬父盨（5631~5634）

〔註33〕 陝西周原考古隊：《陝西扶風莊白一號西周青銅器窖藏發掘簡報》，《文物》1978
年第 3 期，圖版六.1。

〔註34〕 林宏：《山東泰安市黃花嶺村出土青銅器》，《考古與文物》2000 年第 4 期，圖
一.1。

〔註35〕 河南省文物研究所、禹縣文管會：《禹縣吳灣西周晚期墓葬清理簡報》，《中原
文物》1988 年第 3 期，圖版一.5。

等。上述諸盨的時代主要集中在西周晚期，甚伯子婡父盨的時代略晚，可至春秋早期。這對盨的時代大致不出此範圍。

從銘文字體上看，布局較散，橫不成排，字形大小不一，這是西周晚期以降形成的金文字體特徵之一。列舉有代表性的幾個字試做分析：「父」字（ ）的寫法與西周晚期的散氏盤（《銘圖》14542）銘中的「父」字（ ）近似；「征」字所從之「正」的字形（ ）可歸於劉華夏先生總結的「正」字（ ）J 型 IVb 式，這種字體的年代集中在平王、桓王時期〔註 36〕；「自」字（ ）與 1977 年棗陽資山公社收購的陽飤生匜（《銘圖》14915）銘中「自」字（ ）之形接近。銘文整體風格與前述資山公社一併收購的孟姬淯簋（《銘圖》05015、05016）、1972 年隨州均川熊家老灣出土的曾仲大父螷簋（《銘圖》05228、05229）銘十分接近，資山公社銅器組的時代在西周晚期至春秋初期〔註 37〕，熊家老灣銅器群的時代在西周晚期〔註 38〕，或略遲至兩周之際〔註 39〕。

另外從詞句文法上分析，像這樣的食器類銅器銘文的句式，可舉如下之例：

1. 伯句作寶簋，其朝夕用盛稻粱，唯少其用享于尹人眾朋友。（伯句簋《銘圖》04989　西周中期）

2. 伯申作寶簋，其朝夕用盛粱稻糯，其用飤正、御史、朋友、尹人，其用匄眉壽萬年。（伯申簋《銘圖》05100　西周中期）

3. 史免作旅筐，從王征行，用盛稻粱，其子子孫孫，永寶用享。（史免簋《銘圖》05909　西周晚期）

4. 歔叔奐父作孟姞旅盨，用鹽稻穛糯粱，嘉賓用饗，有飤，則萬人無疆，子子孫孫永寶用。（歔叔奐父盨《銘圖》05655　西周晚期）

〔註 36〕 劉華夏：《金文字體與銅器斷代》，《考古學報》2010 年第 1 期。

〔註 37〕 襄樊市博物館、穀城縣文化館：《襄樊市、穀城縣館藏青銅器》，《文物》1986 年第 4 期。

〔註 38〕 張昌平：《曾國銅器的發現與曾國地域》，《文物》2008 年第 2 期；湖北省文物考古研究所：《曾國青銅器》，文物出版社，2007 年，第 10～11 頁。

〔註 39〕 鄂兵：《湖北隨縣發現曾國銅器》，《文物》1973 年第 5 期；張昌平：《曾國銅器的分期及其相關問題》，《江漢考古》1992 年第 3 期。

5. 弭仲作寶匼，擇之金，礦鋊鏷鋁，其炱、其玄、其黃，用盛秫稻糯粱，用饗大正，歙王賓，饋俱旨飤，弭仲受無疆福，諸友飪飤俱飽，弭中仲畀壽。（弭仲簠《銘圖》05975 西周晚期）

6. 伯太師小子伯公父作盨，擇之金，唯鐈唯鑪，其金孔吉，亦玄亦黃，用盛糯稻糯粱，我用召卿士辟王，用召諸老諸兄，用祈眉壽，多福無疆，其子子孫孫，永寶用享。（伯公父簠《銘圖》05976 西周晚期）

7. 郜召作爲其旅筐，用實稻粱，用飤諸母諸兄，使受寶，毋有疆。（郜召簠《銘圖》05925 春秋早期）

8. 叔家父作仲姬筐，用盛稻粱，用速先後、諸兄，用祈眉老無疆，哲德不忘，孫子之眖。（叔家父簠《銘圖》05955 春秋早期）

9. 唯十月初吉庚午，叔朕擇其吉金，自作薦匼。以歔稻粱，萬年無疆，叔朕眉壽，子子孫孫，永寶用之。（叔朕簠《銘圖》05967～05969 春秋早期）

10. 唯九月初吉丁亥，陳公子子叔原父作旅甗，用征用行，用饎稻粱，用祈眉壽，萬年無疆，子子孫是常。（叔原父甗《銘圖》03361 春秋早期）

11. 徐王糧用其良金，鑄其饋鼎，用菜𦲷臘，用饗賓客，子子孫孫，世世是若。（徐王糧鼎《銘圖》02309 春秋早期）

12. 唯六月壬申，王孫叔謹擇日吉金，作鑄盨甗，以征以行，以鬻稻粱，以飤父兄，其眉壽無疆，子孫永寶用享。（王孫叔謹甗《銘圖》03362 春秋中晚期之際）

可以看出這類銘文出現時代最早在西周中期（例1、例2），主要集中在西周晚期（例3～6）至春秋早期（例7～11），個別會延至春秋中晚期之際（例12）。句式一般爲「作器者＋作某器＋器物功能＋器物用途」的格式，大多數句末還綴有嘏辭，春秋以降，句首還添置紀時之詞。此對盨銘中沒出現嘏辭，與伯句簋銘相同，屬於比較省略的形式。

綜上諸因素考慮，我們將這對盨的時代大致定在西周晚期偏晚，下限可進入春秋初年。

三、伯克父甘婁盨銘文簡釋

器主人名爲「伯克父甘婁」，當屬「排行＋字＋名」的稱謂格式，這一類型的通常都是表示作器者自稱，還可舉出「叔向父禹」（叔向父禹簋《銘圖》05273）、「伯其父**慶**」（伯其父**慶**簠《銘圖》05913）、「伯家父郜」（伯家父郜簋蓋《銘圖》05160）、季旬父迏（季旬父迏簋蓋《銘圖》04851）等例，而「甘婁」顯然是雙字名。

「**龏舔**」字形從二**龏**，由**龏**得聲，金文中多加「食」作爲形旁，即饙。《說文》：「饙，滫飯也，從食**龏**聲。**饋**，饙或從賁。**饋**，饙或從奔。」《玉篇·食部》：「餴，同饋。」餴、饋是饙的異體字。《詩·大雅·泂酌》釋文引《字書》云：「饋，一蒸米也。」《爾雅·釋言》：「饋、餾，稔也。」《釋文》云：「饋，一蒸飯也。」孫炎注曰：「蒸之曰饋。」陳夢家先生據此認爲「饋」有動靜二義，動義爲蒸飯之蒸，靜義爲所蒸之飯〔註40〕。在金文中「饋」字一般綴於器名之前，作爲食器的修飾詞使用，如烹煮器類有饋鼎、饋鬲，取其動義，表示該器爲蒸煮所用；盛食器類有饋簋、饋盨、饋簠、饋盂等，取其靜義，表示該器爲盛飯之器。

「舔」字亦見於守宮盤（《銘圖》14529）：「周師不舔」，「不舔」應即「不杯」，作爲定語，在彝銘中習見，如：

> 敢對揚皇丕顯天子不杯休（紳鼎《銘圖》02441）

> 對揚天子不杯·魯休（師奎父鼎《銘圖》02476、師虎簋《銘圖》05371、虎簋蓋甲《銘圖》05399、虎簋蓋乙《銘圖》05340）

> 對揚皇天子不杯休（善鼎《銘圖》02487）

> 敢對揚天子不杯休（師遽簋蓋《銘圖》05263、長囟盉《銘圖》014796）

> 敢對揚天子不杯魯休（乖伯簋《銘圖》05385）

> 不杯趴皇公受京宗懿釐（班簋《銘圖》05401）

> 番生不敢弗帥型皇祖考不杯元德（番生簋蓋《銘圖》05383）

「不杯」爲「丕丕」，容庚先生曾有詳考：「《尚書·大誥》：『嗚呼！天明畏，弼我丕丕基。』又《立政》：『謀從容德，以並受此丕丕基。』《傳》並訓

〔註40〕 陳夢家：《西周銅器斷代》，中華書局，2004 年，第 48 頁。

爲大大之基。《爾雅・釋訓》：『丕丕，大也。』上丕借不，下丕作坏，以見重義。」〔註41〕舐作爲修飾詞，與「丕」通，訓爲大。

依常例，饙字所修飾的這個詞應是器物的名稱，本器爲盨，那麼「饙舐」就該讀爲「饙盨」〔註42〕。盨古音在心母侯部，舐在滂母之部。之侯旁轉的例子屢見不鮮，可參見高亨《古字通假會典》「丘與區」、「不與付」等條。滂母字與心母字通假之例出土材料中亦可尋見，如郭店《老子》甲篇28簡「亦不可得而利疋」，傳世本《老子》疋作疏，疋爲滂母，疏即心母。如果這裡的舐可以讀爲盨的話，算是盨類自名的一個前所未見之例。

靉字從「又」得聲，與獸叔奐父盨（《銘圖》05655）銘中「用鹽稻穛糯粱」的鹽字音近義同，鹽從「有」得聲，有、又相通，張再興先生讀爲「受」〔註43〕。《方言》卷六：「受，盛也，猶秦晉言容盛也。」《廣雅・釋詁三》：「受，盛也。」《漢書・東方朔傳》「所以盛也」，顏師古注：「盛，受物也。」與簋、盨、簠等食器一般在講到器物用途時，以「用盛黍稷稻粱」爲習語的情況是相類的。

族是稻字的省變，字形也是首見。椋，是伯句簠（《銘圖》04989）銘中「京」的繁體，讀作「粱」〔註44〕。這一句明確指出了盨器是用來受納黍稷稻粱的盛食器，又盨之自名有從米者，如杜伯盨（《銘圖》05642～05646）、史晏盨（《銘圖》05532、05533）盨字皆作糦，錄盨（《銘圖》05524～05527）盨字作類，以示其性質是盛穀物的，兩者十分契合。

這對盨雖然銘文簡略，但是對於研究青銅盨的功用具有重要的資料價值。

本文原刊於北京大學出土文獻研究所編《青銅器與金文》第一輯，上海古籍出版社，2017年，第418～432頁。

〔註41〕 容庚：《金文編》，中華書局，1985年，第764頁。

〔註42〕 若從盨簠自名互借的角度理解，似乎可以讀爲饙簠，但遍檢出現盨簠互借現象的盨銘，多爲「寶簠」、「旅簠」的格式，而冠以「饙」字爲修飾詞的食器，如饙鼎、饙鬲、饙簋、饙簠、饙盨、饙盆等絕大多數與器名實際相符。

〔註43〕 張再興：《近年新發表西周金文字形小考》，《中國文字研究》第十五輯，2011年。

〔註44〕 張懋鎔：《伯句簠考證》，《吉金御賞》，香港御雅居，2012年；謝明文：《伯句簠銘文小考》，《中國文字研究》第十八輯，2013年。

圖一

1. 內史盨（正視圖）　　　　　　2. 內史盨（側視圖）

圖二

1. 內史盨器銘　　　　　　2. 內史盨器銘拓本

圖三

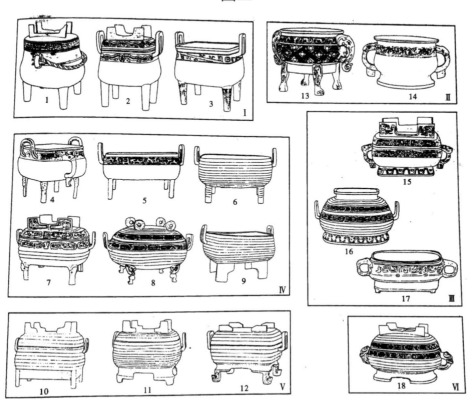

1. 有蓋提梁鼎　2. 圍方鼎　3. 毛公旅鼎　4.「古鼎」　5. 矢膡盨　6. 應侯盨(平頂山)　7. 召伯虎盨
8. 晉侯對盨　9. 伯呂盨　10. 應侯盨(上海博物館)　11. 寥生盨　12. 叔倉父盨　13. 象鼻四足簋
14. 保員簋　15. 應侯再盨　16. 伯鮮盨　17. 癲盨　18. 曼龏父盨

摘自岳連建、王安坤：《銅盨的淵源及演變》，《考古與文物》2014年第2期。

銅鼎、銅簋、銅盨器型演變關係圖

圖四　　　　　　　　圖五　　　　　　　　圖六

保利藝術博物館藏伯　　　　由盨　　　　平頂山應國墓地 M84 出
敢厤盨　　　　　　　　　　　　　　　　土的應侯再盨

圖七

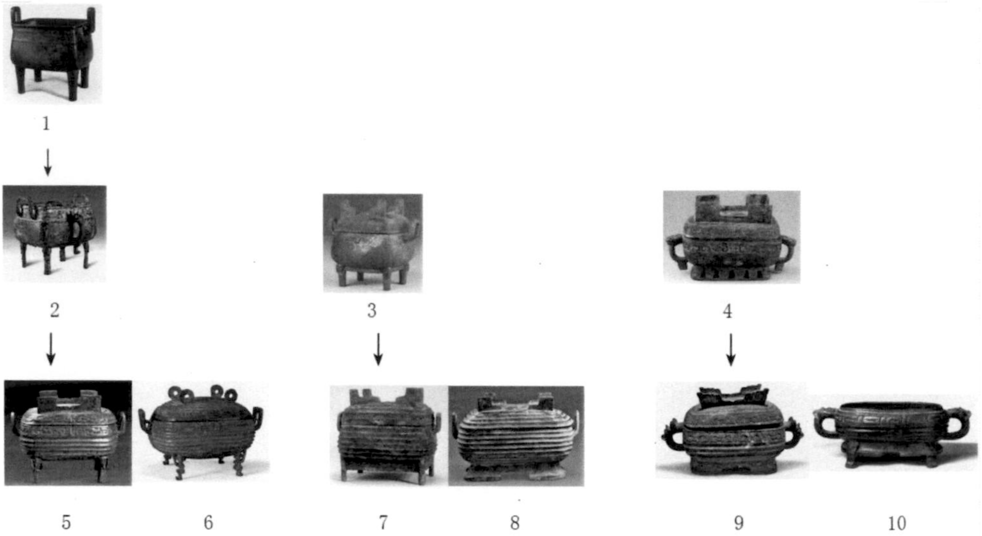

1. 毛公鼎　2.由盨　3. 內史盨　4. 應侯再盨　5. 召伯虎盨

6.晉侯對盨　7. 應侯盨　8. 伯寬父盨　9. 伯梁其盨　10. 鬲從盨

青銅盨主要類型關係圖

圖八

伯克父甘婁盨

圖九

1. 伯克父甘婁毚甲器銘

2. 伯克父甘婁毚乙器銘

3. 伯克父甘婁毚甲蓋銘拓本

4. 伯克父甘婁毚甲器銘拓本

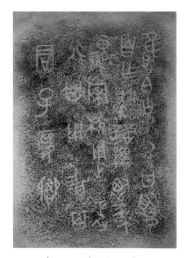

5. 伯克父甘婁毚乙蓋銘拓本

6. 伯克父甘婁毚乙器銘拓本

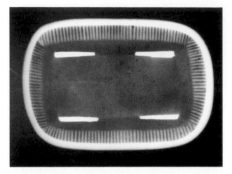 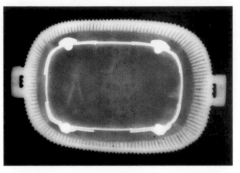

7. 伯克父甘婁盨甲蓋銘 X-ray 探傷成像　　8. 伯克父甘婁盨甲器銘 X-ray 探傷成像

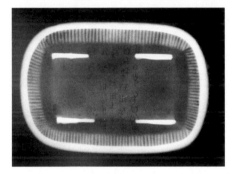 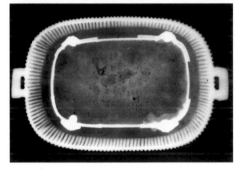

9. 伯克父甘婁盨乙蓋銘 X-ray 探傷成像　　10. 伯克父甘婁盨乙器銘 X-ray 探傷成像

新見奠簋考釋

　　2014 年中國國家博物館新入藏了一件西周時期的青銅簋，此器收錄於《銘續》，編號 0422，此前已有多位學者撰文論及此器〔註1〕，分別對此簋器主之名、斷代、銘文釋義做了精當的論述，現對此器進行再考，希求方家斧正。

一、器物時代

　　此件簋合蓋高 19.8、器高 14.7、耳徑 24.3、口徑 21.4、腹深 11.1 釐米。器形爲侈口，腹較深，腹壁較直，近底部微圓轉內收，圈足略外撇，下有一周底階，附耳橫折向上，高於口沿。蓋面呈緩坡狀，蓋頂有圈狀捉手，上有二橋孔。外底有陽線網格。蓋面飾兩周弦紋，口沿下飾一周弦紋，附耳根部有兩周弦紋穿過（圖一）。

　　蓋內與器內底鑄有對銘 3 行 26 字（圖二），經 X-ray 探傷攝影（圖三），蓋面雖有損傷，但無害銘文，經修補後基本完整，器身保存良好，蓋、器墊片分佈均勻，清晰可辨，應爲眞器無疑。現將銘文隸定如下：

　　　　蓋銘：隹（唯）廿年又四年才（在）八月既望（望）丁子（巳），
　　　　（子）易（錫）𣪘（廩）卤百車，奠（典）用乍（作）氒（厥）文
　　　　考寶毁（簋）。

〔註 1〕 吳鎮烽：《晉公盤與晉公盆銘文對讀》，復旦大學出土文獻與古文字研究中心
　　　　網站，2014 年 6 月 22 日，http：//www.gwz.fudan.edu.cn/Web/Show/2297；朱
　　　　鳳瀚：《關於西周金文曆日的新資料》，《故宮博物院院刊》2014 年第 6 期；張
　　　　懋鎔：《論盂形簋》，載《叩問三代文明——中國出土文獻與上古史國際學術
　　　　研討會論文集》，中國社會科學出版社，2014 年；張懋鎔：《掄簋及相關問題
　　　　研究》，《第四屆民辦博物館發展西安論壇論文集》，陝西人民出版社，2014 年。

器銘：隹（唯）廿年又四年才（在）八月既朢（望）丁子（巳），
（子）易（錫）斁（廩）鹵百車，龡（典）用乍（作）氒（厥）文
考寶段（簋）。

這種附耳圈足盂形簋器形近似銅盂，陳夢家先生早已指出其與盂的區別
在於體量較小〔註2〕，通高一般不超過 30 釐米。張懋鎔先生在《論盂形簋》
一文中指出，盂形簋最早出現於商代晚期，主要流行於西周中期〔註3〕。這種
盂形簋的形制可以細分，任雪莉女士根據附耳高度的不同分爲甲 Bc I 與甲 Bc
II式，甲 Bc I 式附耳低於口沿，耳部向上彎折處呈鈍角，器耳外擴較甚；而
甲 BcII式附耳與口沿基本持平或略高一點〔註4〕。既然附耳圈足盂形簋與銅
盂在器形上十分接近，我們可以依據腹壁的變化將其分爲二式：

I 式：腹壁斜直內收，傾斜度較大。如商代晚期的戈簋（《銘圖》03514）、
滋簋（《銘圖》04697）、伯梳簋（《銘圖》05078）、陝西臨潼南羅西周墓出土
的顧龍紋簋〔註5〕、叔賓父簋（《銘圖》04462）、仲簋（《銘圖》04127）、扶風
莊白西周墓出土的伯斁簋〔註6〕等。

II 式：腹壁較直，近底部圓轉內收。如 1980 年長安花園村 M15 出土的兩
件弦紋簋（M15：15、16）〔註7〕、命簋（《銘圖》05082）、旃伯簋兩件（《銘
圖》05147、05148）、羹簋（《銘圖》03455）、2004 年山西絳縣橫水 M1（畢姬
墓）出土的伯善簋、叔簋（《銘圖》04128）、虎簋（《銘圖》05295）、1973 年
扶風縣法門鎮劉家溝水庫墓葬出土的伯簋〔註8〕、不壽簋（《銘圖》05008）等。
（參見附表）

此簋顯然屬於II式盂形簋，此式簋主要流行於西周中期，仔細分析上述
諸簋的時代，可以看出II式簋在形制上的變化：

花園村 M15 簋與命簋時代最早，花園村 M15 時代在西周中期偏早，命簋
銘文字體也多帶有西周早期偏晚的特徵，如「王」字最下一橫帶有波磔，兩

〔註2〕陳夢家：《西周銅器斷代》，中華書局，2004 年，第 49 頁。
〔註3〕張懋鎔：《論盂形簋》，《叩問三代文明——中國出土文獻與上古史國際學術研
討會論文集》，中國社會科學出版社，2014 年。
〔註4〕任雪莉：《中國古代青銅器整理與研究》，科學出版社，2016 年，第 58～59 頁。
〔註5〕趙康民：《臨潼南羅西周墓出土青銅器》，《文物》1982 年第 1 期。
〔註6〕曹瑋：《周原出土青銅器》，巴蜀書社，2005 年，第 1373 頁。
〔註7〕陝西省文物管理委員會：《西周鎬京附近部分墓葬發掘簡報》，《文物》1986 年
第 1 期。
〔註8〕同〔註6〕書，第 1214 頁。

端出鋒，從「又」之字的捺筆中間存有肥筆，這些筆畫特徵與昭王時期的小臣謰簋（《銘圖》05269）、過伯簋（《銘圖》04771）及花園村 M17 出土的諆簋（《銘圖》04866、04867）等器相近，時代也應在西周中期偏早。

橫水 M1 的時代據發掘簡報斷定在西周中期的穆王時期或略晚〔註9〕，韓巍先生認爲其應屬於恭、懿時期〔註10〕。橫水 M1 出土的伯善簋具體時代，需要進行分析：其口沿下飾一周顧首垂冠長卷尾鳥紋，鳥尾迤邐末端向上內卷，與鳥身未分離，陳公柔、張長壽先生將其劃定爲III3 式〔註11〕，主要見於穆王時期的器物上，如扶風莊白一號窖藏出土的父辛爵（《銘圖》08532）、扶風莊白墓葬出土的伯戎飲壺（《銘圖》10857、10858）等，銘文字體拘束謹約，如「百」、「永」等字比較明顯，字間距較大，帶有西周中期偏早的特點，時代應在穆王世。

虎簋現收藏於中國國家博物館，銘文中有「廿又八年」的紀年，其斷代有穆王、恭王兩種看法〔註12〕，該簋銘文中「寶」字所從之「宀」爲胡肩圓彎，「貝」字下已封口，這些筆畫特徵已與穆王時期的風格有明顯差異，另外從廷禮冊命的辭例來看，「毛伯入右虎立中廷，北嚮」這種語詞在穆王時期的冊命銘文中很少見到，多見於西周中期後段及以後的器物，故虎簋的時代定爲恭王時期是適宜的。

扶風劉家溝墓葬中還同出有一件弦紋鼎，垂腹甚劇，最大徑近於腹底，腹部縱切面似梯形，這種垂腹鼎是西周中期偏晚階段的典型形態，與之近似的有十五年趞曹鼎（《銘圖》02434），1981 年扶風強家村 M1 出土的弦紋鼎（M1：14、15）〔註13〕等。十五年趞曹鼎銘中有「恭王」的諡號，故其時代應爲懿王世；強家村 M1 出土的陶器中鬲、罐的形制近於 1967 年張家坡西周墓四期形制，時代在懿、孝時期，伯簋的時代也應相近。

〔註9〕 山西省考古研究所、運城市文物工作站、絳縣文化局：《山西絳縣橫水西周墓發掘簡報》，《文物》2006 年第 8 期。

〔註10〕 韓巍：《橫水、大河口西周墓地若干問題的探討》，載《兩周封國論衡——陝西韓城出土芮國文物暨周代封國考古學研究國際學術研討會論文集》，上海古籍出版社，2014 年。

〔註11〕 陳公柔、張長壽：《殷周青銅容器上鳥紋的斷代研究》，《考古學報》1984 年第 3 期。

〔註12〕 虎簋被斷爲穆王世，參見張懋鎔：《新見金文與穆王銅器斷代》，《文博》2013 年第 2 期；虎簋被斷爲恭王世，參見吳鎮烽、朱豔玲：《虎簋考》，《考古與文物》2012 年第 3 期、韓巍：《簡論作冊吳盉及相關銅器的年代》，《中國國家博物館館刊》2013 年第 7 期；朱鳳瀚：《關於西周金文曆日的新資料》，《故宮博物院院刊》2014 年第 6 期。

〔註13〕 周原扶風文管所：《陝西扶風強家一號西周墓》，《文博》1987 年第 4 期。

不壽簋銘中的「王姜」舊被認爲是昭王后，其時代也被認爲是西周早期偏晚。彭裕商先生根據其紋飾與銘文字體判定其爲孝、夷之世〔註14〕，是可信的。

通過對上述時代明確的幾件II式盂形簋進行考察，我們可以總結出附耳圈足盂形簋形制變化的大致規律：較早階段的器體顯高，附耳未超過口沿，較晚階段整器顯寬扁，附耳逐漸超出口沿。如花園村 M15 簋圈足下接較高的臺沿，命簋圈足較高，蓋面隆起，皆藉此以增加視覺高度；而不壽簋高度僅爲 15.8 釐米，但耳間距可達 33 釐米，口沿甚外撇，以顯器體寬矮。

國博入藏的這件簋，器身與蓋面僅飾兩周弦紋，與花園村 M15 簋最爲接近，附耳超出口沿，時代應比花園村 M15 簋略晚。

銘文中「寶」字蓋銘作　　形，器銘作　　形，所從之「宀」呈尖頂聳肩狀，「貝」字下端有兩小短豎筆，且不封口。「宀」、「貝」字形分別屬於劉華夏先生歸納的 BII 型與 AVa 型（圖四），主要流行於西周中期前段（圖五）〔註15〕。「又」字及「斁」字從攴的捺筆筆畫還保留著些許肥筆現象，字體風格與 1975 年陝西扶風法門莊白村西周墓出土的穆王時期的㝬簋（《銘圖》05379）相近。

另外銘文中有「唯廿年又四年在八月既望丁巳」曆日四要素，朱鳳瀚、張懋鎔先生將其排入穆王 24 年的金文曆譜中，分別是前 973 年、前 953 年〔註16〕，皆合曆。

綜上可知，此簋的時代應爲西周中期偏早，可歸入穆王之世。

二、作器者之名

銘文通篇未有難字，唯作器者之名值得探討。此字蓋銘爲　　，上部從余，器銘爲　　，上部從今省，今的這種省形又見於作冊嗌卣（《銘圖》13340）的念字（形爲「　　」）所從之今。此字下半部分從冊從廾，廾一般隸定爲「大」，奘即典字之異體。典字在甲骨金文中有一類作從冊從廾之形，

〔註14〕 彭裕商：《西周銅簋年代研究》，《考古學報》2001 年第 1 期。

〔註15〕 劉華夏：《金文字體與銅器斷代》，《考古學報》2010 年第 1 期。

〔註16〕 朱鳳瀚：《關於西周金文曆日的新資料》，《故宮博物院院刊》2014 年第 6 期；張懋鎔：《掄簋及相關問題研究》，《第四屆民辦博物館發展西安論壇論文集》，陝西人民出版社，2014 年。

如 （《合集》21186）、（衛典鼎《銘圖》01358）等，哭字從刂，與収有時是可以混用的，如甲骨文中有 （《合集》10063）、（《合集》18202）字，或作 （《合集》8710）；再如「奐」字，魯叔奐父盨（《銘圖》05655）、夒盤（《銘圖》14528）與史牆盤（《銘圖》14541）夒字的奐旁皆從刂，而師奐父鍪（《銘圖》14704）、曾季卿士奐壺（《銘續》0835）則從収。

該字又見於癲鍾（II式）（15593、15594、15595、15596），鍾銘爲「丕顯高祖、亞祖、文考，克明厥心，肙尹夒厥威儀，用辟先王」。夒字作 形，舊以余爲聲，讀爲敘，侯志義先生曾認爲此字從典得聲〔註17〕，早有高見。晉公盆（《銘圖》06274）及新見之晉公盤（《銘續》0952）銘文中分別有「刜（拂、弼）夑霖（舒）（迋）」、「刜（拂、弼）夆 （畏）（忌）」之句可以對讀，其中夑、夆分別作 及 形，吳鎮烽先生考證夑、夆即「撒」字，通「腆」〔註18〕。公夆盤（《銘圖》14526）之夆字作 ，與晉公盤之夆作 爲一字之異體。上述諸例皆證明此器器主之名可讀爲典。

三、銘文涉及的相關史實

簋銘內容爲（周穆王）二十四年八月既望丁巳日，夒受賜百車數量的「斁鹵」，爲祭享先父作此寶簋。

斁字，亦見於陳純釜（《銘圖》18817）作 形，從米從攵，從靣得聲，係靣字之繁體。《說文》云：「靣，谷所振入。宗廟粢盛，倉黃靣而取之，故謂之靣。從入，回象屋形，中有戶牖。凡靣之屬皆從靣。廩，靣或從廣從禾。」《集韻·寢韻》：「靣，或作廩、稟。」此字可讀爲倉廩之廩。

鹵，《說文》云：「西方鹹地也。從西省，象鹽形。安定有鹵縣。東方謂之庐，西方謂之鹵。凡鹵之屬皆從鹵。」段玉裁注云：「《禹貢》青州『海濱廣斥』，謂東方也，安定有鹵縣，謂西方也。」《史記·貨殖列傳》：「山東食海鹽，山西食鹽鹵。」張守節《正義》：「謂西鹹地也，堅且鹹，即出石鹽及池鹽。」再看鹽字，《說文》云：「鹵也。天生曰鹵，人生曰鹽。」徐灝《注

〔註17〕 侯志義：《金文古音考》，西北大學出版社，2000年，第360頁。
〔註18〕 吳鎮烽：《晉公盤與晉公盆銘文對讀》，復旦大學出土文獻與古文字研究中心網站，2014年6月22日，http://www.gwz.fudan.edu.cn/Web/Show/2297。

箋》：「天生謂不涷治者，如今鹽田所曬生鹽。人生謂涷治者，如今揚竈所煎熟鹽是也。」在古人的概念裏鹽和鹵是有差別的，不需加工而取之自然的鹽稱爲鹵，即生鹽（粗鹽），而經過煎治後的熟鹽則稱鹽，而來自西方內陸鹽池的生鹽亦以鹵代稱。

　　上古時期，鹵主要產於河東鹽池，乃《漢書·地理志》中所載「河東郡縣安邑，鹽池在西南」之所在，即今山西西南部運城。河東鹽池是中原地區最重要的鹽業資源，張光直先生指出：「晉南除了銅礦以外，還有華北最爲豐富的鹽礦，在中國古代的確是一個富有戰略性資源的地區。」〔註19〕錢穆先生早年考證《史記》中黃帝戰炎帝於阪泉，敗蚩尤於涿鹿，邑於涿鹿之阿的史實時曾言道：「阪泉在山西解縣鹽池上源，相近有蚩尤城、蚩尤村及濁澤，一名涿澤，則即涿鹿。」〔註20〕錢先生把探尋中華文明之源的線索落在晉南地區，隨後學界多有沿此思路提出上古時代帝王在此征戰及建都多爲爭奪河東的鹽業資源，如張其昀先生認爲「炎黃血戰，實爲食鹽而起」〔註21〕，堯都平陽，舜都蒲坂，禹都安邑都在晉南，「顯與保衛此鹽池重地有關」〔註22〕。

　　隨著考古工作的不斷拓展，學界對晉南鹽池地區也有了新的認識，薛新明、李水城先生對廟底溝二期文化晚期的山西芮城清涼寺遺址出現的葬玉（石）、殉人數量眾多的厚葬現象進行研究，認爲這些墓葬的主人是當地富庶的「權貴」，他們生活的區域距離鹽池僅15公里，「清涼寺的『富豪』很可能就是史前時期控制『潞鹽』外銷的一個特殊群體，他們通過食鹽貿易聚斂財富，並通過厚葬顯示其身份」〔註23〕，「那些擁有較多玉器隨葬的墓主人可能已經開始經營食鹽外銷的業務，……通過中條山間的小路和黃河上的某些『渡口』將食鹽運抵今天的河南，並由此遠銷東南和南方地區」〔註24〕。陳星燦、劉莉、趙春燕等學者對夏縣東下馮遺址的研究，認爲該址第五期（相當於二

〔註19〕　張光直：《關於中國初期「城市」這個概念》，《中國青銅時代》，三聯書店，1999年，第37頁。

〔註20〕　錢穆：《國史大綱》，商務印書館，1948年，第6頁。

〔註21〕　張其昀：《中華五千年史》第一冊《遠古史》，中國文化大學出版部，1981年，第22～23頁。

〔註22〕　張其昀：《中華五千年史》第一冊《遠古史》，中國文化大學出版部，1981年，第59頁。

〔註23〕　李水城：《中國鹽業考古十年》，《考古學研究》（九），北京大學出版社，2012年。

〔註24〕　薛新明：《山西芮城清涼寺史前墓地死者身份解析》，《西部考古》（第一輯），三秦出版社，2006年。

里岡下層時期）城垣西南角發現的 40 餘座圓形建築不可能作爲居室，經過對圓形建築地面上下層土壤與現代鹽池土壤進行化學分析比較較，證實此圓形建築群確爲儲鹽的倉庫（圖六）。其形狀與《天工開物》畫面中的鹽倉肖似。而且東夏馮出土的數量眾多的大型蛋形甕、斂口甕，其中一部分可能是用來儲存河東鹽池產出的鹽。在豫西二里頭發現的蛋形甕與斂口甕與東夏馮的同類陶器一致，意味著河東鹽池的鹽在這一時期被運到了夏人的統治中心。東夏馮應是夏商時期中原王朝爲控制和獲取晉南食鹽和銅礦資源設置的一處政治軍事據點。〔註 25〕另外，商代甲骨卜辭中屢見「致鹵」，如：

□致鹵五。（《合集》7023 反）

致鹵。（《合集》19497）

甲子卜，出貞：束又（有）致鹵于寢。（《合集》41021）

致鹵意爲致送、貢納鹽鹵，說明「商代也有鹽的索取與貢納」〔註 26〕，商王朝可以從諸侯、周邊方國、貴族處得到鹽鹵。卜辭中還有「鹵小臣」的記載：

鹵小臣其又（有）邑？…乎…邑？（《合集》5596）

鹵小臣是掌管鹽務的官員，說明商王室通過設置鹽官而掌控鹽業。武丁時期，商王朝對山西地區方國的大肆征伐，其主要目的是保護晉西南的鹽資源和鹽路的暢通〔註 27〕。上述論述皆證明河東鹽池早在新石器時代直至商代就已被開發利用、管理經營，成爲重要的資源。

西周以降，周王朝對河東鹽池的管理並未放鬆，鹽業生產和流通依舊發達。《穆天子傳》卷六載：「天子西絕鈃隥，乃遂西南。戊子，至於鹽。」郭璞《注》曰：「鹽，鹽池也。今在河東解縣。鹽音古。」又《說文‧鹽部》云：「鹽，河東鹽池。」鹽爲見母魚部字，鹵爲來母魚部字，皆爲合口一等上聲，可以通轉。鹽、鹵不僅古音相通，而且地望一致，皆指晉南鹽池，周穆王親臨河東觀鹽池，可見對鹽業的重視。

〔註 25〕 劉莉、陳星燦：《城：夏商時期對自然資源的控制問題》，《東南文化》2000年第 3 期；趙春燕：《土壤元素化學分析在考古研究中的利用》，《中國社會科學院院報》2007 年 8 月 16 日；陳星燦、劉莉、趙春燕：《解鹽與中國早期國家的形成》，《中國鹽業考古（第二集）——國際視野下的比較觀察》，科學出版社，2010 年；田建文：《東夏馮「圓形建築基址」的用途》，《古代文明》第9 卷，2013 年。

〔註 26〕 楊升南：《商代經濟史》，貴州人民出版社，1992 年，第 634 頁。

〔註 27〕 楊升南：《從「鹵小臣」說武丁對西北征伐的經濟目的》，《甲骨文發現一百週年學術研討會論文集》，文史哲出版社，2000 年。

西周中期懿、孝之世的免盤（《銘圖》14515）銘有：「唯五月初吉，王在周，命作冊內史錫免盧百陵。」銘文內容為王在宗周，命令內史賞賜免百陵數量的鹽盧。陵字，作形，左從阜，右上從肉，右下之部分應為此字的聲符，字形亦見於侯馬盟書，作。李家浩先生釋為「弁」〔註28〕。在此作為盛鹽的容器，應讀為「筓」。《廣韻·阮韻》：「筓，竹器，所以盛棗脩。」《儀禮·士昏禮》：「婦執筓棗、栗，自門入。」鄭玄注：「筓，竹器而衣者，其形蓋如今之筥。」筥是一種圓形的筲箕，《說文·竹部》：「筥，籍也。」《急就篇》卷三：「笇、籮、籧、筥、奠、箄、篝。」顏師古注：「竹器之盛飯者，大曰籧，小曰筥。筥，一名籍，受五升。」《詩·召南·采蘋》：「于以盛之，維筐及筥。」毛傳：「方曰筐，圓曰筥。」又《淮南子·時則》：「具撲曲筥筐。」高誘注：「員底曰筥，方底曰筐。」筥與筐同類，僅底部形制不同（圖七）。

鹽盧不僅作為賞賜物，而且還是重要的物資用來交換貿易。春秋早期偏早的晉姜鼎（《銘圖》02491）銘文有：

> 晉姜曰：余唯嗣朕先姑君晉邦……劼（嘉）遣我易盧責（積）千兩（輛），勿廢文侯顯命，卑（俾）貫通弘，征緐湯（陽）雔，取厥吉金。

保利藝術博物館收藏的戎生編鍾（《銘圖》15240、15241、15242）時代與晉姜鼎接近，銘文中也有類似的內容：

> 至于辥皇考昭伯，趩趩穆穆，懿肅不僭，召匹晉侯，用龏王命。
> 今余弗叚廢其顯光，對揚其大福，嘉遣盧責（積），卑（俾）譖（潛）征緐（繁）湯（陽），取厥吉金。

晉姜鼎中的「易」字舊釋為賞賜之賜，吳毅強先生釋為交換、交易之易〔註29〕，文通意順。「盧」即河東鹽池所出之鹽盧，「積」亦見於兮甲盤（《銘圖》14539）：「王令甲政司成周四方責（積）。」其義見於《左傳》僖公三十三年：「不腆敝邑，為從者之淹居，則具一日之積。」杜預注：「積，芻、米、禾、薪。」李學勤先生認為積也即古書上的「委積」〔註30〕，如《周禮·地官·大司徒》：「大賓客，令野修道委積。」孫詒讓《正義》：「《說文·禾部》

〔註28〕 李家浩：《釋「弁」》，《古文字研究》第一輯，中華書局，1979年。
〔註29〕 吳毅強：《晉姜鼎補論》，《中國歷史文物》2009年第6期。
〔註30〕 李學勤：《兮甲盤與駒父盨——論西周末年周朝與淮夷的關係》，《人文雜誌叢刊》第二輯《西周史研究》，1984年。

云:『積,聚也。』……凡儲聚禾米薪芻之屬,通謂之委積。」「繁陽」地名亦見於曾伯黎簋(《銘圖》05979、05980),即今河南新蔡以北的繁陽,李學勤先生認為繁陽地區雖不產銅,但是向東、向南可通向已發現的幾處古銅礦,包括湖北大冶、江西瑞昌、安徽銅陵,是南方銅錫北運的匯聚地點〔註31〕,曾伯黎簋銘中的「金道錫行」反映的正是繁陽乃南北資源貿易的集散中心。晉姜鼎與戎生編鍾銘文記述的是貴族運輸鹽鹵、糧草等物資,數量可達千輛之盛,前往繁陽換取銅料的史實。

返觀此簋銘文,有幾點值得思考:

首先,「稟鹵」一詞說明這次賞賜的鹽鹵當為鹽池附近的倉庫之儲備,印證了學者提出商代早期東夏馮遺址發現的圓形建築基址群為鹽庫的論斷。

其次,「稟鹵百車」的賞賜數量頗為可觀,「百車」單位中的車應為貨車,在商周時期貨車一般由牛牽引行使,稱為「大車」,如《詩·小雅·黍苗》:「我車我牛。」孔穎達《疏》:「大車以駕牛。」《易·大有》:「大車以載。」孔穎達《正義》:「大車,謂牛車也。」《易·繫辭下》:「服牛乘馬,引重致遠。」「服牛」與「引重」對文,可見牛車是運載貨物的工具。師同鼎(《銘圖》02430):「師同從,折首執訊,捋車馬五乘,大車廿。」銘文記師同戰捷,繳獲馬車五輛,大車二十輛。李學勤先生亦舉雲夢秦簡中「大車」之謂,指出鼎銘中的「大車」就是軍隊中載重的牛車〔註32〕。「大車」與「車馬」對舉,兩種車的性質非常明確,馬駕之車為戰車,大車(即牛車)為軍隊中運輸輜重的貨車。這種貨車雖不能詳知其承載量,可以借戰車的規格參考,商周時期的戰車一般乘3人,成年男子體重平均以120斤計,那麼一輛戰車可載360斤,一輛貨車大抵至少亦能載重300斤,百車即3萬斤。一次性賞賜如此之多的鹽鹵,一方面說明器主的活動範圍應在河東鹽池產地不遠,才能有此便利條件。另一方面也證實河東鹽池地區鹽業生產規模之巨大,儘管當地沒有西周時期的直接資料,不過我們可以通過對其他地區製鹽業的情況窺探一二。近年學者對山東壽光雙王城大型鹽業遺址群進行了深入探討,據燕生東先生研究:「殷墟時期,雙王城就有同時共存製鹽單元約50處,東北塢也有20處。也就是說,僅雙王城每年就要達5萬多斤,整個渤海南岸地區,不下10餘處大規模的鹽業遺址群,年產量應幾十萬斤左右,數量是相

〔註31〕 李學勤:《戎生編鍾論釋》,《文物》1999年第9期。
〔註32〕 李學勤:《師同鼎試探》,《文物》1983年第6期。

當驚人的。」〔註33〕參照山東渤海灣地區的鹽業產量，同樣作爲鹽業重鎮的河東鹽池，其生產方式基本靠陽光曝曬，自然形成結晶，人工撈採，更加簡便，產鹽量勢必不小，「百車」數量的賞賜是完全有可能的。

再次，商周時期賞賜類銘文一般要具備賞賜者、受賜者及賞賜物等要素，筆者曾認爲這次賞賜行爲中省略了賞賜者。現有另一種推測，「丁子」之「子」字下可能省略了重文符號，分別讀之，上讀則爲「巳」，下讀本字「子」，這種省略情況在商代卜辭中也存在：

① 戊寅子卜，方歸才（在）巳人。

戊寅子卜，方歸才（在）川人。

癸子卜，於紊月又🌿。（《合集》21661）

② 癸丑子卜，來丁酉至伊尹。

己子卜，屮劢（《合集》32504）

① 末條、② 二條中的「子」可以分讀爲「癸巳」、「己巳」和「子」，這種重文符號被省略需分讀的情況多見於日干這類字〔註34〕，本篇銘「子」的分讀應該是沿襲了卜辭的舊例。故賞賜者爲「子」，即一族之「宗子」，同例如：

子作父戊彝，犬山刀。（子觶《銘圖》10635）

王作榮仲序，在十月又二月生霸吉庚寅，子賀榮仲瑒瓚一、牡大牢。已巳，榮仲速芮伯、胡侯、子，子錫白金鈞，用作父丁鼎彝。史。（榮仲鼎《銘圖》02412、02413）

上述二器中的子分別是犬山刀族和史族的宗子〔註35〕，本銘中的子也是一族之長。晉姜鼎、戎生編鍾的記載反映出周代貴族從事鹽業貿易的盛況，說明子之家族似由經營鹽池地區鹽業而興，故能掌控如此龐大的鹽業資源進行賞賜。西周時期商品經濟的發達，表現爲貴族家族內部經濟有專門的私屬負責運營管理，如射壺（《銘圖》12443、12444）的作器者射就是受命管理尹叔家族商業的家臣，奏的身份和職務與射相同，是子的經濟類家臣，但還不能確定其是子的同姓家臣（通常由小宗充任）還是異姓家臣。

原刊於北京大學中國考古學研究中心、北京大學震旦古代文明研究中心編《古代文明》第 12 卷，上海古籍出版社，2018 年。

〔註33〕 燕生東：《商周時期渤海南岸地區的鹽業》，文物出版社，2013 年，第 116 頁。

〔註34〕 參見裘錫圭：《甲骨文字考釋（八篇）》，《裘錫圭學術文集·第一卷·甲骨文卷》，復旦大學出版社，2015 年，第 85～87 頁。

〔註35〕 陳絜：《淺談榮仲方鼎的定名及其相關問題》，《中國歷史文物》2008 年第 2 期。

附　表

附耳圈足盂形簋類型表

I 式			
戈簋 通高 20.3 釐米	滋簋 通高 24.5 釐米 口徑 23 釐米	伯桃簋	臨潼南羅顧龍紋簋 通高 16.5 釐米 口徑 24.5 釐米
叔賓父簋 通高 14.4 釐米 腹深 11.3 釐米	扶風莊白伯䟒簋 通高 15.5 釐米 口徑 23.9 釐米	仲簋 通高 15.8 釐米 口徑 21.5 釐米	
II 式			
花園村 M15 弦紋簋 （M15：15、16） 通高 15 釐米 口徑 20 釐米 腹深 12 釐米	命簋 合蓋高 24.1 釐米 口徑 21.6 釐米	旂伯簋 通高 14.5 釐米 口徑 23 釐米 腹深 11.8 釐米	僉簋 合蓋高 19.8 釐米 器高 14.7 釐米 耳徑 24.3 釐米 口徑 21.4 釐米 腹深 11.1 釐米
夔簋 通高 14.8 釐米 口徑 21.5 釐米 腹深 12 釐米	橫水 M1 伯善簋	叔簋 通高 15.5 釐米 耳間距 25.5 釐米	虤簋 通高 13.7 釐米 口徑 21 釐米 腹深 11 釐米
扶風劉家溝伯簋 通高 15.1 釐米 口徑 21.2 釐米 腹深 11.5 釐米	不壽簋 通高 15.8 釐米 耳間距 33 釐米		

圖一   圖三

 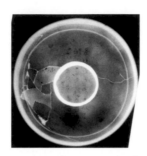 

奐簋　　　　　1. 奐簋蓋 X-ray 探傷　2. 奐簋器身 X-ray 探傷照片
　　　　　　　　　照片

圖二

1. 奐簋蓋銘　　2. 奐簋蓋銘拓本　　3. 奐簋器銘　　4. 奐簋器銘拓本

圖四

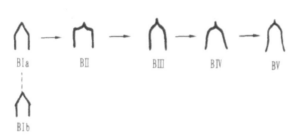 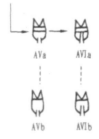

1. 西周金文 宀字字體類型　　　　2. 西周金文貝字字體類型

圖五

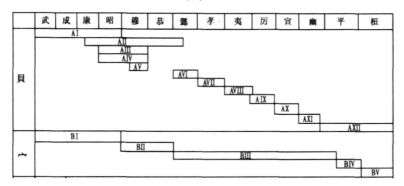

西周金文宀、貝字字形類型年代

圖六

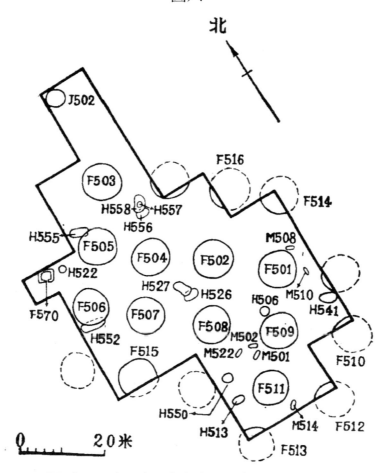

夏縣東下馮遺址第五期商代圓形建築基址平面圖

圖七

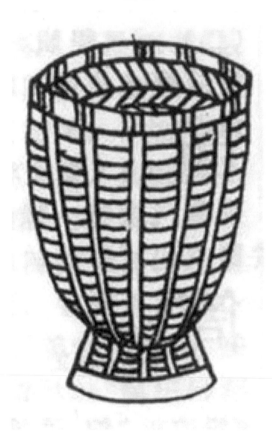

筥示意圖（摘自《漢語大字典》）

伯斿簋小考

　　伯斿簋是中國國家博物館 2002 年入藏的一件西周時期青銅簋，著錄於《銘續》，編號 0436。現對此簋銘文進行簡釋，冀希方家指正。

　　此簋通高 14.8、口徑 20.6 釐米，器形作侈口，束頸，下腹部向外傾垂，圈足較矮，下有一周矮折沿，一對獸首半環形耳，下有方形垂珥。頸部飾一周長尾鳥紋，以雷紋填地，前後增飾浮雕小獸首（圖一）。

　　這種垂腹簋普遍流行於西周中期，器形與長囟簋〔註1〕、廿七年裘衛簋〔註2〕等相近，長囟簋銘中有穆王的謚號，故其是恭王時期的標準器；裘衛簋舊被認為是穆王時期的器物，現學界傾向於將其歸為恭王世。此簋亦為西周中期典型器，年代約在穆、恭之際。

　　內底鑄銘四行 39 字（圖二）：

　　　　唯二月刵（初）吉丁卯，王易（錫）白（伯）斿牲五，啻（禘）

　　唯用奠（奠），斿（遊）于奠（鄭），對䚄（揚）王休，用乍（作）氒

　　（厥）取（祖）考寶䵻彝，子̲（子子）孫̲（孫孫）甘（其）永寶。

　　銘文內容是某年的二月初吉丁卯日，周王出遊來到鄭地，賞賜伯斿五隻牲畜，作為禘祭的祭品，伯斿讚頌天子英明的賞賜，作此寶簋祭祀祖父、父親。

　　「刵」字從自從刀，此字亦見於卜辭（《合集》5995 正、6226），自是鼻的象形字，刵即劓之初文。《說文》：「皇，大也，從自。……自讀若鼻。」《方

〔註1〕 陝西省文物管理委員會：《長安普渡村西周墓的發掘》，《考古學報》1957 年第 1 期，圖版貳.3。

〔註2〕 龐懷清、吳鎮烽、雒忠如、尚志儒：《陝西省岐山縣董家村西周銅器窖穴發掘簡報》，《文物》1976 年第 5 期，圖版肆.6。

言》卷十三云：「梁、益之間謂鼻爲初。」又根據文意可知，刵應讀爲初吉之初，故此處刵與初通假。

「王錫伯斿牲五」，牲的本義是全牛，《說文‧牛部》云：「牲，牛完全。」西周金文中有「脡牲大牢」（任鼎《銘圖》02442）、「牲大牢」（榮仲鼎《銘圖》02412、02413）等詞組，特指太牢之牲，即牛、羊、豕全備的犧牲，所以這裡應該使用的是牲的引申義，泛指供祭祀使用的家畜。《玉篇‧牛部》：「牲，三牲：牛、羊、豕。」《說文》段注：「牲，引申爲凡畜之稱。」《周禮‧天官‧庖人》：「掌共六畜、六獸、六禽。」鄭玄注：「始養之曰畜，將用之曰牲。」宂季姬尊（《銘圖》11811）銘言「賜厥田呂（與）生（牲）：馬十又五匹、牛六十又九叔、羊三百又八十又五叔」，宂季姬受賜的牲就包括馬、牛、羊等家畜。

「啻唯用奠」之啻讀爲禘，《說文》：「禘，諦祭也。從示帝聲。《周禮》曰：五歲一禘。」段玉裁注：「禘有三：有時禘，有殷禘，有大禘。」根據文獻記載時禘是宗廟四時祭之一，殷禘是宗廟五年一次的大祭，與祫並稱爲殷祭，大祭指郊祭祭天。結合商代卜辭和商周金文資料來看，禘祭是商周時期重要的祭祖禮。胡厚宣先生對商代的禘祭有明確的解釋：「殷人之先公，大約因年代久遠對之過分崇拜，以其在帝左右，德可以配天，故以帝禮祭之。帝祭者以事帝之禮事先公也。」[註3] 島邦男先生認爲禘祭主祭者是商王，對象是祭祀父考和五世之內的先祖[註4]，用牲種類和數量頗多。周代的禘祭基本繼承了商代的傳統，主祭者的階層範圍進一步擴大，不僅有天子：

用牲禘周王、武王、成王。（小盂鼎《銘圖》02516）

王在莽京，禘于昭王。（鮮簋《銘圖》05188）

王禘，用牡于大室，禘昭王。（剌鼎《銘圖》02428）

還有王臣：

王在鄭，蔑大曆。錫芻羊牭，曰：用禘于乃考。（大簋《銘圖》05170）

公禘酓辛公祀。（繁卣《銘圖》13343）

〔註3〕 胡厚宣：《殷代之天神崇拜》，載《甲骨學商史論叢初集》，河北教育出版社，2002年，第218頁。

〔註4〕 〔日〕島邦男：《禘祀》，《古文字研究》第一輯，中華書局，1979年。

還有諸侯：

> （閔公）吉禘於莊公。（《左傳》閔公二年）

> （定公）禘於僖公。（《左傳》定公八年）

禘祭的對象仍舊是直系的祖先和父考〔註5〕。禘祭時多使用牛，如上揭「牡」、「䵤羊犅」等。牡，《廣雅‧釋獸》：「牡，雄也。」指公牛，周人祭祀祖先推崇使用公牛，《禮記‧月令》云「（孟春）乃修祭典，命祀山林川澤，犧牲毋用牝」，孔穎達《疏》：「若天地宗廟大祭之時，雖非正月，皆不用牝。」孫希旦《集解》：「大祭司，犧牲皆用牡。」；䵤讀爲犓，《說文‧牛部》：「犓，以䵤莖養牛也。」羊讀騂，《字彙‧馬部》：「騂，俗作騂。」《集韻‧清韻》：「騂，牲赤色。」犅，《說文‧牛部》：「特牛也。」《說文‧牛部》：「特，樸特，牛父也。」《玉篇‧牛部》：「特，牡牛也。」䵤羊犅是用䵤草餵養的紅色公牛，據《書‧洛誥》記載在祭祀文王、武王時才使用這種牛。奠讀爲奠，《說文‧丌部》：「奠，置祭也。」此處強調王賞賜伯斿的五隻牲畜，專門用於禘祭。

「斿于奠」，斿通遊，同例亦見紳鼎（《銘圖》02441）「王在宗周，遊于比」。這裡的奠與前文的奠讀法不同，應讀爲鄭。此句作爲地點狀語後置，這在西周金文句式結構中是比較少見的。王出行來到鄭，是這次賞賜行爲發生的地點。

鄭，即西鄭，在今陝西鳳翔一帶〔註6〕。《古本竹書紀年》：「穆王元年築祇宮於西鄭，自周受命至穆王百年，穆王以下都西鄭，穆王所居有鄭宮、春宮。」新見的兩件斿伯簋（《銘圖》05147、05148）器形爲附耳圈足盂形簋，從形制特徵、字體風格上看是西周中期偏早的器物，年代相當於穆王時期。銘載「王格鄭宮」賞賜斿伯十朋貝，這裡的王指穆王，鄭宮就是西鄭的王宮。西周中期以後，鄭地的地位日趨重要：羚簋（《銘圖》05258、《銘續》0448）言王命羚「邑于鄭」，即周王任命羚爲鄭邑的行政長官，並「取徵五鋝」，即給予相當於五鋝銅價值的俸祿。鄭不僅有中心城邑，周圍還有廣袤的鄙野之地，設置有比較完備的職官體系，免簋（《銘圖》05974）：「王在周，命免作

〔註5〕 劉雨：《西周金文中的祭祖禮》，《考古學報》1989 年第 4 期；曹瑋：《西周時期的禘祭與祫祭》，《考古學研究》（六），科學出版社，2006 年。

〔註6〕 盧連成：《周都淢鄭考》，《考古與文物叢刊 2‧古文字論集》，1983 年；王輝：《周畿內地名小記》，《考古與文物》1985 年第 3 期；李峰：《西周金文中的鄭地和鄭國東遷》，《文物》2006 年第 9 期；龐小霞：《西周井（邢）氏居邑與商周鄭地》，《考古與文物》2014 年第 3 期。

司土，司鄭還林、眔虞、眔牧，錫織衣、䜌。」還，李家浩先生讀爲縣〔註7〕，免受王命擔任管理鄭邑周邊縣鄙的林地、山澤，牧場的官員；首陽齋收藏的智簋（《銘圖》05217）銘載王命智「司鄭駱馬」，中國國家博物館收藏的兩件鄭牧馬受簋蓋（《銘圖》04848、04849），作器者的身份是管理鄭地馬政的官員；侯父盨（《銘圖》03334）的作器者自稱「鄭太師小子」，說明鄭地駐防有軍隊，歸王朝太師統領。免尊（《銘圖》11805）、免卣（《銘圖》13330）：「唯六月初吉，王在鄭。丁亥，王格太室。井叔右免。王蔑免曆，命史懋賜免緇黻、同衡。作司工。」鄭邑設有宗廟，周王在此冊命賞賜臣工。這裡還聚居著井氏、虢氏、趞氏等世家大族的分支，如鄭井伯、鄭井叔、鄭虢仲、鄭虢叔、鄭趞伯。鄭地儼然是畿內受周王直轄的大型聚邑，環境優越，蘊含政治、經濟、軍事的職能，地位次於國都的一個行政中心。

2017年香港瀚海拍賣出現的一件康簋（標的號0119），器形爲侈口，束頸，淺腹，下腹部外鼓，一對獸首半環形耳，下有小垂珥，矮圈足，連鑄三扁方形附足，蓋面微隆，蓋頂有圈狀捉手。蓋沿及器口沿下飾垂冠顧龍紋帶，以雷紋塡地。整器顯得寬扁，形制、紋飾與前引牪簋十分相似，時代應相距不遠，約穆、恭之際。器蓋對銘41字：

> 隹三月初吉己亥，王在奠（鄭），錫康牲七，戠牛。曰：「用肈（肇）祀于奠（鄭）。」康既訊事，拜稽首，敢對揚王休，用作朕皇考鏈匋（簋）。

康簋與伯斿簋的銘文可對讀，賞賜地點也在鄭，康受賜祭祀所用的七隻牲和戠牛。牲的含義與伯斿簋中相同，取其引申義，泛指家畜。戠牛作爲賞賜的祭品在西周金文中首次出現，但在商代卜辭和戰國楚簡中卻是常見，又寫作「犆」（《包山楚簡》205）、「犆牛」（《包山楚簡》222）等。犆是「戠牛」的合文，《玉篇·牛部》：「特，牡牛也。又獨也。犆，同特。」戠牛就是特牛，特可訓爲牡或獨，學界多傾向取後者之義〔註8〕。《國語·楚語下》：「諸侯舉以特牛，祀以太牢；卿舉以少牢，祀以特牛。」韋昭注：「特，一也。」按照周代的禮制，康的身份等級相當於卿，當然不排除康的地位較低，但深受周王寵信，也可以出現偶然性的高規格的賞賜。

〔註7〕 李家浩：《先秦文字中的「縣」》，《文史》第28輯，中華書局，1987年。

〔註8〕 裘錫圭：《說甲骨卜辭中「戠」字的一種用法》，《裘錫圭學術文集》第一卷，復旦大學出版社，2012年；陳偉：《包山楚簡初探》，武漢大學出版社，1996年，第175頁；劉信芳：《包山楚簡解詁》，藝文印書館，2003年，第214頁。

圖一

伯斿簋

圖三

㝬簋

圖二

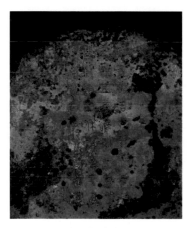

1. 伯斿簋銘文

2. 伯斿簋銘文拓本

圖四

㝬簋銘文

召簋淺識

　　召簋是中國國家博物館 2012 年徵集入藏的一件西周時期的青銅器，最早著錄於《銘圖》，編號 05230。近年學界出版的著作和發表的論文中對此器多有徵引、論證，筆者吸取諸家高見，對此簋提出一些淺陋的認識。

　　已知現存還有一件召簋（《銘續》0446），大小、形制、紋飾與此簋俱同，僅銘文漏鑄一「立」字，兩件簋應爲一人同時所作的一組器，傳出自晉南地區。

　　此簋通高 14.5、口徑 21、耳間距 27.8 釐米，重 2.5 千克。蓋已失，器形爲侈口，束頸，腹傾垂，圈足外撇，下有一矮直階，頸腹兩側有雙獸首半環耳，下有方形垂珥。口沿下前後中間各置一浮雕小獸首，兩側飾長冠鳥紋，鳥紋係長尾分體式，尾部細長迤邐並分成上下兩股，上股尾羽與身相連向後平伸，呈線狀，末端微上翹，下股粗大與身份離，末端向上翻卷，內端向下翻卷，呈橫 S 形，中部有二歧羽。腹部、圈足光素無紋飾，腹外壁還殘存包裹的席痕（圖一）。

　　與此簋形制相近似者可舉出 1978 年陝西扶風齊家村 M19 出土的兩件作寶彝簋（FQM19：16、46）〔註 1〕、北京故宮博物院藏疐簋（《銘 05167》）等。齊家 M19 的時代在西周中期偏早，疐簋銘文筆畫拘謹短小，具有穆王時期的風格，此件簋的銘文字體與疐簋十分接近，時代應相距不遠。

〔註 1〕陝西周原考古隊：《陝西扶風齊家十九號西周墓》，《文物》1979 年第 11 期，圖一〇.上。

內底鑄有銘文 6 行 56 字（圖二）：

　　　　隹（唯）三（四）月初吉，王才（在）周，各（格）大室，即
　　立（位），井白（伯）入右醬（召）。王乎（呼）內史冊令（命）醬（召），
　　曰：「易（錫）女（汝）幺（玄）衣𣸭（紃）屯（純）、𢧵（緇）市
　　（韍）、幽黃（衡）、金雁（膺）。」曰：「用事。」醬（召）頜（稽）
　　首，對𩑋（揚）王休，用乍（作）文考日癸𨾥（尊）殷（簋）。

　　銘文內容記載了一次周王的賞賜行為。賞賜物品有玄衣𣸭純，亦見於三十年虎簋蓋（《銘圖》05399、05400）、國博新入藏的紳鼎（《銘續》0230）等器。《說文》：「黑而有赤色者為玄。」𣸭純是修飾玄衣的後置定語。𣸭，白於藍先生讀為「紃」〔註2〕，《集韻·諄韻》：「紃，彩文也。」《廣雅·釋詁》：「純，緣也。」玄衣𣸭純指在衣緣之縫中飾有以彩色絲線編成的線條的赤黑色的絲衣。

　　𢧵市之𢧵，陳夢家先生認為此字所從的「𢧵」是以「才」為聲，此字是「𢧵」或「緇」〔註3〕，《說文》：「緇，帛黑色也。」，《廣雅·釋器》：「緇，黑也。」市，《說文·市部》：「韠也。上古衣蔽前而已，市以象之⋯⋯韍，篆文市。」𢧵市即黑色的蔽膝。

　　雁，讀為膺，是西周時期常見的賞賜物品。《詩·秦風·小戎》「虎韔鏤膺」，毛傳：「膺，馬帶也。」《楚辭·九章·悲回風》「編愁苦以為膺」王逸注：「膺，絡胸者也。」金膺是繫在馬胸前的附以銅飾件的革帶。

　　銘文意譯為某年的四月初吉日，周王在周，來到大室，對召進行冊命，井伯擔任召的右者，內史冊宣讀冊命，周王賞賜召赤黑色的絲衣，這種絲衣的衣緣上有用絲線編織而成的彩繡，黑色的蔽膝，黑色的大帶，繫在馬胸前的附有銅飾的革帶，並且命令召要履行自己的職務。召向周王行稽首禮，讚頌王的美德，鑄此寶簋以祭享先父日癸。

　　冊命儀式中的右者井伯亦見於長囟盉（《銘圖》14796），參加穆王舉行的射禮活動，地位顯赫〔註4〕。近年新發現的有兩件趞簋（《銘續》0438、0439）

<hr />

〔註2〕白於藍：《「玄衣𣸭純」新解》，《中國文字》新廿六期，藝文印書館，2000年。

〔註3〕陳夢家：《西周銅器斷代》，中華書局，2004年，第148頁。

〔註4〕筆者曾認為這位井伯是恭、懿時期的執政大臣，屢次擔任冊命儀式中的右者（《新世紀以來中國國家博物館入藏商周青銅器集粹》，《文物天地》2014年第11期；《中國國家博物館新入藏西周青銅器選介》，《中國史研究動態》2017年第5期）。現在來看他應該是任仕於恭、懿二朝的那位井伯的前輩。

形制、紋飾與本簋相同，銘文曰：

唯四月，王執叝（魏）駒，至于冀，内光趞宮，休無眈（尤），

趞敢對揚天子光，用作朕文考日癸寶簋，其子子孫孫萬年永寶。

叝，吳榮曾先生讀爲「魏」〔註 5〕，西周時期魏爲姬姓的封國，《左傳》桓公三年：「芮伯萬之母芮姜惡芮伯之多寵人也，故逐之，出居於魏。」杜預注：「魏國，河東河北縣。」據《左傳》閔公元年載，魏國被晉獻公所滅，以其地封給畢萬。楊伯峻先生《春秋左傳注》引《方輿紀要》言山西省芮城縣東北七里有河北城，一名魏城，故魏國城也〔註6〕。冀，《左傳》僖公二年：「冀爲不道，入自顛軨，伐鄍三門。」杜預注：「冀，國名，平陽皮氏縣東北有冀亭。」楊伯峻注云：「冀，國名。……今山西省河津縣東北有冀亭遺址，當是其國都。」〔註7〕魏、冀皆在晉西南地區，相距不遠，故學者們多認爲這次執駒禮發生在魏地〔註8〕，隨後王來到冀，蒞臨趞的宮室對他有所賞賜。然而根據銘文的記載似不能確定這次執駒的具體地點就在魏地，西周金文中涉及執駒禮的銘文見於如下諸器：

1. 達盨（《銘圖》05661～05663）：「王在周，執駒于渦应。」
2. 作冊吳盉（《銘圖》14797）：「王在麈，執駒于麈南林。」
3. 作冊吳盤（《銘圖》14525）：「執駒于麈南林。」
4. 盠駒尊（《銘圖》11812）器銘：「王初執駒斥。」蓋銘：「王拘駒于斥。」
5. 盠駒尊蓋（《銘圖》11813）：「王拘駒厚。」

可見在執駒的句式中地點狀語爲後置，介詞「于」可有可無。而趞簋「王執魏駒」與此不類，魏駒是一個偏正結構的詞組，可理解爲產自魏地的馬駒，說明魏地設有專門爲周王養馬的牧場。王執駒的地點當離此不遠，或在魏、冀之間，器主趞此時正任職於冀。同屬於趞的器物還有一件現藏於日本書道博物館的趞簋（《銘圖》05304），作器者之名趞與趞相對比，省宀，構形上僅是繁簡之別，皆從豈得聲，二者應爲同一人。書道趞簋銘言趞受王冊命擔任駐紮在幽地王師的冢司馬，統領僕御、射手、甲兵等武士，並領取相當於五鋝銅價值的俸祿。這次冊命的右者密叔亦見於卅年虎簋蓋（《銘圖》05399、

〔註 5〕吳榮曾：《戰國布幣地名考釋三則》，《中國錢幣》1992 年第 2 期。
〔註 6〕楊伯峻：《春秋左傳注》，中華書局，1981 年，第 100 頁。
〔註 7〕楊伯峻：《春秋左傳注》，中華書局，1981 年，第 282 頁。
〔註 8〕曹錦炎：《趞簋銘考釋》，《出土文獻》第八輯，中西書局，2016 年；黃錦前：《趞簋讀釋》，《史志學刊》2017 年第 4 期。

05400）、紳鼎（《銘圖》02441）等器，這些密叔組器的時代在恭王世，所以書道趞簋的時代也可歸於恭王時期〔註 9〕。綜上可知，趞在穆王朝於冀地任職，恭王朝升遷爲豳師冢司馬。

　　趞、召二人的父親皆爲日癸，且二人所作之簋形制、紋飾、時代俱同，趞以走爲義符，而《說文・口部》：「召，評也。」《爾雅・釋言》：「徵、召皆謂呼召。」召有召喚之義，二人私名取義有相通、相近之處，與近年新出現的獄、衛組器作器者名字內涵相互關聯情況相同〔註 10〕，故二人很有可能是兄弟關係。

圖一

召簋

〔註 9〕　田率：《中國國家博物館新入藏西周青銅器選介》，《中國史研究動態》2017 年第 5 期。

〔註 10〕　獄，《玉篇・犾部》：「獄，察也。今作伺、覷。」；衛（衞），《說文・行部》：「衞，宿衞也。」《玉篇・行部》：「衞，護也。」獄有伺察、守候之義，衛有守護、看護之義，二字字義頗有相合呼應之處。

圖二

1. 召簋銘文　　　　　　　　2. 召簋銘文拓本

盠駒尊、盠方彝剩義

　　中國國家博物館收藏的盠駒尊、盠方彝是 1955 年陝西眉縣李村西周銅器窖藏出土的一組重器，出土情況可參看相關報告〔註1〕，前賢時彥對其已做過深入的研究，筆者不憚淺陋，在此基礎上略闡剩義。

一、盠駒尊

　　盠駒尊通高 32.4、通長 34 釐米，重 5.68 千克。器作昂首站立的馬駒形，豎耳，短鬃，身軀短小，束尾，背部開口，有蓋，蓋呈覆瓦形，原鑄有鈕，現已失，腹中空用以盛酒。通體素面，僅腹部兩側飾由渦紋爲中心，雲紋爲緣的圓圈紋（圖一）。

　　頸部鑄有銘文 94 字（圖二）：

> 隹（唯）王十又二月，辰才（在）甲申，王初執駒庡（斤），王乎（呼）師豦召盠，王親旨（詣）盠，駒易（錫）网（兩），撵（拜）頴（稽）首，曰：王弗朢（忘）氒（厥）舊宗小子，螚（寵）皇盠身。盠曰：王倗（丕）下（祜）不（丕）甘（祺），剭（則）彙（萬）年保我彙（萬）宗。盠曰：余甘（其）叙（敢）對瓤（揚）天子之休，余用乍（作）朕（朕）文考大中（仲）寶障（尊）彝，盠曰：甘（其）彙（萬）年世子＝（子子）孫＝（孫孫）永寶之。

　　蓋內鑄銘 11 字（圖三）：

> 王馳（拘）駒于庡（斤），易（錫）盠駒勇靁（雷）騅子。

〔註1〕 李長慶、田野：《祖國歷史文物的又一次重要發現——陝西郿縣發掘出四件周代銅器》，《文物參考資料》1957 年第 4 期。

　　李村銅器窖藏共出土 5 件銅器，除此駒形尊外，還有另一件駒尊之蓋，出土時放置在這件尊的體腔內，器形與此尊蓋相同，龍鈕尚存，銘文曰：「王拘駒帛（厚），錫盠駒勇雷駱子。」從此尊銘「王初執駒庑」對應蓋銘「王拘駒于庑」，可知王先在庑地，後在厚地分別舉行了執駒禮，器主盠根據受賞的這兩匹馬駒，作了兩件駒形尊，厚地的那件尊由於某種原因而不存在了，僅留下尊蓋。

　　這件尊銘中的「師豦」即師遽方彝、師遽簋蓋的器主師遽，師遽簋蓋中王賞賜地點在「新宮」，新宮是恭王時期才出現的宮宇。

　　「王初執駒庑」、「王拘駒于庑」，庑地即作冊麥方尊、作冊睘卣、作冊睘尊、折尊等器中的斥，唐蘭先生讀爲斥，地在陝西鳳翔縣〔註2〕。盧連成先生進一步考證其地在寶雞、鳳翔的「汧渭之會」，這裡北依周原，瀕臨渭水，有較爲開闊的河谷臺地，水草豐美，是一處理想的天然馬場〔註3〕，故周王選擇在這裡舉行執駒禮。《說文·馬部》云：「馬二歲曰駒。」《周禮·夏官·校人》：「春祭馬祖，執駒。」鄭玄注引「鄭司農云執駒無令近母。……玄謂執猶拘也。」《夏小正》：「四月，執陟攻駒。」傳云：「執駒也者，離之去母也。陟，升也，執而升之君也。攻駒也者，教之服車數舍之。」由上述文獻記載可知，執駒禮是將二歲口的馬駒離開母馬，訓練它讓其駕車，相當於馬的成年禮。達盨、作冊吳盉及新見的兩件趞簋（《銘續》0438、0439）都有執駒典禮的記載，周人重視馬政，執駒禮由王親自參加。

　　「螢皇盠身」的螢從虫得聲，陳劍讀爲「寵」〔註4〕。「寵皇」與「寵光」意思相近，是周王對盠的恩寵溢美之詞。本銘中的「王佣下不其」與盠方尊、盠方彝銘中的「天子不叚不其」詞句對舉，文意相同。白於藍認爲「佣」與「不」相通，「下」、「叚」均讀爲祜，訓爲福，其讀爲祺，訓爲吉〔註5〕。

　　兩件駒尊蓋銘中的「勇雷」皆爲修飾所賜馬駒品性的詞語，表示此駒勇武迅疾。這件尊蓋的騅子與另一件蓋中的駱子分別描述的是馬的毛色。《說文》云：「騅，馬蒼黑雜毛」；「駱，馬白色黑鬣尾也。」

〔註2〕 唐蘭：《西周青銅器銘文分代史徵》，中華書局，1986 年，第 252 頁。

〔註3〕 盧連成：《斥地與昭王十九年南征》，《考古與文物》1984 年第 6 期。

〔註4〕 陳劍：《釋「琮」及相關諸字》，《甲骨金文考釋論集》，線裝書局，2007 年，第 292 頁。

〔註5〕 白於藍：《金文校讀三則》，《考古與文物》2013 年第 6 期。

有關器主盨的族姓問題，方尊、方彝銘中言道盨的祖父是益公。以往筆者也曾認爲盨就是眉縣楊家村窖藏的主人逨的祖先惠仲盨父（逨盤，《銘圖》14543），逨是單氏，與周人同姓，所以益氏也爲姬姓。現在來看，這一人物系聯是不對的。盨器群器主盨是名，而惠仲盨父之盨是字，不能將他們混同起來。與之情況類似的還有康伯懋與伯懋父，共伯和與伯和父，師俗與伯俗父、師俗父（然伯俗父與師俗父是同一人），這三組人名中前後的懋、和、俗分別表示名和字，不能視爲同一人。另外以前學界多將「王弗忘厥舊宗小子」句中的「舊宗小子」理解爲盨與周王同宗，故將其歸於姬姓。這種理解是有偏差的，卅年虎簋蓋（《銘圖》05399、05340）銘中有與此句文意相同之句，可以對讀：

虎曰：丕顯朕烈祖考䄷明，克事先王，肆天子弗忘厥孫子，付厥常官。

二器中的「厥」是第一人稱領格代詞，分別意爲「王不忘我（按：盨）的祖先的舊宗小子」、「王不忘我（按：虎）的烈祖考的孫子」〔註6〕。盨追認祖先舊宗，其出身應爲益氏家族新立小宗之後，這一點從盨的父親「大仲」的稱謂可以印證。盨方彝銘中言盨的祖父爲「益公」，益爲其氏名，盨器的時代在西周中期，盨之祖父益公生活年代約在西周早期偏晚，其後裔仍有繼稱益公者，在王朝廷禮冊命中擔任右者，出納王命，參與政事（見佣伯㝅簋《銘圖》05208、申簋蓋《銘圖》05312、師道簋《銘圖》05328、詢簋《銘圖》05378、乖伯簋《銘圖》05385、永盂《銘圖》06230、趞休盤《銘圖》14534），益氏家族在西周中期的王朝政治舞台上非常活躍。

1997年扶風大同村出土的宰獸簋（《銘圖》05376）中器主之烈祖爲幽仲，其配爲益姜。益姜係女子「父氏+父姓」的人名格式，益氏應爲姜姓〔註7〕。

盨駒尊器銘可意譯爲恭王某年十二月，甲申日的早晨，周王先在斥地舉行執駒典禮，王宣師㢓去召見盨，王親自來到盨的處所，賞賜給他執駒禮中的兩匹馬駒。盨行叩拜禮，周王沒有忘卻像盨這樣的與周王室關係密切的舊族，恩澤寵信盨。周王大福大吉，萬年庇護天下所有的宗族。盨讚頌天子的

〔註6〕從虎簋蓋銘的上下文語境分析，作爲領格代詞的「厥」也不能理解爲「天子的」，而是「朕（按：虎）烈祖考的」；另外虎的父親被稱作日庚，從使用日名這一習慣來看，虎也不太可能是周王的「孫子」（後代），不會與周王室同宗同姓，從這一側面來看更加證明了「厥」指代的是虎的祖考。

〔註7〕韓巍：《眉縣盨器群的族姓、年代及相關問題》，《考古與文物》2007年第4期。

美德，爲祭享高尚的父親大仲作此尊簋的禮器，萬年子子孫孫永遠寶用。蓋銘內容記王在斥地執駒，賞賜盠勇武迅疾的毛色蒼白相雜的馬駒。

尊銘涉及王的執駒禮，器主盠受賜幼駒，爲記此事特意鑄成馬駒之形，頗具匠心，古人將這類有紀念意義的榮譽直接取材或具象塑型的反映出來，具有「庸器」之意味〔註8〕。

二、盠方彝

盠方彝通高 22.8、口長 14.4、口寬 11、腹深 9.6、足徑 13.2 釐米，重 3.6 千克。器形爲微侈口，方唇，腹部微鼓，圈足外侈，腹兩側有一對象鼻形耳，下有垂珥，蓋作四阿屋頂形，蓋鈕作方柱四阿頂，四隅起扉棱。蓋面和器腹飾圓渦紋和對稱夔紋，蓋頂和圈足飾竊曲紋，以雲雷紋填底（圖四）。

器、蓋對銘，各 108 字（圖五）：

唯八月初吉，王各（格）于周㝨（廟），穆公右盠，立于中（中）廷，北卿（嚮），王冊令（命）尹易（錫）盠：赤市（韍）、幽亢（衡）、攸（鋚）勒，曰：用𤔲（司）六㠯（師）王行、參（三）有𤔲（司：司）土、𤔲（司）馬、𤔲（司）工，王令（命）盠曰：𦃠（總）𤔲（司）六師眔（暨）八師𢼸（執、藝），盠捧（拜）頜（稽）首，敃（敢）對𩒨（揚）王休，用乍（作）朕（朕）文且（祖）益公寶隣（尊）彝，盠曰：天子不（丕）叚（遐）不（丕）其（基），萬年保我萬邦，盠敃（敢）捧（拜）頜（稽）首，曰：剌（烈烈）朕（朕）身，迵（更）朕（朕）先寶事。

眉縣李村銅器窖藏出土有方尊一件、方彝兩件。兩件方彝器形、紋飾、銘文相同，原報告將本器定爲方彝甲，方彝乙體量略小，蓋開兩口，腹腔內有界格，將腹內分爲兩室，每室正中對應的蓋沿有方形缺口，以納斗柄，每室盛放不同的酒。盠方彝乙的整體器形、象鼻形卷耳的造型、獨特的格室與蓋上開口的設計亦見於師遽方彝（《銘圖》13544）和長安張家坡 M170 出土的井叔方彝（M170：54）〔註9〕。方尊器形爲「天圓地方」式，即圓口、圓

〔註8〕董珊：《從作冊般銅黿漫說「庸器」》，《古代文明研究通訊》總第二十四期，2005 年。

〔註9〕中國社會科學院考古研究所灃西發掘隊：《陝西長安張家坡 M170 號井叔墓發掘簡報》，《考古》1990 年第 6 期，圖版貳.1。

頸，方腹、方圈足，四隅起扉稜，腹兩側有象鼻形耳。頸部飾夔紋組成的蕉葉紋，腹正中飾圓渦紋，兩側飾以對稱的卷體夔紋，圈足飾竊曲紋。

西周時期的青銅酒器組合中有一類特殊的尊、彝（或附加觥）成套器物，它們的紋飾相同，扉稜、器耳等設計一致，顯然是同一製作理念的產物。根據規格體量可分為大型類和小型類，而尊又以天圓地方式的方尊最為奪目。盠方尊與盠方彝就屬於小型類的典範。這類尊、彝組合最早出現在西周早期後段，流行於西周中期，西周晚期之後不見。

盠方尊、盠方彝中穆公擔任盠的右者。穆公自作器有穆公簋蓋（《銘圖》05206），飾滿工的大鳥紋，李學勤先生將其定為穆王晚期〔註10〕，另有新發現的穆公鼎（《銘圖》01242），折沿，立耳，垂腹，圓底，三柱足，口沿下飾顧龍紋，形制與扶風齊家村 M19 出土的作旅鼎（FQM19：27、28）〔註11〕近似，紋飾亦見於同出的尊、卣等器上，時代在西周中期偏早。出土井叔方彝的井叔墓 M170 是張家坡井叔家族墓群中年代最早的，朱鳳瀚先生認為該墓葬年代相當於穆、恭之際〔註12〕。盠方彝（乙）、師遽方彝與井叔方彝形制、設計相同，時代不會相距太遠，陳夢家先生、韓巍先生將盠器群歸入恭王世〔註13〕，是正確的。

王冊命盠具體負責「用司六師王行三有司：司土、司馬、司工」、「觏司六師眔八師執」。六師、八師即西六師、成周八師。陳夢家先生認為王行疑為王族，並舉晉文公作左中右三行之例，進一步說道三行即三軍，則此王行亦可能是王師，與六師相對〔註14〕。我們認為陳先生的解釋基本成立，但王行不是獨立於六師之外的部隊。六師、八師都是周王直接領導的國家軍隊，前者駐紮在西土，後者駐紮於成周，由殷遺構成，故也有殷八師之稱。王行乃專指西六師中由王族成員組成的那部分軍隊，由盠負責，並要管理六師中的三有司：司土、司馬、司工等官員。觏字舊釋紛紜，2012 年山東沂水天上王

〔註10〕 李學勤：《穆公簋蓋在青銅器分期上的意義》，《文博》1984 年第 2 期。

〔註11〕 陝西周原考古隊：《陝西扶風齊家十九號西周墓》，《文物》1979 年第 11 期，圖版壹.1。

〔註12〕 朱鳳瀚：《商周家族形態研究》（增訂本），天津古籍出版社，2004 年，第 649 頁。

〔註13〕 陳夢家：《西周銅器斷代》，中華書局，2004 年，第 169～174 頁；韓巍：《眉縣盠器群的族姓、年代及相關問題》，《考古與文物》2007 年第 4 期。

〔註14〕 陳夢家：《西周銅器斷代》，中華書局，2004 年，第 171 頁。

城景區春秋墓中出土的一件銅鑒（《銘續》0535），器主之名曰季聰，李學勤先生認為聰是一個雙聲符字，悤是追加的聲旁，故以羋為聲旁的氋字可讀為總，訓為統領、統帥〔註 15〕。紤，于省吾先生認為此字為藝之初文〔註 16〕。盉還總管六師、八師中的農作物種植事務。

另有如下諸器：

> 命汝作齵師冢司馬，嫡官卜、射士，訊大小有隣。（趞簋，《銘圖》05304）

> 司六師牧、場、大囿，司羲夷場佃事。（南宮柳鼎，《銘圖》02463）

> 命汝胥周師司林。（免簋，《銘圖》05268）

> 更乃祖考作冢司土于成周八師。（䚘壺蓋，《銘圖》12446）

趞擔任駐紮在齵地軍隊的冢司馬，南宮柳管理六師的牧、場、園囿，免作為副職掌管周師的林業，䚘繼承祖考的服事任成周八師的冢司土。西周時期在各地駐紮的王師中設置有各類行政官員，並且從事農業生產經營。于省吾先生認為這是「周人的軍事屯田制」〔註 17〕，楊寬先生認為當時「軍隊的編制完全是和鄉黨組織結合起來」的兵農合一的「鄉遂制度」〔註 18〕，李學勤先生基本認同楊先生的看法，「六師」、「八師」表明軍即鄉，反映的是當時軍事制度與政治制度的合一〔註 19〕。上述學者對六師、八師性質的認識皆有合理的方面，周王在直接控制的區域內，「五邑」是基層的行政單位，「師」是具有軍事組織和一般邑落組織雙重特徵的「軍事功能區」〔註 20〕。

〔註 15〕 李學勤：《由沂水新出盂銘釋金文「總」字》，《出土文獻》第三輯，中西書局，2012 年。

〔註 16〕 于省吾：《略論西周金文中的「六師」和「八師」及其屯田制》，《考古》1964 年第 3 期。

〔註 17〕 于省吾：《略論西周金文中的「六師」和「八師」及其屯田制》，《考古》1964 年第 3 期。

〔註 18〕 楊寬：《再論西周金文中的「六師」和「八師」的性質》，《考古》1965 年第 10 期。

〔註 19〕 李學勤：《論西周金文的六師、八師》，《華夏考古》1987 年第 2 期。

〔註 20〕 于凱：《西周金文中的「𠂤」和西周的軍事功能區》，《史學集刊》2004 年第 3 期。

圖一

盠駒尊器形

圖二　　　　　　　　　　　　圖三

盠駒尊頸銘拓本　　　　　　　盠駒尊蓋銘拓本

圖四

盠方彝器形

圖五

1. 盠方彝蓋銘拓本   2. 盠方彝器銘拓本

師酉簋補論

　　師酉簋是至遲清代出土的西周重器，傳世有四件，大小、器形、紋飾、銘文基本相同，一件現藏於中國國家博物館，三件現藏於北京故宮博物院。師酉簋經數輩學者潛心掔摩，奧義迭出，本文以中國國家博物館收藏的師酉簋為中心，結合師酉鼎、師酉盤、詢簋、師詢簋等相關諸器，綜合探討師酉器、師詢器的年代順序及相關問題。

　　在此之前，簡單介紹一下故宮博物院收藏的三件師酉簋的情況：

　　1.《銘圖》編號 05346（圖一），合蓋高 22.9、腹最大徑 32.8 釐米，重 4.94千克〔註1〕。故宮博物院器物部還提供一種尺寸為合蓋高 22.5、耳間距 53.7、口徑 20.9 釐米。這件師酉簋先後經阮元、吳雲、金香圃遞藏，1959 年國家文物局調撥至故宮博物院。

　　2.《銘圖》編號 05348（圖二），原藏朱筱漚、徐乃昌，1961 年文物局調撥至故宮博物院。此簋之蓋沿飾竊曲紋，與器口沿下所飾重環紋不符，顯然不是原蓋，故《三代》、《集成》、《金文總集》等金文著錄僅收器銘拓本，故宮博物院也按照無蓋的師酉簋登編保管。高 16.2、口徑 19.3、腹最大徑 33 釐米。

　　3.《銘圖》編號 05349（圖三），失蓋，原藏端方、顧壽康、馮恕，1955年馮恕（字公度）之子馮人生以其父的名義捐贈給故宮博物院。高 16.4、口徑 19.1，腹最大徑 32.2 釐米〔註2〕。

〔註 1〕這一尺寸、重量出自故宮博物院官方網站（http：//www.dpm.org.cn/collection/bronze/228177.html）及《故宮青銅器》（故宮博物院編：《故宮青銅器》，紫禁城出版社，1999 年，第 200 頁），所標識的「寬」應為「腹最大徑」。

〔註 2〕這一尺寸由故宮博物院器物部提供，與《故宮文物大典》標識的尺寸相同（此書中未標腹最大徑數值，參見楊伯達主編：《故宮文物大典》（三），江西教育出版社、浙江教育出版社、福建人民出版社、紫禁城出版社，1994 年，第 1174

現藏於中國國家博物館的師酉簋（《銘圖》05347）通高 22.5、口徑 19.1、足徑 20 釐米，也是阮元舊藏，後經吳雲、陳受笙、朱筱漚遞藏，後歸故宮，1959 年由故宮博物院調撥入館。

國博師酉簋器形為弇口，鼓腹，一對獸首半環耳，獸角呈螺旋形，下有垂珥，蓋頂有圈狀捉手，圈足下連鑄三個獸面扁足。蓋沿、器口沿飾一大一小重環紋，圈足飾單體重環紋，蓋面及腹部飾瓦紋（圖四）。

蓋內與器內底鑄有對銘 107 字（圖五）：

佳（唯）王元年正月，王才（在）吳，各（格）吳大（太）𤔲（廟）。公族矯釐入右師酉立中（中）廷。王乎（呼）史牆（牆）冊命：師酉，嗣（嗣）乃且（祖）啻（適）官邑人：虎臣，西門尸（夷）、𩰍尸（夷）、𥺀（秦）尸（夷）、京尸（夷）、𦤄（弁）瓜（狐）尸（夷），新（薪）。易（錫）女（汝）赤市（韍）、朱黃（衡）、中㬎（絅）、攸（鋚）勒。敬夙（夙）夜勿灋（廢）朕（朕）令（命）。師酉拜（拜）𩒨（稽）首。對𣎆（揚）天子不（丕）顯休令（命），用乍（作）朕（朕）㝅（文）考乙白（伯）、宄（宛）姬障（尊）𣪘（簋）。酉廿（其）萬年子=（子子）孫=（孫孫）永寶用。

外底加刻「阮元寶用」四字（圖六），證明此簋確實曾為阮元舊藏。

銘文記載的是一次廷禮冊命的內容，發生的地點在吳地的太廟，吳地的具體位置難以確認〔註3〕。公族是職官名，矯釐是這位儐右者的私名，與之相同的人名格式還有牧簋（《銘圖》05403）中的公族紼。

頁）。但《銘圖》誤將馮公度捐贈的這件無蓋師酉簋的尺寸安置在故宮收藏的另一件即阮元舊藏的那件師酉簋（《銘圖》05346）上，現予以糾正。

〔註3〕 矢、虞、吳三字在字源上的確存在密切關係，金文中也有通假之例，如《周禮》虞林之虞，金文寫作吳，叔矢方鼎的器主叔矢即唐叔虞。但在西周金文中，從國族名號層面來看，三者不能混為一談，吳、虞、矢在西周時期是三個獨立的國族。據吳鎮烽先生介紹，最近在山東東南部出土有一坑吳國公室貴族的銅器，有鼎、簋、盂、甗、盤、匜等器，這批銅器的時代在春秋早期，器主為吳季氏、吳叔氏。吳國在東方有相當的實力，我們認為西周時期的姬姓吳國（太伯、仲雍之後）有一支直至春秋初年，盤踞在魯東南、蘇北一帶。張懋鎔先生在《中國家博物館館藏文物研究叢書·青銅器卷·西周分冊》後附《國博所藏西周青銅器選粹》一文中指出：「吳國與其他諸侯國一樣，至少有一支族人留在王畿地區。」結合師酉簋銘文來看，師酉負責管理周王直接掌控之城邑中的人群，吳地作為冊命地點，應與師酉管控之邑相距不遠。此吳地是否就是畿內吳氏的封邑，有待更多資料詳證。

　　菅讀爲適，依《爾雅》之訓爲「主」，師酉繼承祖先的職務，主管邑人。西周金文中的邑人具有不同的概念，與本銘邑人含義相同的還見於：

　　　　1. 師𡘤鼎（《銘圖》02481）：「王呼作冊尹冊命師𡘤：疋師俗嗣邑人：唯小臣、善夫、守、〔友〕、官、犬，眔奠（奠）人：善夫、官、守、友。」

　　　　2. 詢簋（《銘圖》05378）：「王若曰：詢，……今余命汝適官嗣邑人：先虎臣後庸，西門夷、秦夷、京夷、𩰌夷、師笭、側薪、□華夷、弁狐夷、厹人、成周走亞、戍、秦人、降人、服夷。」

　　從師𡘤鼎的銘文可以看出邑人與奠人對舉，所列舉的「小臣、善夫、守、友、官」等官吏都屬於二者範疇之內。裘錫圭先生認爲商代對被征服者或臣服者的安置在控制區內的方式稱爲奠，這些人稱爲奠人，被安置的地方也稱作奠，這一制度在西周時期基本上得到延續〔註4〕。邑則是周王直接掌控的城邑，著名的如鄭、五邑等地，結合師酉簋和詢簋的銘文來看，特意強調師酉、詢管理的邑中的人群也以被降服的異族爲主。師酉簋中邑人包括虎臣、各色夷人、薪。

　　虎臣在金文中可以指虎臣之長或作爲集合概念指眾虎臣，前者即《周禮·夏官》中的虎賁氏，統領「下大夫二人、中士十有二人、府二人、史八人、胥八十人、虎士八百人」，具體負責「掌先後王而趨以卒伍」鄭玄注：「王出，將虎賁士居前後。」而後者實際上指的就是「虎士」，係周王身邊的近衛隊，成員多由被降服的夷狄族群構成。師酉簋、詢簋中的虎臣含義應該是後者。詢簋銘「先虎臣後庸」，強調的是二者之間的關係，陳世輝先生認爲「先」指戰爭時做先鋒，「後庸或即追隨於虎臣之後的庸徒」〔註5〕。庸是西周時期常見的一類人，如「僕庸土田」之庸即地位較低下的附著在土地上的勞動者；在軍隊或近衛軍中也有「庸」，其身份與厮相類。禹鼎（《銘圖》02498）銘有「武公廼遣禹率公戎車百乘、厮馭二百、徒千」。厮馭之厮（廝）《玉篇·廣部》訓爲賤，「廝、役、扈、養，死者數百人。」何休注：「艾草爲防者曰廝。」陳立疏：「廝爲賤役之通稱。」庸、厮俱是在軍中擔任雜役的低賤者，他們大多也由被降服的異族構成，原先的地位也比充任虎臣的那些人還要低。

〔註4〕裘錫圭：《說殷墟卜辭的「奠」——試論商人處置服屬者的一種方法》，《裘錫圭學術文集5》，復旦大學出版社，2012年。

〔註5〕陳世輝：《訇簋及𢎥叔簋小記》，《文物》1960年第8、9合期。

西門夷是夷族的一支，族源分佈情況難以知曉。囊夷是來自囊地之夷，邁鼎（《銘圖》02312）銘中商王曾在囊地駐蹕，對邁進行賞賜，文末綴作器者邁的族名冊。冊族是商代晚期的重要氏族，山西靈石旌介村三座商墓出土有34件帶冊族族名的銅器，墓葬時代在殷墟三、四期。學界普遍認爲山西靈石一帶爲商代冊族的居住地，囊地應距此不特遠。2005年在山西絳縣橫水墓地M2出土有一件肅卣（M2：75），橫水墓地是倗國邦族墓地，銘文涉及倗國國內貴族之間的糾紛，其中仲裁者有囊叔，此人爲囊氏家族成員，亦說明囊地似在晉中南地區〔註6〕。秦夷是嬴姓秦族的一支，清華簡《繫年》篇第三章揭示了西周初年秦族的變遷：「飛廉東逃於商蓋氏。成王伐商蓋，殺飛廉，西遷商蓋之民於邾虐，以禦奴虞之戎，是秦先人。」商周交替之際，秦之先祖飛廉東逃至商蓋（即商奄，故地在曲阜一帶），後又參與三監之亂，被成王東征消滅，西遷飛廉之族至邾虐（即邾圉，今甘肅甘谷縣西南）。這裡的秦夷應該是商奄之民的後裔。京夷是嬴姓京氏的一支，該族源自東方，據《左傳》襄公十八年杜預注言其故地在平陽城東南（今肥城縣西）。胖瓜，何景成先生釋作弁狐，讀爲番吾〔註7〕，地在河北平山縣或磁縣境內〔註8〕。弁狐夷即弁狐地區的夷族。

「新」與詢簋中的「側新」是一類人，郭沫若讀作「鍘薪」，是薪樵之類的賤役〔註9〕。

師酉受賜的物品「中纍」之纍字從絲同聲，即綱字的繁寫。大盂鼎（《銘圖》02514）、復尊（《銘圖》11770）涉及的衣類賞賜物冂與綱相同，《說文·冂部》：「冂，古文冂。」故楊樹達先生讀冂爲裞〔註10〕。《集韻·迴韻》：「綱，禪也。或從帛。通作裞。」《禮記·玉藻》：「禪爲綱。」鄭玄注：「有衣裳而無裏。」即無裏的單層衣服。劉心源認爲「中綱」類似於文獻中的「中衣」〔註11〕，《釋名·釋衣服》：「中衣，言在小衣之外，大衣之中也。」孔穎達《正義》：「中衣，謂以素爲冕服之裏衣，猶今中衣單也。」

〔註6〕 善鼎（《銘圖》02487）銘中王命善輔佐囊侯「監齲師戍」。囊國之君稱侯，身份是畿外擔負軍事職責的封君，受王徵調負責監管駐紮在齲地（今陝西旬邑、彬縣）的王師。從側面分析，囊侯的封地也必不在齲。

〔註7〕 何景成：《論師酉盤銘文中的「弁狐」夷》，《中國歷史文物》2010年第5期。

〔註8〕 王震中：《先商的文化與年代（續）》，《中原文物》2005年第2期；林獻忠：《戰國時期趙國兩「番吾」地望探析》，《歷史地理》2015年第2期。

〔註9〕 郭沫若：《弭叔簋及詢簋考釋》，《文物》1960年第2期。

〔註10〕 楊樹達：《積微居金文說》（增訂本），中華書局，1997年，第60頁。

〔註11〕 劉心源：《奇觚室吉金文述》卷四，二三，清光緒二十八年刻本。轉引自劉慶柱、段志洪、馮時主編：《金文文獻集成》第13冊，線裝書局，2005年，第209頁。

　　銘文意譯爲元年正月，周王在吳地，在吳的太廟舉行冊命典禮。公族瑪 釐擔任儐右，導引師酉立於中廷，周王召史官牆宣讀冊命文書。王命師酉繼 承其祖父的職務主管土朝直接掌控的邑中之人：出西門夷、𩵋夷、秦夷、京夷、 弁狐夷等各色夷族組成的虎臣以及薪樵類雜役。王賞賜師酉淺紅色的蔽膝， 深紅色的大帶，無裏的單層中衣，馬轡及衡。師酉讚頌天子偉大光明美好的 命賞，爲祭享先考乙伯、母親冤姬作此簋，子孫萬年永遠珍寶使用。

　　除了這四件簋之外，師酉所作的銅器還有鼎 1 件（《銘圖》02475）、盤 1 件（《銘續》0951）。盤銘與簋銘大致相同。師酉鼎現藏於保利藝術博物館（圖 七），器形爲口微斚，窄折沿，方脣，淺腹，腹下部略顯傾垂，圜底，雙附耳， 三柱足，足橫截面爲半圓。口沿下飾一周由長勾喙變形鳥紋構成的竊曲紋。 內壁鑄銘 92 字（圖八）：

　　　　唯王四祀九月初吉丁亥，王格于大室，使師俗召師酉。王親衰庶 師酉，錫豹裘。曰：貅夙夜辟事我一人。酉敢拜稽首，對揚皇天子 丕顯休，用作朕文考乙伯、冤姬寶尊鼎。酉其用追孝，用祈眉壽、䚟 祿、純魯。酉其萬年子子孫孫永寶用享孝于宗。

　　下面談談師酉器涉及的兩個問題。

　　1. 師酉器的斷代。師酉簋的冊命禮中宣讀冊命文書的史官是史牆，牆係 牆字之異構，史牆乃西周恭、懿時期著名的史官，扶風莊白一號銅器窖藏屬 於史牆家族。師酉簋紀年爲元年，從其形制和銘文字體特徵來看，似不會早 至恭王元年，故將其納入懿王世較適宜。另外師酉鼎中的右者師俗，此人亦 見於師虎鼎和史密簋（《銘圖》05327），師虎鼎銘中的右者司馬共又見於師餘 簋蓋（《銘圖》05330）、諫簋（《銘圖》05336）、癲盨（《銘圖》05671、05672） 等器。司馬共在諸器中同樣擔任冊命禮中的儐右，冊命地點俱在「周師錄宮」， 陳夢家先生認爲周師錄就是師遽簋蓋（《銘圖》05338）中的司馬井伯親，司馬 共是錄的下一代〔註 12〕。韓巍先生認爲司馬井伯親與國博新入藏的親簋的作 器者親是一人，親簋應歸入恭王世〔註 13〕，親在恭王二十四年被冊命爲冢司 馬，在懿王朝也可繼續任仕，其子司馬共則主要活動於孝、夷二朝。所以師 酉的供職時間範圍也不出懿、孝之際，從本簋銘「嗣乃祖適官」之語分析， 這次冊命顯然是首命，懿王元年的可能性最大。師酉鼎形制與懿王時期的七

〔註 12〕　陳夢家：《西周銅器斷代》，中華書局，2004 年，第 164 頁。
〔註 13〕　韓巍：《親簋年代及相關問題》，《古代文明》第 6 卷，2007 年。

年趞曹鼎（《銘圖》02433）相似，且曆日四要素俱全，紀年爲四年，與師酉簋的時代相距不遠，朱鳳瀚先生將師酉鼎排入懿王四年曆譜〔註14〕。

2. 師酉家族成員關係和族姓。1959 年陝西藍田寺坡村窖藏出土有一批銅器，共 16 件，可分爲兩組：一組爲簋 2 件，一簋有銘文即詢簋、一簋無銘文；一組爲弭叔氏的銅器，具銘者有弭叔鬲 4 件（《銘圖》02772～02775）、弭叔師察簋 2 件（《銘圖》05291、05292）、弭叔盨 1 件（《銘圖》05549）。

詢簋銘文前文已揭部分，現將全部錄下（圖九）：

> 王若曰：詢！丕顯文、武受命，則乃祖奠周邦，今余命汝適官司邑人，先虎臣後庸：西門夷、秦夷、京夷、𤞷夷、師笭、側薪、□華夷、弁狐夷、盩人、成周走亞、戍、秦人、降人、服夷，錫汝玄衣黹純、緇市、同黃、戈琱戜、厚柲、彤綏、鑾旂、鎜勒，用事。詢稽首，對揚天子休命，用作文祖乙伯、凡姬尊簋，詢萬年子子孫永寶用。唯王十又七祀，王在射日宮，旦，王格，益公入右詢。

宋代著錄有一件師詢簋，作器者與詢爲一人，銘文如下（圖一○）：

> 王若曰：師詢，丕顯文、武，膺受天命，亦則于汝乃聖祖考克股肱先王，作厥爪牙，用夾紹厥辟，奠大命，盭龢于政，肆皇帝亡斁，臨保我有周，雩四方民無不康靖。王曰：師詢，哀哉，今日天疾威降喪，首德不克規，故亡承于先王，嚮汝彶純恤周邦，綏立余小子，哉乃事，唯王身厚眉，今余唯申就乃命，命汝更雍我邦小大猷，邦妼潢酙，敬明乃心，率以乃友捍禦王身，欲汝弗以乃辟陷于艱，錫汝秬鬯一卣、圭瓚、夷訊三百人，詢稽首，敢對揚天子休，用作朕烈祖乙伯、凡益姬寶簋，詢其萬斯年，子子孫孫永寶。用作州宮寶，唯元年二月既望庚寅，王格于大室，榮入右詢。

詢簋中詢所掌管的職務與師酉大體相同，所涉及的人員範圍更廣：師笭之笭，《說文·竹部》：「車笭也。」王筠《句讀》：「與《車部》『輪』同。」《說文·車部》：「輪，車轖間橫木。」即車闌。師笭可能是與戎車有關的服役者。

成周走亞、戍是駐防在成周的低級武官，走亞之官亦見於走亞觶孟征盨（《銘圖》05610、05611），亞表示副職，走通趣，似爲趣馬之省，趣馬是掌管馬政之官。戍作爲官名在殷墟卜辭中既已出現〔註15〕，「戍某」之稱約有三十

〔註14〕 朱鳳瀚：《關於西周金文曆日的新資料》，《故宮博物院院刊》2014 年第 6 期。
〔註15〕 陳夢家：《殷虛卜辭綜述》，科學出版社，1956 年，第 516 頁。

餘種，商代金文中也不乏其例，如戍求（戍求鼎《銘圖》02296）、戍鈴（萬狁方彝《銘圖》13540）等。這些戍卒隊伍也多由被征服之族組成。

降人、服夷對稱，是周朝統治者對被征服者的泛稱。「夷」更傾向於東方各族，而「人」的範圍則更加寬廣，作為臣服者多被賞賜為臣隸，如中鼎（《銘圖》02382）：「王曰：『中，茲禍人入事，賜于武土作臣。今貺畀汝禍土，作乃采。』」禍人周初降服於武王，後昭王將禍地賞賜給中作為采邑，禍人受中統治；邢侯簋（《銘圖》05274）：「王命榮暨內史曰：『賷邢侯服，賜臣三品：州人、重人、鄘人。』」周王賞賜給邢侯州人、重人、鄘人三族。馭人的族氏難以確曉。

師酉鼎與師酉簋中師酉的考姒為「乙伯」與「宄姬」，師酉盤中省略了師酉文考的稱謂，而其配偶則稱「宗姬」。詢簋中詢之文祖為「乙伯」，其配偶為「凡姬」。師詢簋中師詢的烈祖稱「乙伯」，其配為「凡益姬」。詢與師酉的職務基本相同，故又稱師詢，他們應屬於同一家族。從二人對祖先的稱謂來看，乙伯為師酉之父、詢之祖父，師酉為詢之父〔註16〕，宄姬、宗姬與凡姬、凡益姬應為一人。宄乃寬字的省形，是西周貴族經常使用的諡號〔註17〕，此字為宮追加九為聲旁，讀為「宮」〔註18〕。宮與宗古音皆在冬部，宄、宗可通。凡氏乃「周公之胤」，表示該女子父家之氏，凡益姬之益如果理解為此女子的夫家之氏也即師酉、師詢家族之氏，這類既冠父氏又冠夫氏的女性稱謂在西周金文中並非孤例，如南宮佣姬（南宮佣姬簋《銘圖》04603）、蘇衛改（蘇衛改鼎《銘圖》01870～01873）等，皆與凡益姬形式相同。那麼師酉、詢的家族則為益氏，但這樣會面臨一個問題，益氏家族的重要禮祭器詢簋為何出現在弭叔氏家族的窖藏中。為了彌合這一矛盾，韓巍先生認為凡益姬之

〔註16〕 郭沫若：《兩周金文辭大系圖錄考釋》（下），上海書店出版社，1999 年，第89 頁；唐蘭：《〈青銅器圖釋〉敘言》，《唐蘭先生金文論集》，紫禁城出版社，1995 年，第 105 頁；陳夢家：《西周銅器斷代》，中華書局，2004 年，第 245頁；李學勤：《西周中期青銅器的重要標尺——周原莊白、強家兩處青銅器窖藏的綜合研究》，《中國歷史博物館館刊》1979 年第 1 期，李學勤後又認為師酉是詢的孫輩，參見《論西周中期至晚期初金文的組合》，《社會科學戰線》2000 年第 4 期；黃盛璋：《關於詢簋的製作年代與虎臣的身份問題》，1961 年《考古》第 6 期；朱鳳瀚：《師酉鼎與師酉簋》，《中國歷史文物》2004 年第 1期。

〔註17〕 朱鳳瀚：《師酉鼎與師酉簋》，《中國歷史文物》2004 年第 1 期。

〔註18〕 楊樹達：《積微居金文說》，中華書局，1997 年，第 188 頁。

益字有可能是孟字之誤摹〔註 19〕，孟作爲女子的排行，與夫氏無涉。詢簋出現於弭叔氏家族的窖藏中，說明詢屬於弭氏家族。

除了寺坡村窖藏外，1963 年在藍田輞川鄉新村出土有一件弭伯師耤簋（《銘圖》05294），宋代出土有一件弭伯匜（《銘圖》14913）和一件弭仲簠（《銘圖》05975），據呂大臨《考古圖》言皆「得於藍田」。迄今所見的西周弭氏家族的銅器時代集中在西周中晚期，可知這一時期弭氏的封地應在藍田一帶。

從師詢簋銘中的「申就乃命」之語可知王對師詢的這次冊命應晚於詢簋，詢簋是舊王的初命，師詢簋是新君的重新冊命。「今日天疾威降喪，首德不克規，故亡承于先王，嚮汝彶純恤周邦，綏立余小子」一句揭示的是西周中後期王位更迭的變故，「亡」通「無」，彭裕商先生認爲「亡承于先王」指王位不是直接承自先王，而是由師詢等人所「綏立」〔註 20〕。言下之意師詢簋中的時王不是按照西周傳統的嫡長子制度繼承王位的，何景成先生認爲此王乃夷王〔註 21〕。據《史記・周本紀》記載：「恭王崩，子懿王囏立。……懿王崩，恭王弟辟方立，是爲孝王。孝王崩，諸侯復立懿王太子燮，是爲夷王。」夷王乃懿王之子，在其叔父孝王去世後，由諸侯和類似師詢這種王臣擁立即位的，所以夷王要強調自己的出身，不是孝王之嗣。「申就乃命」追述的背景也應是夷王的父王即懿王十七年詢簋中的那次冊命。新發現的𥅆簋（《銘圖》05386）銘言「今朕丕顯考恭王」，說明此簋所記之事發生在懿王世，簋之紀年爲十年；中國國家博物館收藏的士山盤（《銘圖》14536）也被認爲是懿王時期的器物，此器紀年爲十六年；廿年走馬休盤（《銘圖》14534）或也屬於懿王世。故懿王在位的時間有可能超過 20 年，十七年詢簋所載的這次冊命是可以歸入懿王世的。

師酉、師詢器所反映的父子兩代人任仕情況大致如此：師酉和師詢父子兩代皆出仕懿王朝，懿王元年師酉受王初命繼承祖職主管邑人：由各色夷族組成的虎臣及雜役；懿王四年師酉受到王賞賜，十餘年後去世，懿王十七年時其子師詢繼承先父的職務，受王初命。夷王元年，王爲了表彰師詢擁戴王即位之功，對其大加褒賞。師酉、師詢器的時代可排列順序如下：

〔註 19〕 韓巍：《眉縣盠器群的族姓、年代及相關問題》，《考古與文物》2007 年第 4 期。

〔註 20〕 彭裕商：《西周青銅器年代綜合研究》，巴蜀書社，2003 年，第 17 頁。但彭裕商認爲師詢簋中的王乃宣王，恐難成立。

〔註 21〕 何景成：《論師詢簋的史實和年代》，《南方文物》2008 年第 4 期。

名　稱	紀年曆日	王　世
師酉簋	元年正月	懿王
師酉鼎	四祀九月初吉丁亥	懿王
詢簋	十又七祀	懿王
師詢簋	元年二月既望庚寅	夷王

圖一

阮元舊藏師酉簋（故宮博物院藏）

圖二

朱筱漚舊藏師酉簋（故宮博物院藏）

圖三

馮公度捐贈師酉簋（故宮博物院藏）

圖四

國博師酉簋

圖五

 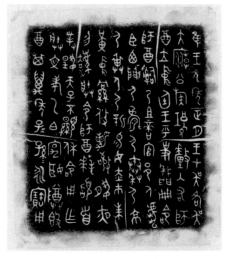

1 國博師酉簋蓋銘　　　2. 國博師酉簋蓋銘拓本

3. 國博師酉簋器銘　　　4. 國博師酉簋器銘拓本

圖六

國博師酉簋外底銘文

圖七

師酉鼎

圖八

師酉鼎銘文

圖九

詢簋銘文拓本

圖一〇

師詢簋銘文摹本

詧簋與西周金文中的豐國（氏）

　　中國國家博物館舊藏有一件詧簋，原藏劉鏡古，1959 年時國立歷史博物館購自振寰閣。此簋銘文最早著錄於羅振玉編著的《三代吉金文存》(7.26.2)，後陸續收入至嚴一萍編《金文總集》（編號 2372）、中國社會科學院考古研究所編《殷周金文集成》（編號 03737）、吳鎮烽編著《商周青銅器銘文暨圖像集成》（編號 04641）等金文著錄中，上述諸書皆僅收錄銘文拓本，器形照片係首次公佈。銘文比較簡略，未引起學界深入關注，現以此簋銘文為切入點，探討一下西周金文中豐國（氏）的族姓與婚姻關係等問題。

一、詧簋的時代

　　此簋通高 16.7、口徑 18.9 釐米。失蓋，器身為弇口，短子口，鼓腹，平底，圈足連鑄三獸首扁足，一對獸首半環形耳，下有方形垂珥。口沿下飾一周帶目竊曲紋，腹部飾瓦紋，圈足及耳部飾重環紋（圖一）。

　　這類弇口鼓腹三附足簋是西周中晚期最典型的器形。此類三足簋按照器耳的形制不同，可分為半環形耳（下多帶垂珥）和獸首銜環形耳兩種。而前者又可根據蓋的形制差異再細分為折沿蓋和坡面蓋兩類。與之器形近似的可舉出上海博物館收藏的兩件師㝨簋（《銘圖》05381、05382）、兩件元年師兌簋（《銘圖》05324、05325）、三年師兌簋（《銘圖》05374）、1964年陝西長安張家坡窖藏出土的伯喜簋〔註 1〕等，上述所舉諸簋的時代皆在西周晚期。

〔註 1〕 中國科學院考古研究所：《長安張家坡西周銅器群》，文物出版社，1965 年，圖版貳拾.1。

　　口沿下所飾竊曲紋作獨立的橫 G 形排列，中間有目。此種樣式的竊曲紋亦見於 1976 年扶風法門鎮雲塘一號窖藏出土的西周晚期伯多父盨（76FYJ1：1）〔註2〕、1960 年陝西扶風法門召陳村銅器窖藏出土的兩件一式散車父簋〔註3〕、1940 年陝西扶風法門任家村窖藏出土的三件伯梁其盨（《銘圖》05651～05653）等器上，上舉諸器的時代在西周晚期，約屬、宣二世。

　　銘文字體筆畫粗細均勻，帶有明顯的「玉箸體」色彩，是西周晚期典型的風格。從形制、紋飾與銘文字體的特徵來看，將此簋的時代定在西周晚期是合適的。

　　內底鑄銘 2 行 12 字，隸定如下（圖二）：

　　　　　　詧乍（作）豐（豐）𡢃（媸、祁）寶𣪘（簋），子₌（子子）孫₌（孫孫）永用。

　　𡢃字的左半部🜨是祁字本字的初形，見於卜辭🜨（《合集》26775）。張亞初先生詳細分析了這個字的演變過程，𦜇乃🜨簡化後追加了聲符𡥢而成〔註4〕。杜伯鬲（《銘圖》02955）銘有「杜伯作叔媸尊鬲」，郭沫若先生讀媸為杜國之姓祁〔註5〕。祁在本器中也是作為女子之姓，銘文內容是詧為豐祁作此寶簋，子子孫孫永遠使用。

二、西周時期的豐國（氏）

　　梳理一下西周時期豐國（氏）的情況，對認識詧與豐祁的關係具有重要的意義。西周金文中作國氏名解的「豐」字字形主要有兩種類型：

A 型. 🜨，從𣏟從壴，還有 🜨、🜨、🜨 等簡體；

B 型. 🜨，從林從壴；

根據文獻及金文所述，西周時期存在如下幾個豐國（氏）：

1. 姬姓豐國（氏）

商代甲骨卜辭中有豐地，如：

① 甲寅卜，乙，王其田于豐，以戍禽。（《懷特》1444）

〔註2〕 曹瑋：《周原出土青銅器》，巴蜀書社，2005 年，第 496 頁。

〔註3〕 曹瑋：《周原出土青銅器》，巴蜀書社，2005 年，第 174、178 頁。

〔註4〕 張亞初：《甲骨文金文零釋》，《古文字研究》第六輯，中華書局，1981 年。

〔註5〕 郭沫若：《金文叢考》，《郭沫若全集·考古編》第五卷，科學出版社，第 435 ～446 頁。

② 貞勿往豐。（《合集》8260 反）

① 中豐字作 ▉，是 A 型的一種；② 中豐字作 ▉，是 B 型。殷代的豐地具體位置難以詳考。殷代卜辭中存在著很多地名與族名合一的情況，豐族在殷末亦有舉動。上博簡（二）《容成氏》載：「於是乎九邦叛之：豐、鎬、郍、𦣞、邘、鹿、黎、崇、密須氏。」（第 45～46 簡）簡文所記之事爲文王平九邦之叛，這裡提及的一些國家在商周之際遭到滅國後又被周人重新分封建國，新成立的國家多爲姬姓宗邦。如文王滅姞姓密須國後，在今甘肅靈臺境內建立了姬姓的密國，一直延續到恭王時期；黎國被滅後，畢公之子受封於山西黎城、長治一帶是爲楷國；邘國乃「武之穆」（《左傳》僖公二十四年）即武王次子所封，在今河南沁陽。豐國滅存的情形與上述三國相似，《韓非子・難二》篇載：「昔者文王侵盂、克莒、舉酆，三舉事而紂惡之。」「文王舉酆」與上博簡《容成氏》所載文王平叛中的「豐」是一國，即姬姓豐國的前身。

據《左傳》僖公二十四年載酆國屬於「文之昭」。顧棟高《春秋大事年表》五云：「文王滅崇，作豐邑，武王封其弟爲酆侯。」豐國的開國君主爲文王之子，武王之弟，在武王時受封。

《詩・大雅・文王有聲》載文王「作邑於豐」，位於灃河西岸。通過考古資料豐京都城遺址集中在灃西地區：客省莊與馬王村之間發現有 14 座大型夯土建築基址。第四號夯土基址最大，面積約 1827 平方米。基址下面疊壓著西周早期的灰坑，而又被西周晚期的灰坑打破，其年代約當西周中期〔註6〕。在張家坡、客省莊、馬王村附近發現了大量的居住遺址和手工業遺跡，包括製陶作坊、製骨作坊和鑄銅遺跡。在這一帶發現的西周時期銅器窖藏、墓葬遺存更是十分豐富，其中張家坡井叔墓地爲大規模的家族墓地。

西周出土文字材料中的「豐」地見於如下諸器：

王在豐，命太保省南國。（太保玉戈，西周早期約成康之際）

凡公在豐，命宅使伯懋父。（小臣宅簋，《銘圖》05225，西周早期康王世）

公太史在豐，賞作冊䰠馬。（作冊䰠卣，《銘圖》13344，西周早期約康昭之際）

〔註6〕 中國社會科學院考古研究所灃西發掘隊：《陝西長安灃西客省莊西周夯土基址發掘報告》，《考古》1987 年第 8 期。

王再旂于豐。（裘衛盉，《銘圖》14800，西周中期）

王在豐，王呼虢叔召瘐，賜駒兩。（瘐鼎，《銘圖》02369，西周中期後段）

王命尹冊命申，更乃祖考胥太祝官司豐人眾九盩祝。（申簋蓋，《銘圖》05312，西周中期前段）

王呼作冊尹冊命師旋曰：備于大左，官司豐還（縣），左右師氏。（元年師旋簋，《銘圖》05331～05334）

　　從上述銘文可知，西周早期以降，周王、王臣在豐政治活動頻繁，具體內容包括發佈命令、冊命賞賜、大典舉旂等；申簋蓋銘記王命申輔佐太祝管理豐邑的人口；元年師旋簋銘載周王命師旋管理豐還，還依李家浩先生讀爲縣〔註7〕，是王畿內都城或中心城邑周邊的直轄區域，與之類似的建制還有免簋（《銘圖》）中的鄭縣。豐與鄭（即西鄭，今陝西鳳翔）的性質相同，是由周王直接控制治理的大邑，這兩個地區還聚居著王朝世家大族，很多家族的分支都冠之爲氏名，如豐井叔、鄭虢仲、鄭井叔、鄭遣伯等。豐邑與豐國不是一回事，類似的例子還有穆王居西鄭之鄭與西周末年分封的鄭國，二者顯然不能混爲一談。誠如楊寬先生所判斷的西周時期的姬姓豐國與文王時期在灃水之濱修建的豐京不在一處，豐國的地望在今陝西省山陽縣〔註8〕。

　　下面我們結合金文材料梳理一下西周時期姬姓豐國（氏）的發展脈絡。新發現的有一件仲邑甗（《銘圖》03316）（圖三），傳山西出土，此甗爲聯體甗，侈口，口沿上有一對索狀立耳，深腹，束腰，鬲部分襠，三足較長，足跟略呈蹄形。甑部口沿下飾三列雲紋組成的饕餮紋，鬲部飾三組牛角饕餮紋。內壁鑄銘10字（圖四）：

仲邑易（錫）貝豐公，用作寶彝。

　　從器形、紋飾特徵來看，甘肅靈臺白草坡西周墓M1出土的甗（M1：11）〔註9〕與此甗相同；從銘文字體上觀，「易」、「寶」的字形分別與成王初年的小臣單觶（《銘圖》10656）、何尊（《銘圖》11819）中的「易」、「寶」二字相同。上述類比的三器時代皆在西周早期偏早，即成王世，仲邑甗的時代也屬

〔註7〕李家浩：《先秦文字中的「縣」》，《文史》第二十八輯，中華書局，1987年。
〔註8〕楊寬：《西周史》，上海人民出版社，1999年，第76頁。
〔註9〕甘肅省博物館文物組：《甘肅靈臺白草坡西周墓》，《考古學報》1977年第2期。

於此時。銘文內容雖然簡略但語法比較特殊。晚商、西周時期賞賜類金文句式一般爲「賞賜者＋賞賜動詞＋被賜者＋賞賜物」，「被賜者」有時會省略，這類句式都是主動句。另一類是倒裝的被動句，將「被賜者」前置，如：

王在魯，蔡賜貝十朋，對揚王休，用作宗彝。（蔡尊，《銘圖》11766）

公違省自東，在新邑，臣卿賜金，用作父乙寶彝。（臣卿鼎，《銘圖》02139；臣卿簋，《銘圖》04871）

王咸誥，何賜貝卅朋。（何尊，《銘圖》11819）

還有一種賞賜者後置以表示被動語義的要加「于」字作爲標誌，如：

作冊麥賜金于辟侯（麥尊，《銘圖》11820）

龔妘賞賜貝于後（龔妘鼎，《銘圖》01925、01926）

厝賜貝于公仲（厝觶，《銘圖》10652）

結合文意和句式來看，此甗銘文應該是省略「于」字的被動句，故賞賜者爲豐公，仲邑爲受賜者。參考此甗的時代，此豐公有可能是成王時期的豐侯，以國君的身份入朝任職爲王臣，故尊稱「公」，與之情況相類的還有應侯亦稱「應公」。豐侯在成王朝的政治舞臺上留下過足跡。今本《竹書紀年》載：「成王十九年，王巡守侯甸方岳，召康公從。歸於宗周，遂正百官，黜豐侯。」新近出現的師衛組器銘文詳補了其中史實：

豐（豐）公戠（捷）反夷，在𣪘師，賚（賚）師衛，錫貝六朋，用作〔註10〕厥父寶彝。（師衛鼎《銘圖》02185；師衛簋《銘圖》04937）

豐（豐）公使衛陟于厥啻（敵），臨射于兛，𢼸戱（城），譶（召）公賚（賚）衛貝屮朋、臣廿，厥牛廿、禾卅車。師衛用作厥祖寶彝。（師衛鼎《銘圖》02378；師衛簋《銘圖》05142、05143）

隹九月既生霸，宮公省僕器于北麥，宮公賞師衛貝五朋，用作祖寶彝。（師衛尊《銘圖》11786；師衛壺《銘圖》12402、12403）

師衛組器的時代在西周早期偏早，銘文內容涉及召公奭伐反夷的戰爭，與旅鼎（《銘圖》02353）所記「公太保來伐反夷」爲一事，召公作爲這次征夷戰役的實際統帥，豐公、宮公爲副，師衛衝鋒陷陣立功受賞。韋心澄女士

〔註10〕鼎銘脫一「乍」字，簋蓋銘脫「易」、「乍」二字。

認爲這次召公伐夷之戰是在成王初年周公東征之後〔註11〕，今本《竹書紀年》稱之爲「巡守」，上古三代時期君王巡守多帶有軍事征伐性質，這一點是毋庸置疑的，故師衛器與今本《竹書紀年》的記載可相互印證。儘管豐公在戰場中效力，但卻被廢黜，其中原因可從史籍中尋覓。聶崇義《三禮圖》音舊圖制度曰：「豐，國名，坐酒亡國，戴杆以爲戒。」崔駰《酒箴》云：「豐侯沈酒，荷罃負缶。自僇於世，圖形戒後。」李尤銘云：「豐侯荒繆，醉亂迷逸。乃象其形，爲酒戒式。」由於豐侯沉迷於酒，嚴重違背了周初統治者宣揚的禁酒令，被成王罷黜，從時間上推測，這位豐侯有可能就是豐國的首封君（或者是第二代豐侯）。另外，洛陽北窯西周墓地出土有豐伯自作的幾件兵器：

① 豐伯戈（M155：13）1件：「豐白（伯）戈。」
② 豐伯戈（M115：76）1件：「豐白（伯）乍（作）戈。」
③ 豐伯劍（M215：54、55）2件：「豐白（伯）。」

① 戈援殘，短胡一穿，內前端有橢圓形銎，與之形制相同的是長安張家坡 M315 出土的戈（M315：2）〔註12〕；③ 二劍爲扁莖柳葉形短劍，短莖，溜肩，莖兩側有突出的小齒或小環，脊後部飾夔首紋，與其形制近似者有洛陽林校車馬坑出土的劍（C3M230：113）〔註13〕。張家坡 M315 的時代在西周早期偏早，相當於武、成、康時期，洛陽林校車馬坑出土的青銅尊、卣與涇陽高家堡 M1 出土的同類器物酷似，車馬坑出土的軎轄、鑾、軸飾等車馬飾與房山琉璃河燕國墓地 I M52CH1 出土的同類器物十分相似。涇陽高家堡 M1、燕國墓地 M52 及車馬坑的時代皆在西周早期偏早，故上述豐伯器的年代也應相仿，約成康之際。從時代上看，這位豐伯有可能就是被黜的豐侯，稱「伯」表示其在家族內具有宗子的身份。

儘管豐侯僅經歷一世即被黜，但並不意味著該族從此絕祀無後，姬姓的豐氏仍存在。最直接的證據就是 1972 年扶風法門鎮劉家村豐姬墓出土的憧季遽父尊（《銘圖》11731）、憧季遽父卣（《銘圖》13248、13249），尊、卣同銘（圖五）：

　　　　憧季遽父作豐姬寶尊彝。

〔註11〕 韋心瀅：《師衛器組相關問題探析》，《青銅器與金文》第一輯，上海古籍出版社，2017 年。

〔註12〕 中國社會科學院考古研究所：《張家坡西周墓地》，中國大百科全書出版社，1999 年，圖版 121.4。

〔註13〕 洛陽市文物工作隊：《洛陽林校西周車馬坑》，《文物》1999 年第 3 期，圖二四.4。

　　這組尊卣的時代在西周早期後段，約康、昭之際，乃懂季遽父爲夫人豐姬所作，豐姬是出自姬姓的豐氏之女。

　　上海博物館收藏的伯大祝追鼎（《銘圖》02396）（圖六）器形爲半球腹蹄足鼎，口沿下飾一周竊曲紋，從形制上看是西周晚期流行的樣式，與宣王時期的毛公鼎近似。內壁鑄有銘文 41 字（圖七）：

　　　　唯卅又二年八月初吉辛巳，伯大祝追作豐叔姬䵼彝，用祈多福，
　　伯氏其眉壽黃耇萬年，子子孫孫永寶享。

　　豐叔姬是「父氏＋排行＋父姓」的人名格式，此鼎爲伯大祝追爲出自姬姓豐氏排行在叔的夫人而作。說明在西周晚期姬姓的豐氏與其他家族仍存在婚姻關係。

　　豐氏家族的大宗世稱豐伯，與畿內的其他世族（如虢氏、井氏、榮氏、遣氏等）一樣還有小宗分支。已知的有豐仲氏一支，見於羚簋和有司簋簋蓋：

　　① 羚簋 2 件，一件藏於中國國家博物館（《銘圖》05258）（圖八），一件爲私人收藏（《銘續》0448），二簋器形、紋飾、銘文俱同，大小相仿，應爲同組器。整器低矮，侈口，束頸，腹部向外傾垂，圈足下連鑄三條矮足，獸首半環耳，下有方形垂珥。蓋面隆起，蓋頂有圈狀捉手。蓋沿與器頸部飾顧首龍紋，垂冠向上內卷，軀幹細長，中脊拱起，尾部向上內卷，周圍以細線雷紋填地。我們將其時代定爲西周中期偏早，約穆王世。器蓋對銘 63 字（圖九）：

　　　　唯正月初吉丁丑，昧爽，王在宗周，格太室，𢼸叔右羚即立中
　　廷，作冊尹冊命羚，賜鑾，命邑于鄭，訊訟，取徵五鋝。羚對揚王
　　休，用作朕文祖豐仲寶簋，世孫子其永寶用。

　　銘文所記周王對羚的冊命：周王賞賜羚鑾鈴，命其作鄭邑的行政長官，負責案件的訴訟、審訊，給予相當於五鋝銅價值的俸祿，羚作此簋祭祀祖父豐仲。銘文中的鄭指西鄭，《古本竹書紀年》記「穆王所居鄭宮」的所在地，在今陝西鳳翔一帶〔註 14〕，屬於周王直接統轄的地區。羚作爲鄭邑之主，乃朝廷王官，是畿內豐仲氏之後。

　　　　　　　　　　　　　　　　　　　　　　

〔註 14〕 盧連成：《周都淢鄭考》，《考古與文物叢刊 2·古文字論集》，1983 年；王輝：
　　　　　《周畿內地名小記》，《考古與文物》1985 年第 3 期；李峰：《西周金文中的鄭
　　　　　地和鄭國東遷》，《文物》2006 年第 9 期；龐小霞：《西周井（邢）氏居邑與商
　　　　　周鄭地》，《考古與文物》2014 年第 3 期。

② 有司簡簋蓋（《銘圖》05104）（圖一○），傳長安豐、鎬一帶出土〔註15〕，蓋為圓形，蓋面隆起，蓋頂有圈狀捉手，蓋面飾直棱紋，蓋沿飾竊曲紋。蓋內鑄銘30字（圖一一）：

> 豐仲次父其有司簡作朕皇考益叔尊簋，其萬年無疆，子子孫孫其永寶用享。

從蓋的形制、紋飾及銘文字體來看，這件器物的時代在西周晚期是沒有問題的。西周金文中的「有司」具有貴族家臣這一層面的含義，見於以下諸器：

> 叡厥唯顏林，我舍顏陳大馬兩，舍顏姒虒各，舍顏有司壽商圂裘、盉幎。……則乃成封四封，顏小子具叀封，壽商勦。（九年衛鼎，《銘圖》02496）

> 邦君厲眾付裘衛田：厲叔子夙、厲有司申季（五祀衛鼎，《銘圖》02497）

> 榮有司再作羹鬲，用媵嬴龘母。（榮有司再鬲，《銘圖》02873）

> 師湯父有司仲枏父作寶鬲/簋（仲枏父鬲，《銘圖》03026～03034；仲枏父簋，《銘圖》05156、05157）

> 南公有司嚳作尊鼎，其萬年子子孫孫永寶用享于宗廟。（南公有司嚳鼎，《銘圖》02230）

> 尹氏有司伯頌父作旅甗，其萬年子子孫永寶用。（伯頌父甗，《銘圖》03344）

九年衛鼎銘中的「顏小子」應理解為隸屬於大宗「顏」氏的小宗之長，充任大宗家臣，而「顏小子」與「顏有司」並舉，那麼「有司」則可理解為異姓家臣的一種稱呼；五祀衛鼎中的厲叔子夙、厲有司申季是邦君厲的家臣，「厲叔子鳳」這一人名中的「叔子」應該作親屬稱謂解，即厲的叔父輩之子，此人私名為鳳，與厲為從兄弟關係，也是小宗擔當家臣，而厲有司申季則為異姓家臣；榮有司再鬲係再嫁女的媵器，「某母」為女子之字，故「嬴龘母」是女子「父姓+字」的人名格式，顯然嬴是再的族姓，而榮氏為姬姓。從上述分析可知，「有司」這類稱呼賦有異姓家臣的色彩。返觀簡簋蓋，簡的父親為益叔，益氏為姜姓〔註16〕，簡的家主豐仲氏則為姬姓的可能性比較大。

〔註15〕 周曉陸：《西周中毃盨蓋、有司簡簋蓋跋》，《文物》2000年第4期。
〔註16〕 參見本書《盠駒尊、盠方彞剩義》一文。

2. 妊姓豐氏

1976 年陝西臨潼零口西段村窖藏中出土有一件王盉〔註17〕（圖一二），器身扁圓，橢方形口，短頸，長管狀流，獸首形鋬，臥鳥形蓋，四扁獸形足。腹部兩側面有三周紋飾帶，由內而外分別飾渦紋、目雲紋及重環紋，流飾斜角雲紋。這類扁腹形盉流行於西周晚期。蓋內鑄銘 14 字（圖一三）：

> 王作豐妊單寶盤盉，其萬年永寶用。

此盉係周王為夫人所作，豐妊單是女子「父氏＋姓＋名」的人名格式，這位夫人是來自妊姓的豐氏，私名為單。妊姓豐氏的居住地具體位於何處，難以稽考。

3. 姞姓豐氏

傳世有一件室叔簋（《銘圖》05207）（圖一四），現已下落不明，根據線圖描繪，此簋失蓋，形制為弇口，鼓腹，一對獸首半環形耳，下有鈎狀垂珥，圈足外撇，下連鑄三獸首扁足。口沿下飾一周竊曲紋，前後增飾小獸首，圈足飾垂鱗紋，耳部飾重環紋。形制、紋飾近似於山東省博物館收藏的幽王世的頌簋（《銘圖》05392），時代在西周晚期。器內底鑄銘 45 字（圖一五）：

> 唯王五月，辰在丙戌，室叔作豐姞懿旅簋，豐姞懿用宿夜享孝
> 于諴公，于室叔朋友，茲簋獸皀，亦壽人，子孫其永寶用。

豐姞懿的人名格式與豐妊單相同，此簋是室叔專為其配偶豐姞所製〔註18〕，用來祭享室叔的先考諴公、宴饗室叔的同宗同僚，豐姞作為宗婦在室叔家族裡發揮著重要作用。

1990 年三門峽上村嶺虢國墓地 M2006 出土有一件豐伯盝父簋（M2006：64）〔註19〕（圖一六），器蓋同形，窄沿方唇，斜壁平底，圈足上有門洞形缺口，腹壁兩側有一對半環形獸首耳。腹中部飾雙首曲體夔紋，沿下及圈足飾竊曲紋，蓋頂及器外底飾連體蟠夔紋，中心獸目突出。形制、紋飾與三門峽上村嶺虢國墓地盜掘出土的虢碩父簋（SG：062）〔註20〕、長清仙人臺邿國墓

〔註17〕 臨潼縣文化館：《陝西臨潼發現武王征商簋》，《文物》1977 年第 8 期。
〔註18〕 朱鳳瀚：《商周家族形態研究》（增訂本），天津古籍出版社，2004 年，第 293 頁。
〔註19〕 河南省文物考古研究所、三門峽市文物工作隊：《上村嶺虢國墓地 M2006 的清理》，《文物》1995 年第 1 期。
〔註20〕 河南省文物考古研究所、三門峽市文物工作隊：《三門峽虢國墓》，文物出版社，1999 年，彩版四八.1。

地 M3 出土的郜召簋（M3：9）〔註21〕相近，時代在兩周之際或春秋初年。簋銘爲（圖一七）：

　　　　豐伯盨（淑）父作簋，其子子孫孫永寶用。

　　盨從皿弔聲，古無舌上音，弔、叔古音同讀，金文中叔伯之叔多用弔通假，在這裡讀爲淑，如寡子卣（《銘圖》13301）「臺（敦）不弔」。《爾雅·釋詁上》云：「淑，善也。」《詩經·小雅·節南山》：「不弔昊天。」鄭玄箋：「不善於昊天也。」高亨注：「弔，通淑，善也。」此處用作男子之字，金文人名中亦有此例，如遣盨父盨（《銘圖》05564、《銘續》0466）和遣盨父鋪（《銘續》0528）中的遣盨（淑）父、史盨父鼎（《銘圖》01645）中的史盨（淑）父。豐伯淑父是男子「氏+排行+字+父（男子美稱）」的人名格式，而其族姓則需從所出土的墓葬包含的文化信息中獲取。

　　上村嶺 M2006 出有青銅禮器 14 件，計鼎 3、盨 2、鬲 4、方甗 1、簋 1、圓壺 2、尊 1 件。其中兩件獸叔奐父盨銘曰：

　　　　獸叔奐父作孟姞旅盨，用鹽稻穛糯粱，嘉賓用饗，有飤，則萬
　　年無疆，子子孫孫永寶用。

　　M2006 未出土有青銅兵器而隨葬大量裝飾玉器，發掘者認爲墓主身份爲虢國貴族夫人〔註22〕，是正確的。此盨爲獸叔奐父嫁女的媵器，孟姞嫁入姬姓的虢國，姞爲其生身國獸國之姓。M2006 出土列鼎 3 件、盨 2 件，參考這一時期中原地區貴族家族墓地中普遍存在著夫人墓與其夫墓相比「禮降一級」的現象，故其夫墓中青銅禮器的規格應爲五鼎四簋，身份爲虢國的卿大夫。在這組青銅禮器中，豐伯盨父簋與獸叔奐父盨的性質相同，也是陪嫁的媵器。《左傳》成公八年載：「凡諸侯嫁女，同姓媵之，異姓則否。」《公羊傳》莊公十九年云：「媵者何？諸侯娶一國，則二國往媵之，以侄娣從。」根據傳統文獻對先秦時期媵婚制的描述，諸侯嫁女時同姓的友國也會媵女媵器，故此豐伯應與獸國同爲姞姓。

4. 族姓未知的豐國（氏）

　　西周金文中還零星見有一些有關豐國（氏）的材料：

〔註21〕 山東大學考古系：《山東長清縣仙人臺周代墓地》，《考古》1998 年第 9 期，圖版肆.3。

〔註22〕 河南省文物考古研究所、三門峽市文物工作隊：《上村嶺虢國墓地 M2006 的清理》，《文物》1995 年第 1 期。

① 豐伯車父簋（《銘圖》05081），據《濟寧州金石志》記載此簋出自山東濟寧，器形不得而知，銘文爲（圖一八）：

豐伯車父作尊簋，用祈眉壽，萬年無疆，子孫是常，子孫之寶，用孝用享。

根據銘文字體推測此簋時代在西周晚期，爲豐伯自作器，器主爲豐氏宗族長，字車父。

② 輔伯脮父鼎（《銘圖》02082），現藏於故宮博物院，器形照片未公佈，從銘文字體的風格來看與詧簋十分接近，時代也當在西周晚期，銘曰（圖一九）：

輔伯脮父作豐孟妘媵鼎，子孫孫永寶用。

豐孟妘是女子「夫氏＋排行＋父姓」的人名格式，此鼎是妘姓的輔伯嫁長女適豐國的媵器。

③ 宋賣父鬲（《銘圖》02811）現藏於上海博物館，器形圖像未著錄，時代在春秋早期，銘文爲（圖二○）：

宋賣父作豐子媵鬲。

宋爲子姓國，豐子是嫁入豐國的宋國公室女子，豐與宋有聯姻。

上述三器中的豐國有學者認爲是東方的姜姓或姑姓的一個封國，與秦漢時期的豐邑（今江蘇豐縣）一脈相承〔註23〕。這一觀點主要依據是豐伯車父簋出於魯西南的濟寧，宋國在商丘一帶，輔國即文獻中的古偪陽國〔註24〕，位於山東棗莊市南、臺兒莊西北附近，與豐國通婚的二國皆距今蘇北豐縣不遠。輔國的族屬是此論的關鍵性證據，西周輔氏銅器主要有輔師嫠簋（《銘圖》05337）與師嫠簋（《銘圖》05381、05382），二簋銘記載了夷、厲二王對嫠的三次冊命，「更乃祖考司輔」、「更乃祖考司小輔」、「司乃祖舊官小輔眔鼓鐘」，輔通鑄，輔師即鑄師，對應的《周禮・春官》中的「司鑄」〔註25〕，嫠的家族世守王朝樂官，從嫠之「皇考輔伯」稱謂上看，輔氏之名得自祖先的官職〔註26〕，屬於「因官命氏」，而與「祝融八姓」後裔偪陽國無關。故此我們認爲上述三器中涉及到的豐國是否爲東方之國還有待商榷。

〔註23〕 尚志儒：《西周金文中的豐國》，《文博》1991年第4期；張娟、劉社剛：《豐伯簋銘文及相關史實考》，《中原文物》2014年第5期。

〔註24〕 劉雨：《金文萃京考》，《考古與文物》1982年第3期。

〔註25〕 郭沫若：《輔師嫠簋考釋》，《考古學報》1958年第2期；陳夢家：《西周銅器斷代》，中華書局，2004年，第196頁。

〔註26〕 陳夢家：《西周銅器斷代》，中華書局，2004年，第196頁。

④ 臺北故宮博物院收藏有一件豐侯母鬲（《銘圖》02840）（圖二一），器形爲寬平沿，短束頸，鼓腹，弧襠，三足較短，足根呈蹄形，與足對應的腹部各起一道鰭形扉棱。肩部飾一周重環紋，腹部飾直棱紋。形制與1975年岐山縣董家村窖藏出土的成伯孫父鬲〔註27〕相近，是西周晚期流行的聯襠鬲的樣式。頸內壁鑄銘10字（圖二二）：

豐侯母作尊鬲，其永寶用。

豐侯母之名可理解成私名爲母的豐國國君，與之人名體例相同的如燕侯旨、晉侯穌等。這位西周晚期的豐侯與周初的姬姓豐侯是否有關係，成王十九年豐侯被黜後，是否又重新被冊命爲侯，或是其他族姓的豐國亦有稱侯者，由於史料的闕載，我們無法知曉其中原委，這位豐侯的族屬也無法斷定。另外豐侯母之名還可按照「氏＋名」的方式解讀，侯母則爲雙字名，如呂服余等，但仍難以判斷此豐氏爲何族姓〔註28〕。

⑤ 1992年長安徐家寨出土的吳虎鼎（《銘圖》02446）有王臣善夫豐生，根據張亞初對西周金文人名中「某生」的解釋〔註29〕，豐生是豐氏的外甥，但不能確定其母舅家到底是哪個豐氏，族姓難以判斷。

三、需要辨析的幾個問題

以上我們梳理了西周時期不同豐國（氏）的基本情況，但以往有一些誤識還需要糾正辨析：

1. 金文中有一豐字，也用作國氏名〔註30〕。西周早期的𣄰鼎（《銘圖》

〔註27〕 龐懷清等：《陝西省岐山縣董家村西周銅器窖穴發掘簡報》，《文物》1976年第5期，圖三。

〔註28〕 豐侯母不能當作女性人名解：如果將母理解爲親屬稱謂，即母親，此鬲則爲豐侯的母親自作禮器，這種人名格式無理可循、無徵可引；如果將侯母之侯認爲是女子之字，表示女子自稱的情況下，豐侯母則成爲「氏＋字＋母（女子美稱）」的格式，而西周時期流行的是「姓＋字＋母（女子美稱）」這種女性人名慣例，豐侯母這一人名不吻合當時女子稱姓不稱氏的基本原則。

〔註29〕 張亞初：《西周銘文所見某生考》，《考古與文物》1983年第5期。

〔註30〕 2009年山東高青陳莊西周墓出土有𧐐器四件，計簋2、卣1、甗1件。簋銘（《銘圖》04541、04542）：「𧐐啓（肇）作厥祖甲寶尊彝。」卣銘（《銘圖》13253）：「𧐐啓（肇）作文祖甲齊公尊彝。」甗銘（《銘圖》13658）：「𧐐啓（肇）作文祖甲齊公尊彝。」有學者將𧐐啓當作人名，將此作「國氏＋私名」理解，並認爲𧐐即東方的豐國，這是不對的。𧐐是器主的私名，啓讀爲肇，四器是某人「肇作」類器，這種體例在西周金文中十分常見，意爲𧐐作爲宗子不久後首次爲祭享祖先而作的宗廟祭器。（參見朱鳳瀚：《論周金文中「肇」字的字義》，《北京師範大學學報》2000年第2期。）

02364）（圖二三）銘載周公東征的對象之一「豐伯」，豐伯是豐國國君，與薄姑並舉，屬於東夷的一個小國。寶雞竹園溝 M7 出土一件豐公 𣄰 鼎（M7：3）〔註 31〕（圖二四），是豐公自作器，𣄰 是豐公之私名。這兩件器物所涉及的豐國曾多次被列爲豐國討論，是不正確的。林澐先生早已考證這個從二亡從壴的字與豐字不是一字〔註 32〕，豐國與豐國無干。

2. 傳世有三件豐王銅泡（《銘圖》18471～18473）（圖二五）、一件豐王斧（《銘圖》18726）（圖二六），後者傳出自河北易縣，這幾件器物的時代皆在西周早期。有學者根據《史記‧秦本紀》「（秦）襄公元年，以女弟繆嬴爲豐王妻」的記載，認爲豐國是戎狄之國，僭越稱王，與秦聯姻。傳世文獻所記豐王確實爲西周末年戎族之主，可歸於邊陲異族僭越稱王之列。而上述諸器時代與之相隔甚遠，形制所反映的文化特徵不包含任何異族色彩，是典型的周王朝文化的產物，恐不能簡單比附。1971 年長安馬王鎮車馬坑出土有兩件銅當盧〔註 33〕，皆銘「豐師」，與上述諸器時代一致，當爲一事而論。20 世紀30 年年代河南濬縣辛村衛國墓地也出土有「衛師」錫泡（盾飾）（《銘圖》18480、18481），「衛師」錫泡與「豐師」當盧的性質相同，是爲駐紮於豐京、康國衛邑之軍隊使用的。豐王之豐也是指豐京，劉雨認爲豐王是西周早期一位曾居豐京後即位仍不忘出身之地的周王，遂有此別稱〔註 34〕，這一意見值得重視，與之情況類似的還有曾居酆地的酆王亦稱酆王，是周王王號別稱的一種形式。

3. 新發現有兩件器物，或認爲是豐氏家族女性所作。一件爲豐姬鼎（《銘續》0095）（圖二七），直口內斂，附耳，下腹部略顯傾垂，三柱足，蓋面隆起，蓋上有三倒置的夔形鈕。蓋沿和頸部飾三列雲紋組成的饕餮紋帶。此鼎時代在西周早期，銘曰（圖二八）：

　　　　豐姬作寶尊彝。

另一件爲豐姬盉（《銘續》0976）（圖二九），侈口，頸較長，鼓腹，淺分

〔註 31〕 盧連成、胡智生：《寶雞強國墓》，文物出版社，1988 年，圖八五.1。

〔註 32〕 林澐：《豐豐辨》，《古文字研究》第十二輯，中華書局，1986 年。誠如林澐先生所論，先秦時期豐、豐或已有相混之可能，同理豐、豐也存在相混的情況，但這種混用的現象發生的時代上限目前來看約在西周晚期，如晉侯蘇鐘（《銘圖》15310）中本該爲數字的卻寫成從了二亡的數，作 𣄰。

〔註 33〕 王長啓：《西安豐鎬遺址發現的車馬坑及青銅器》，《文物》2002 年第 12 期，圖二八.1、2。

〔註 34〕 劉雨：《金文中的王稱》，《故宮博物院院刊》2006 年第 4 期。

禚，四柱足，管狀流，獸首鋬，蓋面隆起，蓋頂設半環形鈕。蓋沿及頸部飾顧首夔紋。該盉時代在西周中期偏早，銘曰（圖三○）：

> 豐姬作寶尊彝，孫孫子子其永寶。

林澐先生曾對豐、豊二字有過很精湛的辨別，豐是從珏從壴的會意字，而豊是從壴誹聲的形聲字〔註35〕，新出的這兩件器中的豊不能釋爲豐。豊姬是姬姓豊氏女子，西周時期豊氏的情況我們還不甚瞭解。

4. 豐兮夷簋著錄有三件，銘文內容相同，應爲同人同時所作：一件現藏於上海博物館（《銘圖》04964）（圖三一），未見器之照片，蓋的形制爲蓋沿直折，蓋面隆起，蓋頂有圈狀捉手，蓋面內飾瓦紋，外飾兩周重環紋；一件原藏陳介祺（《銘圖》04965），現不知下落；一件現藏於湖南省博物館（《銘圖》04966）。豐兮夷簋蓋與上海博物館收藏的三年師兌簋（《銘圖》05374）的蓋器形、紋飾皆相近，時代在西周晚期。銘文爲（圖三二）：

> 豐兮夷作朕皇考尊簋，夷其萬年子子孫孫永寶，用享孝。

此簋係豐兮夷爲祭享先父所作，自稱「夷」可知是作器者的私名，豐兮之兮乃其舊氏，兮氏族人有兮甲（兮甲盤，《銘圖》14539）、兮仲（兮仲簋，《銘圖》04740～04746；兮仲鍾，《銘圖》15232～15238、《銘續》0524）、兮（伯）吉父（兮吉父簋，《銘圖》04968；兮伯吉父盨蓋，《銘圖》05615）等。豐兮作爲氏名意是爲了與舊氏「兮」相區別，在兮前冠以豐表示器主爲兮氏家族在豐地的分支。在豐地、鄭地、城地聚居的世族（如井叔氏、虢叔氏、城虢氏）普遍使用這種類型的氏名，與之人名格式相同的有鄭井叔康（鄭井叔康盨，《銘圖》05592、05593）、鄭井叔槐（鄭井叔槐鼎，《銘續》0175）、鄭虢叔安（鄭虢叔安鼎，《銘續》0160；鄭虢叔安簋，《銘續》0386、0387）、城虢遣生（城虢遣生簋）等。

5. 長安張家坡西周墓地 M284 出土有一組咸鼎（《銘圖》01714）、咸簋（《銘圖》04422），銘文相同（圖三三）：

> 咸作豐大母尊彝。

咸鼎爲方鼎，直口，窄沿，雙立耳，四柱足細高，腹部四隅及四面皆起一道扉棱，通體素面，形制接近 1971 年扶風齊鎮村 M3 出土的兩件不栺方鼎（《銘圖》02361、02362）；咸簋器形爲侈口，束頸，鼓腹，圈足，一對獸首半環耳，下有垂珥。齊鎮 M3 的時代在西周中期偏早，咸器的時代也距此不遠。

〔註35〕 林澐：《豐豊辨》，《古文字研究》第十二輯，中華書局，1986 年。

此墓中還出土有兩件銅戈﹝註36﹞，墓主應爲男性，有可能是這套鼎簋的作器者咸。而豐大母顯然是一位女性，金文中常見的「某母」一般爲女字，但如果按照女字理解的話，豐無論作爲女子之父氏或夫氏的話皆不符合女子稱姓的習慣，所以我們認爲這裡的母應爲親稱，即作器者亡故的母親﹝註37﹞。大作爲修飾語，類似於金文中的「文母」、「王母」、「皇母」，「王」可訓爲「大」（《廣雅・釋詁一》），「皇」亦可訓爲「大」（《說文・王部》）或「美」（《廣雅・釋詁一》），例如：

> 叔叙父作朕文母烈考尊簋。（叔叙父簋，《銘圖》04887）
>
> 史頖作朕皇考釐仲、王母泉母尊鼎。（史頖鼎，《銘圖》02401）
>
> 仲戱父作朕皇考遲伯、王母遲姬尊簋。（仲戱父簋，《銘圖》05093、05094）
>
> 伯康作寶簋，用饗朋友，用饋王父、王母。（伯康簋，《銘圖》）
>
> 用作烈考皇母尊鼎。（段鼎，《銘圖》02427）
>
> 用作朕皇考恭叔、皇母恭姒寶尊鼎。（頌鼎，《銘圖》02492）
>
> 善夫梁其作朕皇考惠仲、皇母惠妣尊簋。（善夫梁其簋，《銘圖》05161）

豐在這裡不能當成氏名，《玉篇・豐部》：「豐，大也。」所以也應理解爲作者尊敬母親的溢美之詞。

四、詹與豐祁關係的推測

最後我們回到詹簋銘文上來，詹與豐祁的關係是斷定此器的性質及豐祁族姓的關鍵：

1. 詹與豐祁爲夫妻關係，此簋就是詹爲夫人所作。豐祁這一女名則有兩種方式理解：

﹝註36﹞ 中國社會科學院考古研究所：《張家坡西周墓地》，中國大百科全書出版社，1999年，第76頁。

﹝註37﹞ 《墨子・節葬下》云：「其大父死，負其大母而棄之，曰鬼妻不可與居處。」《漢書・濟川王劉明傳》：「李太后，親平王之大母也。」顏師古注：「大母，祖母也。」又張家山漢簡《二年律令》中有「大父母」即祖父母的稱謂，大母作祖母之義見於戰國以後，而西周時期祖母的親屬稱謂是「妣」，如《詩・小雅・斯干》「似續祖妣」、《周頌・豐年》「烝畀祖妣」、戫鼎（《銘圖》02448）「文祖乙公、文妣日戊」等。

①「父氏+父姓」的女子人名格式，如格伯簋（《銘圖》04932）「格伯作晉姬寶簋」，格可通霸，山西翼城大河口墓地是霸國的族墓，學界一般認爲霸國是懷（媿）姓九宗之一。豐祁的出身國——豐氏則爲祁姓，這是前所未見新發現的一個祁姓豐氏。

②「夫氏+父姓」的女子人名格式，如三門峽虢國墓地 M2009 出土的虢仲盨（《銘圖》05577～05578）：「虢仲作虢改寶盨。」傳世的虢仲鬲（《銘圖》02956）：「虢仲作虢改尊鬲」，這些皆是虢仲爲來自改姓的蘇國夫人而作的器物〔註 38〕；再如河南光山發現的黃君孟夫婦合葬墓，其中黃君夫人槨室中出土有黃國國君爲夫人所作的器物：

「黃子作黃甫（夫）人孟姬器」（黃子鼎《銘圖》02038、黃子器座《銘圖》19302）；

「黃子作黃甫（夫）人孟姬行器」（黃子罐《銘圖》13997、13998）；

「黃子作黃孟姬行器」（黃子盤《銘圖》14455、黃子匜《銘圖》14942、黃子罐《銘圖》19232）。

黃君稱其夫人爲黃孟姬，前冠夫氏。如果按照這種方式理解，丈夫將夫氏冠於夫人之姓前，一般情況下丈夫也要稱氏，才能體現出妻隨夫氏、妻從於夫的宗法精神。當然本銘中作器者詥只單稱私名，未冠氏名，這其間可能蘊含有親昵的意味。

2. 詥與豐祁是父女關係，則此器可歸爲無媵字的廣義媵器，豐祁則是女子「夫氏+父姓」的人名格式，此例可舉出王鼎（《銘圖》01719）「王作垂姬寶尊鼎」，是周王爲嫁到垂國的女兒所作的媵器；又如蘇公簋（《銘圖》04596）「蘇公作王改蠱簋」，是蘇公爲嫁給周王的女兒所作之媵器。如此詥之族姓則爲祁姓，但豐祁所適之豐國的族姓則難以確定。

此文爲《中國國家博物館館藏文物研究叢書·青銅器卷·西周分冊》所作。

〔註 38〕 劉社剛：《虢仲盨及相關問題考》，《文博》2011 年第 6 期。

圖一

㐰簋

圖二

1. 㐰簋銘文

2. 㐰簋銘文拓本

圖三　　　　　　圖四　　　　　　圖五

仲邑甗　　　　　仲邑甗銘文　　　　憧季遽父尊銘文拓本

圖六　　　　　　　　　　圖七

伯大祝追鼎　　　　　　伯大祝追鼎銘文拓本

圖八

羚簋（中國國家博物館藏）

圖一〇

有司簡簋蓋

圖九

羚簋器銘拓本（中國國家博物館藏）

圖一一

有司簡簋蓋銘文拓本

圖一二

王盉

圖一四

室叔簋

圖一三

王盉銘文拓本

圖一五

室叔簋銘文拓本

圖一六

豐伯盉父簋

圖一七   圖一八

豐伯盉父簋銘文

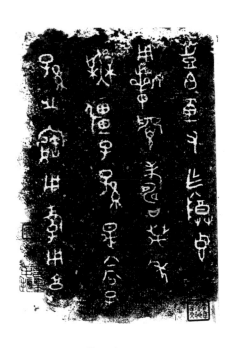

豐伯車父簋

圖一九　　　　　　　　　圖二〇　　　　　　　圖二二

輔伯匜父鼎銘文拓本　　　　　宋賈父盨銘文拓本

圖二一

豐侯母盨　　　　　　　　　　豐侯母盨
　　　　　　　　　　　　　　　銘文拓本

圖二三

圖二四

量鼎銘文拓本

豐公鼎銘文拓本

圖二五

圖二六

豐王泡銘文拓本（《銘圖》18473）

豐王斧銘文拓本

圖二七

豐姬鼎

圖二八

豐姬鼎銘文

圖二九

豐姬盉

圖三〇

豐姬盉銘文拓本

圖三一

上海博物館藏豐分夷簋蓋

圖三二 圖三三

上海博物館藏豐分夷簋銘文拓本 咸鼎銘文拓本

介紹幾件中國國家博物館
舊藏的西周青銅器

　　中國國家博物館以收藏商周青銅器著稱於世，其舊藏主要是原中國歷史博物館乃至更早的國立北京歷史博物館接受調撥、捐贈及徵購所得。1984 年，中國社會科學院考古研究所編撰《殷周金文集成》，廣泛搜羅資料，時中國歷史博物館所藏商周具銘青銅器也在其列。然而受時代限制，某些器物出現遺漏或信息錯訛，之後的金文著錄如吳鎮烽編著的《商周青銅器銘文暨圖像集成》、《商周青銅器銘文暨圖像集成續編》也未盡收或糾正，現將以往存在上述遺漏錯訛之器彙集一二，獻於學界，以供方家探討。

或伯鬲

　　高 18、口徑 14.1 釐米，1955 年文物局劃撥。器形為侈口，雙立耳，束頸，腹部微鼓，分襠，三柱形足根。通體素面，僅頸部有兩道凸弦紋（圖一）。琉璃河燕國墓地ⅠM50、ⅠM52 出土的兩件弦紋鬲（ⅠM50：6、ⅠM52：14）〔註1〕與之形制、紋飾俱同，時代在西周早期前段。

　　口沿下內壁鑄銘 4 字（圖二）：

　　　　或白（伯）乍（作）彞。

　　傳世有一件與之同銘的或伯鼎（《銘圖》01231）（圖三），原藏吳式芬，現已下落不明，也無器影資料存世。在上海博物館舊藏的《三代吉金文存》

〔註 1〕 北京市文物研究所：《琉璃河西周燕國墓地 1973～1977》，文物出版社，1995
　　　　年，圖版陸拾壹.3、4。

中，容庚先生曾有眉批指出吳式芬舊藏的或伯鼎器型應爲鬲。我們推測或伯鼎早已亡佚，容庚先生也沒有見過原器，但他有可能目睹過（或獲知）國博現在所藏的這件或伯鬲，遂認爲所見（或所聞）鬲之銘文即此鼎銘，故作此眉批。但經與鼎銘拓本對照，「乍」字的位置和個別筆畫明顯不同，可知確實不是一器。國博所藏這件鬲塵封已久，不爲世人所知。

[字圖]字還見於以下諸例：

① [字圖]者作旅鼎，用匃偁魯福，用綏福祿，用作文考宮伯寶尊彝。（或者鼎《銘圖》02248）

② [字圖]者作宮伯寶尊彝。（或者簋《銘圖》04483）

③ 王令毛公以邦冢君、徒馭、[字圖]人伐東國瘄戎。（班簋《銘圖》05401）

④ 晉侯厥率亞旅、小子、[字圖]人先陷入，折首百，執訊十又一夫。
（晉侯穌鍾《銘圖》15301、15302）

⑤ 余賜汝釐（萊）都，媵（密）、劇其檜（縣）三百，余命汝司以鄩
（萊）、媰、[字圖]徒四千，爲汝敵僚。（叔夷鍾二《銘圖》15553）

⑥ 余賜汝釐（萊）都，媵（密）、劇其檜（縣）三百，余命汝司以鄩
（萊），媰、[字圖]徒四千，爲汝敵僚。（叔夷鎛《銘圖》15829）

⑦ 許大[字圖]伯國父作叔嬀繼鼎，其萬壽無疆，子子孫永寶用享。（伯
國父鼎《銘續》0194）

另有以此字爲聲旁者，如：

⑧ 多友又左折首執訊，乃[字圖]追，至于楊冢。（多友鼎《銘圖》02500）

⑨ [字圖]追畧。（《石鼓文·原道》）

從此字從戈，從[字圖]，楊樹達先生認爲[字圖]是上從口，下從土，此字即《說文·戈部》的戜〔註2〕。[字圖]在①、③、⑧中的寫法相同，②中增加了兩點作爲飾筆，④、⑤、⑥、⑦（作反書），⑨中很明顯下部從土，至戰國及小篆時「土」訛變成「壬」，故可釋爲戜。

―――――――――――――――――――――――――

〔註2〕楊樹達：《積微居金文說》（增訂本），中華書局，1997年，第179～180頁。

本銘中的或顯然是作器者的國氏，①、② 作器者文考稱「宮伯」，宮似不作氏名解，而是西周貴族慣用的謚號。「或者」這一人名是「氏+名（單字名）」的格式〔註3〕。② 簋的器形作敞口，深腹，腹壁斜直內收，矮圈足，圈足壁微鼓，一對獸首半環形耳，下有垂珥。頸部前後增飾浮雕小獸首，頸部、圈足飾由雲雷紋構成的饕餮紋，背脊上有「列旗」。② 簋腹部的形制與 1969年陝西長武出土的榀仲簋〔註4〕相近。從 ①、② 兩器的銘文字體來看，筆畫粗細均勻，「宀」也不作出簷狀，時代在西周早期偏晚，所以或者應該是國博鬲的作器者或伯的後代。

③、④ 中的或人，學界一般認為是某種具有特定職務的群體，如鐵人（冶鐵之官）、秩人（運輸糧草服雜役之人）等。連劭名先生認為或是的「鐵」本字，讀為「夷」，或人是泛指少數民族〔註5〕。而王輝先生、陳雙新先生等認為或是國族名〔註6〕，頗具啓發性。班簋、晉侯穌鍾、叔夷鍾等器中的或應該是同一國族。班簋、晉侯穌鍾中周師伐東國（後者還包括南國），或人也協助參加了戰爭。叔夷鍾、鎛中的或與萊、婤等國族一同受叔夷管轄。《玉篇·戈部》：「或，國名也，在三苗東。」如此而言或族居住的區域應在東方。

袞簋

高 14.2、口徑 20.3、足徑 17.7 釐米，1961 年購自韻古齋。器形作侈口，束頸，垂腹，圈足較矮，下有一周矮折沿，一對獸首半環形耳，下有方形垂珥。頸部飾一周竊曲紋，間飾目紋，以細線雷紋填地，前後增飾浮雕小獸首。頸部紋飾帶下及圈足各飾一周凸弦紋（圖四）。

這種侈口束頸垂腹圈足簋盛行於西周中期，廿七年裘衛簋〔註7〕與此簋器形相同，裘衛簋舊被認為是穆王時期的器物，現學界傾向於將其歸入恭王世，這件簋係西周中期典型之作。

〔註 3〕 不排除或者是雙字名的可能，如此則無法確知作器者的族氏。

〔註 4〕 尚志儒、吳鎮烽、朱捷元：《陝西省近年收集的部分商周青銅器》，《文物資料叢刊》2，文物出版社，1978 年，第 24 頁，圖版拾.1。

〔註 5〕 連劭名：《西周班簋銘文新考》，《北京文物與考古》2004 年第 1 期。

〔註 6〕 王輝：《商周金文》，文物出版社，2006 年，第 103 頁；陳雙新：《金文新釋三則》，《古漢語研究》2002 年第 2 期。

〔註 7〕 龐懷清、吳鎮烽、雒忠如、尚志儒：《陝西省岐山縣董家村西周銅器窖穴發掘簡報》，《文物》1976 年第 5 期，圖版肆.6。

　　內底鑄銘疑有 8 字，因底有破損，曾被補鑄，故有幾字缺失，現隸定如下（圖五）：

　　　　　　　袤（袤）乍（作）寶□，萬年□□。

　　作器者名袤，此字應是袤字之省形，如望山 M2 第 50 號簡「袤」字形省作「臬」。

剾叔簋

　　高 14.7、口徑 22.1、足徑 16.4 釐米，1954 年購藏。侈口，下腹部微鼓，圈足下接一周折邊，一對獸首半環形耳，下有長方形珥。頸部及圈足飾鳥首龍身紋，皆以粗陽線爲表現形式，頸部前後增設小獸首，腹部飾直棱紋，器耳爲鳥獸嵌合式，獸角略高於口沿（圖六）。與此簋形制較爲接近的可舉出邢臺葛家莊 M73 出土的竝簋〔註8〕、濟陽劉臺子西周墓 M6 出土的簋（M6：29）〔註9〕等，這種侈口束頸圈足簋腹部還未顯現傾垂之態，仍帶有西周早期的時代特徵。

　　內底鑄銘 12 字（圖七）：

　　　　　　　剾（御）弔（叔）乍（作）旅（旅）彝，子＝（子子）孫＝（孫孫）永寶用。

　　作器者「剾叔」可歸於「國（氏）名＋排行」的人名格式。西周金文中剾字亦有如下之形：

1. 剾（剾叔盨蓋，《銘圖》05558）

2. 剾（剾伯簋，《銘圖》05765）

3. 剾（剾函簋，《銘圖》04549）

4. 剾（旟鼎，《銘圖》02321）

　　這個字從 囟 從呂從 刂，囟 是囟字的古體，《說文》：「囟，舌兒，從谷省，象形。囟，古文囟。」此字應隸定爲剾，從呂得聲。剾、剾是剾的異體，分

〔註8〕 任亞珊、郭瑞海、賈金標：《1993～1997 年邢臺葛家莊先商遺址、兩周貴族墓地考古工作的主要收穫》，《三代文明研究（一）──1998 年河北邢臺中國商周文明國際學術研討會論文集》，科學出版社，1999 年，第 13 頁，圖八。

〔註9〕 山東省文物考古研究所：《山東濟陽劉臺子西周六號墓清理報告》，《文物》1996 年第 12 期，圖一○。

別添加了卜（從銘文拓本的筆畫來看，可能是艸之省形）、竹之省形作爲義符，

中原爲「呂」的部分訛變成「田」。劃，白於藍先生釋爲「禦」〔註10〕，在例1、2、3皆作氏名，例4文句爲「王姜賜臧田三田于待劃」，待劃是地名。禦從御得聲，《字彙・彳部》：「御，姓也。」《通志・氏族略四》：「御氏，《周禮》有御人之職，其後爲氏。」西周御氏家族的情況未見於傳統文獻，而屬於御氏的銅器即前揭三例：

劃函簋（圖八）現藏於日本出光美術館，器形作侈口，束頸，鼓腹，圈足，一對獸首鋬形耳，下有垂珥。口沿下飾目雲紋，腹部飾斜方格乳釘紋，圈足飾斜三角目雲紋。與之器形、紋飾俱同的是天馬-曲村西周墓地M6080出土的斜方格乳釘紋簋（M6080：11、14），時代在西周早期前段。銘曰（圖九）：

　　劃函作祖戊寶尊彝，🐢。

劃函是「氏+私名」的人名格式，劃函的祖父使用日名，句末又綴🐢這一族名，可知器主之身份是典型的殷遺。

劃伯簠器形作窄平沿，斜壁平底，兩壁有一對獸首耳，方圈足外侈，各邊有一長缺口。四壁飾波帶紋。比簠形制、紋飾與藍田輞川公社指甲灣村窖藏出土的仲其父簠〔註11〕近同，時代爲西周晚期。銘曰（圖一〇）：

　　劃伯作孟姬鍩。

此簠是劃伯爲夫人孟姬所作，劃伯的大人是姬姓女子，根據周代「同姓不婚」的原則，可知劃氏是非姬姓的殷商舊族。劃伯與劃叔生活時代俱在西周晚期，從二人稱謂上看，他們的關係可能爲兄弟。

傳世的劃叔盨蓋與國博的這件簠係一人所作，盨蓋與此簠銘文基本相同，唯「旅盨」與「旅彝」之別（圖一一）。劃叔盨蓋曾經吳雲、何方谷遞藏，《商周金文總著錄表》、《集成》、《銘圖》等金文著錄皆言此盨蓋藏於中國歷史博物館或中國國家博物館，經查中國國家博物館藏品舊賬，並無此盨蓋，僅收藏劃叔所作之簠，所以以往的著錄有誤。

劃叔盨蓋（圖一二）呈橢方形，蓋頂矩形鈕兩相連接。蓋頂飾大竊曲紋，蓋沿飾重環紋。其形制與西周晚期的克盨（《銘圖》05678）、伯夸父盨（《銘圖》05508）的蓋十分近似，紋飾也是西周晚期青銅盨常見的組合，時代定爲

〔註10〕白於藍：《釋「禦」》，《古文字研究》第二十四輯，中華書局，2002年。

〔註11〕吳鎮烽、朱捷元、尚志儒：《陝西永壽・藍田出土西周青銅器》，《考古》1979年第2期，圖版陸.4。

西周晚期是沒有問題的。而國博劃叔簋僅從器形、紋飾上看，是西周早期的典型之物，但從銘文字體上看，與劃叔盨蓋銘相同，帶有明顯的西周晚期風格，字體修長，筆道粗細均勻。「旅」字所從之㫃作 形，表現爲旗旒的筆畫呈圓折狀，下垂至地，這種形體多見於西周晚期；而 下的 這部分應是橫寫的「止」，旅字添加辵或止等義符常見於春秋時期的金文中，這件簋銘中旅字的這種寫法算是比較早的先例。

青銅器器形、紋飾與銘文字體發展存在不平衡性的現象值得思考，器形與紋飾的演變存在一定程度上的滯後性、保守性，這樣的例子並非偶見，如新見的懋尊（《銘續》0791）、懋卣（《銘續》0880）銘文中有「穆王」之謚號，是恭王時期的標準器，銘文字體也與西周中期吻合，但形制與紋飾卻極具西周初年的特徵。

叔噩父簋蓋

蓋高 5、口徑 16.1 釐米，原藏方若，1949 年入藏。蓋面呈緩坡狀，蓋頂有圈形捉手，蓋面飾瓦紋（圖一三）。

蓋內鑄銘 4 行 23 字（圖一四）：

　　　　弔（叔）噩父乍（作）䲹（鷺）姬旅𣪘（簋），甘（其）凨（凤）

　　夜用亯（享）孝于皇君，甘（其）萬年永寶用。

根據《集成》、《銘圖》等著錄，還有三件同銘簋，應爲一人同時所作：

1.《銘圖》編號 05003，現藏於英國牛津大學亞士摩蘭博物館，器蓋俱全（圖一五）。弇口，鼓腹，矮圈足，獸首銜環雙耳。通體飾瓦紋。

蓋銘 23 字：

　　　　叔噩父作䲹姬旅簋，其凤夜用亯孝于皇君，其萬年永寶用。

器銘 8 字：

　　　　叔噩父作䲹姬旅簋。

2.《銘圖》編號 05004，著錄有器、蓋銘文拓本（圖一六），《集成》、《銘圖》等書對其流傳經歷描述爲原藏上海博物館，現藏中國國家博物館（中國歷史博物館）。經核查原始賬目，國博僅收藏一件簋蓋，並無器身，此蓋據檔案記載，係 1949 年來自方若舊藏，並非來自上海博物館調撥。另外根據《銘圖》等著錄提供的蓋銘拓本，蓋上的一圈子口略有變形，而國博所藏的蓋口是周正的，二者明顯不同。故《集成》、《銘圖》等書著錄這件簋的流傳信息有誤。

3.《銘圖》編號 05005，器、蓋銘文俱已著錄（圖一七），現藏於上海博物館。

4.《銘圖》編號 05006，下落不明，僅存不完整的器銘 4 字（圖一八）。

根據上述情況，我們推測國博叔噩父簋蓋有可能是《銘圖》編號 05006 那件簋的蓋，器身殘損，已不知去向。

從牛津大學亞士摩蘭博物館收藏的完整的叔噩父簋形制來看，與豆閉簋（《銘圖》05326）、1974 年扶風法門強家村窖藏出土的即簋（《銘圖》05290）、1959 年藍田寺坡村窖藏出土的詢簋（《銘圖》05378）、國博收藏的乖伯簋（《銘圖》05385）、上海博物館收藏的無㠱簋（《銘圖》05245）等相同。這種弇口鼓腹小獸首銜環耳形制的簋存在時間不長，流行於西周中期後段至西周晚期偏早：豆閉簋中的右者井伯，還見於七年趞曹鼎（《銘圖》02433）、利鼎（《銘圖》02452）等器；即簋中的右者定伯與井伯同見於懿王世的五祀衛鼎（《銘圖》02497），還見於衛盉（《銘圖》14800）；乖伯簋中的益公，在走馬休盤（《銘圖》14534）中仍擔任冊命儀式的右者，與井伯共見於懿王時期的永盂（《銘圖》06230）。上述諸器所涉及的井伯、益公、定伯俱是恭、懿時期的王朝執政大臣，諸器的時代在恭、懿二世。而詢簋器形雖與上述諸簋相同，但其時代卻稍晚，詢之父師酉任仕懿王世，詢的活動年代在懿、孝、夷時期，詢簋中的右者益公也應是乖伯簋中的益公的後嗣。叔噩父簋與上述諸簋相比，從造型上看，口徑與腹深的比例要小，瓦紋也顯得疏朗，其年代應略早一些。西周時期通身（合蓋）飾瓦紋，佈局較疏朗的銅簋，傳世品可舉出�母簋（《銘圖》04802）、戜簋（《銘圖》05083）、賢簋（《銘圖》05070）、旾簋兩件（《銘圖》04115、05204）、弔父丁簋（《銘圖》03805）等，從諸簋銘文字體風格來看，頗具西周中期偏早的特徵；考古出土的可舉出陝西扶風北呂 VM148 出土的瓦紋簋（M148：3）〔註12〕、山西絳縣橫水墓地 M2 出土的瓦紋簋（M2：62）〔註13〕等。橫水 M2 的埋葬年代約在恭、懿之際，北呂 VM148 墓葬時代在西周中期後段，約懿、孝時期〔註14〕。瓦紋佈局疏朗之簋盛行於西周中期，以西周中期前段為主。

再結合叔噩父簋銘字體風貌考慮，其時代約在西周中期中葉。

〔註12〕 羅西章：《北呂周人墓地》，西北大學出版社，1995 年，圖版十八.1。

〔註13〕 山西省考古研究所、運城市文物工作站、絳縣文化局：《山西絳縣橫水西周墓發掘簡報》，《文物》2006 年第 8 期，圖三一。

〔註14〕 羅西章：《北呂周人墓地》，西北大學出版社，1995 年，第 145 頁。

作器者叔壘父是「排行＋字＋父（美稱）」的男子人名格式〔註15〕。𤅗姬
是一位女性，叔壘父與𤅗姬的關係為夫妻的可能性比較大，「皇君」指代叔壘
父的父親。商周時期金文所記載已出嫁女子在夫家祭祀的對象多為「姑舅」，
即丈夫的父母，如「祭姬作父庚尊簋」（祭姬簋《銘圖》04900）、「陸婦作高
姑尊彝」（陸婦簋《銘圖》04435）等。本簋銘可與室叔簋（《銘圖》05207）
銘參讀：

　　　　唯王五月，辰在丙戌，室叔作豐姞慸旅簋，豐姞慸用宿夜享孝
　　于諏公，于室叔朋友，茲簋猒皀。亦壽人。子孫其永寶用。

室叔簋是室叔專為其配偶豐姞慸所製〔註16〕，「朋友」含義為本族的同姓
親屬，這裡當然指的是室叔家族的成員，對應前句的諏公也是室叔的先人（諏
為其諡號，公為尊稱），很可能是室叔的父考。豐姞不僅助祭其夫家先人外，
還要宴饗丈夫的族人。豐姞顯然是室叔家族的宗婦，承擔著為夫君合族睦親的
職責，同樣反映西周宗婦這一職責的還可參看叔妖簋（《銘圖》05133）銘文：

　　　　叔妖作寶尊簋，眔中氏萬年，用侃喜百姓、朋友眔子婦，子孫
　　永寶，用夙夜享孝于宗室。

「侃喜」亦作「喜侃」，侃與衍義同，《詩・商頌・那》：「奏鼓簡簡，衍
我烈祖。」毛傳：「衍，樂也。」喜也訓為樂（《說文・口部》），二字同義連
用，與兮仲鍾（《銘圖》15232）「侃喜前文人」、士父鍾（《銘圖》15496）「喜
侃皇考」不同，這裡用作生人。「百姓」的含義與商代卜辭中的「多生」相同，
泛指眾多家族的族長〔註17〕，這裡指叔妖的夫君仲氏所屬家族中各支族人的
首領，也可能同宗不同氏。「朋友」是仲氏家族的同姓親屬，具體而言應包括
同胞兄弟及從父兄弟，從祖兄弟等兄弟輩族人〔註18〕。「子婦」為諸子、諸婦。
叔妖作為中氏家族的宗婦，作此簋歡愉喜樂夫君的同姓各族族長、同族兄弟及
其諸子、諸婦。所以本銘中的𤅗姬與豐姞、叔妖身份相同，是叔壘父家族的
宗婦，履行助理祭祀丈夫先人的職責。宗婦所做的這些襄理夫君的事務，皆
遵循於宗子家族的宗法儀軌之中。

〔註15〕　有學者將器主叔壘父歸於壘國公室，是不正確的。西周金文人名中，「某父」
　　　　之某是常見的男子之字，壘是器主的字，而不是國氏名，故此人與壘國無涉。
〔註16〕　朱鳳瀚：《商周家族形態研究》（增訂本），天津古籍出版社，2004年，第293頁。
〔註17〕　張政烺：《古代中國的十進制氏族組織》，《張政烺文史論集》，中華書局，2004
　　　　年。
〔註18〕　朱鳳瀚：《商周家族形態研究》（增訂本），天津古籍出版社，2004年，第297頁。

　　鸞字從鳥，從絲，絲亦聲。絲爲聯的本字，戀以絲得聲，二字聲韻俱同，故此字可釋爲鸞〔註19〕。「鸞姬」這種女性人名應該是「氏+姓」的格式〔註20〕，鸞通欒，如《呂氏春秋‧驕恣》「趙簡子沈鸞徼於河」，《說苑‧君道》「鸞徼」作「欒徼」，欒徼是晉國世卿欒氏家族成員。從鸞姬的人名格式得知，西周金文中的欒氏爲姬姓，欒氏貴族有欒伯，見於西周晚期的欒伯盤（《銘圖》14527）。春秋時期晉國的欒氏出自晉靖侯之孫賓，封於欒，以邑爲氏；齊國有姜姓的欒氏，惠公之子堅，字子欒，其後裔以字爲氏。西周欒氏似乎與晉、齊的欒氏關係不大。

伯梳盧簋

　　失蓋，高15.5、口徑18釐米，1962年羅伯昭捐贈。器形作侈口，鼓腹，最大徑在腹中部偏下，平底，圈足連鑄三獸面扁足，一對小方鈕耳（原本可能有銜環，現已失）。口沿下飾一周含目竊曲紋，腹部飾瓦紋，圈足飾無目式竊曲紋（圖一九）。

　　與此簋器形、紋飾酷肖的是1980年陝西長安馬王鎮新旺村出土的史更簋〔註21〕，銘文字體瘦勁修長，風格趨近虢季子白盤，具有西周晚期偏晚的時代特徵。

　　內底鑄有銘文28字（圖二〇）：

　　　　白（伯）梳盧肇（肇）乍（作）皇考剌（烈）公障（尊）𣪘（簋），
　　　用𩇡（享）用孝，萬年釁（眉）𣜩（壽），畩（允）才（在）立（位），
　　　子=（子子）孫=（孫孫）永寶。

　　伯梳盧簋現存有2件：一件爲錢泳（錢梅溪）舊藏，現藏於遼寧省博物館，《銘圖》編號05086（圖二一）；一件爲1978年出現於北京通縣物資回收公司，後經修復現藏於首都博物館，《銘圖》編號05085（圖二二）。另有兩件至遲爲宋代出土，最早著錄於《宣和博古圖》，現已下落不明，《銘圖》編號05087（圖二三）、05088（圖二四）。程長新先生、張先得先生考證首博伯梳

〔註19〕 裘錫圭：《戰國璽印文字考釋三篇》，《裘錫圭學術文集》3，復旦大學出版社，2015年。

〔註20〕 鸞姬這一女名還可以按照私名冠於姓之前的格式理解（參見謝明文《談談周代金文女子稱謂研究中應該注意的幾個問題》，《出土文獻》第十輯，中西書局，2017年），此人爲姬姓女子，名鸞。

〔註21〕 陳穎：《長安縣新旺村出土的兩件青銅器》，《文博》1985年第3期，圖版貳.5。

盧簋很有可能就是《宣和博古圖》卷十七第八頁「周刺公敦」之二〔註22〕，即與《銘圖》編號 05088 的伯椃盧簋是同一件。另《宣和博古圖》卷十七第七頁「周刺公敦」之一（《銘圖》05087）這件已下落不明。上述這幾件伯椃盧簋器形、紋飾、銘文俱同。器形作斂口，鼓腹，一對獸首半環形耳，下有方形垂珥，圈足下連鑄三獸面扁足，形制與宣、幽時期的伊簋（《銘圖》05339）、師袁簋（《銘圖》05366）、頌簋（《銘圖》05390）等接近。口沿下飾一周中間為目紋整體呈橫 S 形的竊曲紋，前後有簡省變體小獸面紋，腹部飾瓦紋，圈足飾垂鱗紋。已被著錄的這幾件伯椃盧簋器耳的造型、竊曲紋樣式與本簋不同，可稱為伯椃盧簋 A 型，國博所藏的這件可稱為伯椃盧簋 B 型，未被著錄。根據前文的討論，伯椃盧簋 A 型雖然著錄有四件，但實際上只是三件，伯椃盧簋 A 型、B 型銘文內容、字體特徵完全相同，這四件簋似乎不能作為一組「列簋」使用。

　　西周晚期用簋制度已相當成熟，通常情況下構成一組「列簋」的幾件簋形制、紋飾、大小基本相同，追求整齊劃一，而這四件伯椃盧簋中唯獨國博的這件與眾不同，而這四件簋的銘文內容和字體風格又都相同，我們猜測原本有兩組伯椃盧簋，皆為同時所做，甲組有四件（A 型），乙組可能有四件（B 型），甲組中遺失了一件，後用乙組的這件（國博伯椃盧簋）補充成四件，這種推測的前提是這四件簋為同坑所出，由於資料闕如，難以證實。

　　作器者為伯椃盧，椃盧是雙字名，而冠「伯」既是其排行也很可能表明他的宗子身份。從「肇作」某器辭例來看，肇訓為始（《爾雅・釋詁》），表示器主首次作宗廟祭祀禮器〔註23〕，這幾件簋是伯椃盧為祭享先考刺（烈）公同時所作。「㽙在位」是金文嘏辭發達成熟的慣語，流行於西周中晚期至春秋早期，亦見於師餘簋蓋（《銘圖》05330）、趩簋（《銘圖》05372），而秦公鍾（《銘圖》15566）、秦公鎛（《銘圖》15824～15826）作「㽙龢在位」，秦公鎛（《銘圖》15827）作「㽙虔在位」。龢從令得聲，讀為令。㽙、令、虔是並列狀語，㽙字從田、允聲、秦公鎛等器中此字下又加「止」作「夋」，舊多讀為「駿」，訓為長（《爾雅・釋詁》）。今從張政烺先生、裘錫圭先生讀為「允」〔註24〕，訓為信（《說文・言部》）、誠（《爾雅・釋詁》）；令，《爾

〔註22〕 程長新、張先得：《伯椃盧簋之再發現》，《文物》1980 年第 5 期。
〔註23〕 朱鳳瀚：《論周金文中「肇」字的字義》，《北京師範大學學報》2000 年第 2 期。
〔註24〕 裘錫圭：《「以學術為天下公器」的學者精神——緬懷張政烺先生》，《中華讀書報》2012 年 5 月 15 日。

雅‧釋詁上》訓爲善；憲，《說文》云「礙不行也」，《廣韻‧質韻》曰「頓也」，這是本義，引申爲保持、維持義。這組嘏辭的含義爲信實地、美好地、永固地身在其位。

中盉

通高 21、口徑 13.5 釐米，重 1.5 千克。1981 年章立凡捐贈。器形作侈口，束頸，鼓腹，略分襠爲四，襠底近平，下有四柱足，腹前有管狀流，後有獸首鋬，鋬下有方垂珥，蓋面微隆，上有半環形鈕，一側有小鈕以環鏈與鋬相連。頸部飾雲紋組成的饕餮紋，流飾三角紋，鋬上飾雲紋（圖二五）。此盉形制頗似北京琉璃河燕國墓地 M1193 出土的克盉（M1193：167）〔註25〕，時代是典型的西周早期前段，約成、康之際。羅振玉舊藏有一件盉（《銘圖》14694），器形與本盉相似，唯流口與鋬的位置光素無紋，僅頸部有兩道凸弦紋，銘文內容相同。

蓋內鑄銘 4 字（圖二六）：

丫（屮）乍（作）彶（從）彝。

屮爲作器者的族名，屮族器物迄今發現不多，有明確出土地點的是 1966 年河北磁縣下七垣村商代墓葬出土的屮啓鼎（《銘圖》00651），時代最晚者已至西周中期。彶是在從字上增加意符止而成的，從彝之從表示該器的用途。北宋時期河南河清一坑出土有十餘件銅器，其中鼎、簋、甗、觚、盉等 5 件自名「從彝」，而同出的一件銅卣則稱「尊彝」，呂大臨指出「疑五物者，爲此彝（按指那件卣）陪設，故謂之從彝」〔註26〕。後王黼、薛尙功、黃伯思、趙希鵠等宋儒繼而發揮其義，從禮制、鑄造、盛放祭品等不同角度闡述了從彝爲陪器的含義。自名爲從彝的器物包括食器、酒器、水器、樂器及用器等類別，涉及祭祀、征行、日用等功能，它不僅是作爲不同用途器物的從屬器，而且也是同類同期或同組銅器的從屬器〔註27〕。近期吳鎮烽先生撰文研究認爲，從器與行器、遣器、走器等性質相同，都是用於死人隨葬的器物〔註28〕，頗具啓發性。

〔註25〕 中國社會科學院考古研究所、北京市文物研究所：《北京琉璃河 1193 號大墓發掘簡報》，《考古》1990 年第 1 期，圖版貳.1。

〔註26〕 呂大臨：《考古圖》卷四，中華書局，1987 年，第 68 頁。

〔註27〕 雒有倉：《說「從彝」及其相關問題》，《古文字研究》第三十一輯，中華書局，2016 年。

〔註28〕 吳鎮烽：《論青銅器中的「行器」及其相關器物》，復旦大學出土文獻與古文字研究中心網站，2018 年 9 月 11 日。http：//www.gwz.fudan.edu.cn/Web/Show/4287。

捲曲夔紋盉

高 14.8、口徑 9.6 釐米。1964 年購藏。失蓋，器形爲平唇，侈口，短束頸，寬折肩，收腹，圓底，下有三短粗的袋狀足，肩部一側置管狀長流，流口作龍首曲喙形，另一側肩腹置龍首鋬。肩部飾捲曲夔紋，流管飾三角雲紋（圖二七）。

這類體形寬矮的罐腹盉存世量較少，其由商晚期至西周早期的深腹罐形盉演變發展而成，可分爲柱足式、袋足式、扁足式三種，腹部爲低矮寬扁的罐形，折肩者居多。柱足式的以師轉鋬（《銘圖》14712）國家博物館收藏的作冊吳盉（《銘圖》14797），新近重新問世的「虎鋬」等爲代表，時代在西周中期至兩周之際；這件盉與現藏於美國舊金山亞洲藝術博物館的季良父盉（《銘圖》14774）、故宮博物院收藏的王仲皇父盉（《銘圖》14775）、長安張家坡西周窖藏出土的伯百父盉（38 號）〔註29〕、岐山董家村窖藏出土的重環紋盉〔註30〕、1972 年陝西乾縣薛錄公社出土的竊曲紋盉〔註31〕等屬袋足式，腹壁斜直，近底處急收，流行於西周晚期；湖北京山蘇家壟出土的銅盉〔註32〕是四獸形扁足，時代在春秋早期。鬲腹盉和扁圓腹盉是西周中晚期銅盉形制的主流，寬矮的罐腹盉豐富了這一時期銅盉的類型。

鄭鬨叔鍾

通高 38.8 釐米，1957 年購自振寰閣。管狀甬中空，與體腔相通，甬身粗壯較短，闊旋，無幹，短枚。旋上飾四組細陽線構成的雲紋，中間有凸起的目紋。鍾面鉦部界格由陰線構成（圖二八）。舞上、篆間及中鼓部飾粗陰線勾勒的雲紋（圖二九）。與此鍾形制較爲接近的甬鍾可舉出 1976 年陝西扶風莊白 1 號窖藏出土的六式鍾甲、乙兩件（76FZJ1：60、58）〔註33〕、山西曲沃晉侯墓地 M8 盜掘出土的晉侯穌鍾 A 丙、B 丙（《銘圖》15300、15308）等，此鍾的時代應在西周晚期。

〔註29〕 中國科學院考古研究所：《長安張家坡西周銅器群》，文物出版社，1965 年，圖版貳三.1。

〔註30〕 龐懷清等：《陝西省岐山縣董家村西周銅器窖穴發掘簡報》，《文物》1976 年第 5 期，圖版三.2。

〔註31〕 尚志儒、吳鎭烽、朱捷元：《陝西省近年收集的部分商周青銅器》，《文物資料叢刊》2，文物出版社，1978 年，第 24 頁，圖八。

〔註32〕 湖北省博物館：《湖北京山發現曾國銅器》，《文物》1972 年第 2 期，圖四。

〔註33〕 曹瑋：《周原出土青銅器》，巴蜀書社，2005 年，第 893、897 頁。

鉦間鑄有銘文 14 字（圖三〇）：

奠（鄭）閈弔（叔）乍（作）薔（林）龢鍾，用言甘（其）皇考

羮弔（叔）。

內容為鄭閈叔為祭享先父羮叔而作此套悅耳動聽的編鍾。

《古本竹書紀年》：「穆王元年築祇宮於西鄭，自周受命至穆王百年，穆王以下都西鄭，穆王所居有鄭宮、春宮。」西鄭在今陝西鳳翔一帶〔註 34〕。結合大簋（《銘圖》05170）、三年癲壺（《銘圖》12441、12442）、免尊（《銘圖》11805）、免簠（《銘圖》05974）、懋尊（《銘續》0791）、懋卣（《銘續》0880）等器銘文記載來看，西周中期以降，周王在鄭地的宗廟多次舉行冊命儀式，賞賜臣工，此地環境優越，具有廣袤的林地、山澤、牧場，是歸周王直屬統轄的大邑。鄭牧馬受簋蓋（《銘圖》04848～04850）等器表示鄭邑還設有牧馬等王官。鄭邑中還聚居著井氏、虢氏、趙氏等世家大族的分支，如鄭井伯、鄭井叔、鄭虢仲、鄭虢叔、鄭趙伯。

按照金文人名慣例，閈係器主之氏。由於此鍾具體出土地點不明，難以明確判斷其族屬。如歸於西鄭，則與井、虢、趙氏家族情況相同，器主是居於鄭邑中的閈氏；如歸於鄭國則與鄭義伯（鄭義伯盨《銘圖》05576、鄭義伯罍《銘圖》14008、鄭義伯匜《銘圖》14891）、鄭登伯（鄭登伯鼎《銘圖》02108、鄭登伯鬲《銘圖》02794～02796、鄭登伯盨《銘圖》05569）、鄭登叔（鄭登叔盨《銘圖》05580、05581）等相類，即與義氏、登氏同屬於鄭國肇始之時的重要世族。而從銘文字體上看，其端莊、修長的風格，整飭、規範的布局，與兩周之際鄭國諸氏銅器銘文錯落鬆散之特徵有別，故此鍾作器者身份更可能是居於鄭邑的貴族。

閈叔先考羮叔之羮應理解為這位先人的謚號，《說文·火部》：「羮，火餘也。」段玉裁注：「引申為凡余之偁。《方言》：『薈、余也。』周鄭之閒曰薈。或曰孑。薈者、叚借字也。」余可訓為饒（《說文·食部》）、盈（《廣雅·釋詁四》），可見羮當為美謚。

〔註34〕 盧連成：《周都域鄭考》，《考古與文物叢刊 2·古文字論集》，1983 年；王輝：《周畿內地名小記》，《考古與文物》1985 年第 3 期；李峰：《西周金文中的鄭地和鄭國東遷》，《文物》2006 年第 9 期；龐小霞：《西周井（邢）氏居邑與商周鄭地》，《考古與文物》2014 年第 3 期。

圖一

或伯鬲

圖二　　　　　　　　　　　　　　圖三

1. 或伯鬲銘文　　2. 或伯鬲銘文拓本　　或伯鼎銘文拓本

圖四

裒簋

圖五

1. 裒簋銘文

2. 裒簋銘文拓本

圖六

刵叔簋

圖八

刵卣簋（日本出光美術館藏）

圖七

刵叔簋銘文

圖九

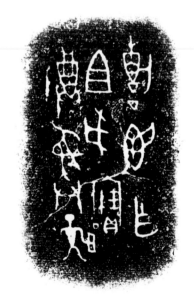

刵卣簋銘文拓本

圖一〇

圖一一

劃伯簋銘文拓本

劃叔盨銘文拓本

圖一二

劃叔盨蓋

圖一三

國博藏叔噩父簋蓋

圖一四

1. 國博藏叔噩父簋蓋銘文　　　　2. 國博藏叔噩父簋蓋銘文拓本

圖一五

1. 英國牛津大學亞士摩蘭博物館藏叔噩父簋

2. 英國牛津大學亞士摩蘭博物館藏
叔噩父簋蓋銘拓本

3. 英國牛津大學亞士摩蘭博物館藏
叔噩父簋器銘拓本

圖一六

1. 叔噩父簋（《銘圖》05004）蓋銘拓本　　2. 叔噩父簋（《銘圖》05004）器銘拓本

圖一七　　　　　　　　　　　圖一八

1. 上海博物館藏叔噩　　2. 上海博物館藏叔噩　　下落不明的叔噩父簋器
父簋蓋銘拓本　　　　　父簋器銘拓本　　　　銘拓本

圖一九

國博藏伯梡盧簋

圖二〇　　　　　　　　　　　　　　　圖二一

1. 國博藏伯梡盧簋銘文　　2. 國博藏伯梡盧簋銘　　遼寧省博物館藏伯梡盧
　　　　　　　　　　　　　　文拓本　　　　　　　簋銘文拓本

圖二二

1. 首都博物館藏伯梌盧簋　　　2. 首都博物館藏伯梌盧簋銘
　　　　　　　　　　　　　　　　文拓本

圖二三

1. 《宣和博古圖》卷十七第七頁著錄的伯　　2. 《宣和博古圖》卷十七第七
　梌盧簋（《銘圖》05087）　　　　　　　頁著錄的伯梌盧簋（《銘圖》
　　　　　　　　　　　　　　　　　　　　05087 銘文摹本）

圖二四

1. 《宣和博古圖》卷十七第八頁著錄的
　伯梳盧簋（《銘圖》05088）

2. 《宣和博古圖》卷十七第八頁著
　錄的伯梳盧簋（《銘圖》05088）
　銘文摹本

圖二五　　　　　　　　　　圖二六

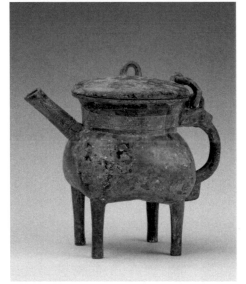

中盉　　　　　　　　　　中盉銘文

圖二七

捲曲夔紋盉

圖二八

鄭閈鍾

圖二九

鄭閈鍾舞部

圖三〇

鄭閈鍾銘文

國家博物館新入藏的兩周青銅器管見

　　中國國家博物館近年新入藏了幾件青銅器，現做簡要介紹，以饗學界，淺陋謬誤之處，敬請方家指正賜教。

士尊

　　通高 24、口徑 19.1 釐米。該尊為粗體觚形無肩尊，敞口，長頸，中腰微鼓，圈足底沿略外撇（圖一）。腹部前後各飾一對大鳥紋（圖二、圖三），造型特殊，長冠向後呈飄動狀，末端向上內卷，長度等身，尾自中部垂直下折，尾羽和長羽冠上均附加尖刀狀歧羽，繁縟瑰麗，以雷紋填地。

　　與之形制相似的有山東滕州前掌大墓地出土的饕餮紋尊（M13：13）〔註1〕，前掌大 M13 屬於該墓葬的第二期，即西周早期偏早〔註2〕。腹部所飾大鳥紋〔註3〕常見於商末周初的器物上，如 1927 年陝西寶雞戴家灣墓地出土的鳥紋方鼎和方座簋〔註4〕、1998 年陝西隴縣徵集的方座簋〔註5〕、上海博物館收藏的鳳紋簋〔註6〕、美國普林斯頓大學藝術博物館藏爰文父丁觥（《銘圖》

〔註1〕中國社會科學院考古研究所：《滕州前掌大墓地》，文物出版社，2005 年，第272 頁，圖 194.2。

〔註2〕中國社會科學院考古研究所：《滕州前掌大墓地》，文物出版社，2005 年，第510 頁。

〔註3〕參見陳公柔、張長壽的《殷周青銅容器上鳥紋的斷代研究》（《考古學報》1984年第 3 期），文中將這類大鳥紋定為 II9 式。

〔註4〕王光永：《陝西寶雞戴家灣出土商周青銅器調查報告》，《考古與文物》1991 年第 1 期。

〔註5〕梁彥民：《隴縣新發現的鳥紋方座簋》，《文博》2001 年第 5 期。

〔註6〕陳佩芬：《夏商周青銅器研究·西周卷》，上海古籍出版社，2004 年，編號 240，第 106 頁。

13643）、美國舊金山亞洲藝術博物館藏仲子冪污觥（《銘圖》13659）等器。綜合器形和紋飾的特徵，此尊的時代可定爲西周初年。

圈足內壁鑄有銘文 8 字（圖四）：

冊綦竹士乍（作）父癸彝。

士爲器主私名，冊爲「作冊」的簡稱，屬於職事性銘文 [註7]，表示其家族世代擔任作冊史官，士的史官職務從其祖先世襲得來。竹綦是士所屬之族的名稱。

甲骨刻辭中有地名「綦」，如：

〔亥〕卜，王，伯次曰……綦循。其受有佑。（《合集》3415）

而竹族在商周時期爲重要的氏族，商代甲骨刻辭中屢見不鮮：

竹侯。（《合集》3324）

竹入十。（《合集》902 反）

辛卯卜，殼貞：隹冕乎竹伐〔🎵〕。（《合集》1108 正）

辛□〔卜〕，爭貞：□竹歸。（《合集》4747）

丙寅卜，矣貞，卜竹曰：其屮（侑）于丁辜？（《合集》23805）

青銅器中屬於竹氏的還有竹祖丁簋（《銘圖》03746）、竹司爵（《銘圖》07478）、竹觚（《銘圖》09091）、竹旅卣（《銘圖》12705）等器。從上可知，竹族與商王朝關係密切，竹侯爲商王朝外服，不僅納貢進獻，而且與商王室還有聯姻。

竹綦氏可以理解爲居住於綦地的竹族，作爲竹族的分支，在其原來的族名後綴以地名「綦」，形成新的氏名，且有世襲作冊史官者，銘文作「🏺」，多見於商末周初的諸器，如冊竹綦父丁簋兩件（《銘圖》04218、04219）、冊竹綦父丁觶（《銘圖》10581）、冊竹綦祖癸角（《銘圖》08781）、冊竹綦卣（《銘圖》12834）、1975 年陝西扶風縣法門鎭召李村 1 號西周墓出土的冊竹綦父丁壺（《銘圖》12139）等器。類似這種命名方式的還有𢁃綦氏，銘文作🖐形，見於冊𢁃綦觥（《銘圖》13621）。𢁃族也是商周時期的望族，𢁃綦氏與竹綦氏都是綴以綦地的氏名，爲竹、𢁃等主族分衍、徙居而成。誠如何景成先生所言，這種形式的複合族名究其原因爲「一個地點聚居著不同的族氏或居住過不同的族氏，使得這些族氏的名號中都擁有一個相同的來源於地名的族氏名

〔註7〕何景成：《商周青銅器族氏銘文研究》，齊魯書社，2009 年版，第 68 頁。

號」〔註8〕。故此器是竹族居於耒地的分支中有家族世襲作冊職官，私名爲士者，爲祭享父癸作此寶尊。

桓父己尊

通高 27.2、口徑 20.6 釐米。該尊爲粗體觚形無肩尊，敞口，長頸，中腰稍偏下，粗腹微鼓，圜底，高圈足、底沿略外撇（圖五）。腹部前後各飾省身式大饕餮紋，上有陰線勾勒，紋飾粗獷，口含獠牙，角似眉形；饕餮紋兩側各飾一對垂冠長頸鳥紋。從器形上看，1991 年陝西涇陽興隆鄉高家堡墓地出土的饕餮紋尊（91SJGM4：13）〔註9〕、鹿邑太清宮長子口墓地出土的饕餮紋尊（M1：137）〔註10〕、山東滕州前掌大墓地出土的饕餮紋尊（M120：21）〔註11〕與之相近。上述三墓的時代皆爲周初武、成時期〔註12〕，故此尊的年代應與之接近。

內底鑄有銘文 3 字（圖六）：

〔桓〕父己

首字字形爲 ，雖被銹蝕覆蓋，但根據左部 筆畫結構，缺省部分應與之對稱，其形爲 ，此形亦見於互發耒簋（《銘圖》03859） 、尌仲簋（《銘圖》05119） 伯喜父簋（《銘圖》04721） 等器，即「互」，故此字讀爲「桓」，是作器者的氏名。

值得關注的是這件尊的紋飾，其主體紋飾是饕餮紋與鳥紋組成的一個單元紋飾（圖七、圖八），這種搭配組合在商周時期青銅上屢見不鮮，馬承源先生曾有過精當的論證，認爲這種獸面紋與鳥紋的組合是東夷集團良渚文化中

〔註8〕 何景成：《商周青銅器族氏銘文研究》，齊魯書社，2009 年版，第 192 頁。
〔註9〕 陝西省考古研究所：《高家堡戈國墓》，三秦出版社，1995 年，圖版 43-1。
〔註10〕 河南省文物考古研究所、周口市文化局：《鹿邑太清宮長子口墓》，中州古籍出版社，2000 年，圖七九.1。
〔註11〕 中國社會科學院考古研究所：《滕州前掌大墓地》，文物出版社，2005 年，第272 頁，圖 194.1。
〔註12〕 參見陝西省考古研究所：《高家堡戈國墓》，三秦出版社，1995 年版，第 127頁；河南省文物考古研究所、周口市文化局：《鹿邑太清宮長子口墓》，中州古籍出版社，2000 年，第 208 頁；《滕州前掌大墓地》報告中將 M120 的時代歸爲第三期，相當於西周早期偏晚（參見中國社會科學院考古研究所：《滕州前掌大墓地》，文物出版社，2005 年，第 524 頁），有失偏頗，該墓出土的器物正如報告作者分析指出的那樣與長子口 M1、高家堡 M2 等墓葬出土的器物形制、紋飾相近，沒有明顯的西周早期晚段特徵，上述諸墓時代皆爲西周早期偏早，前掌大 M120 時代亦應相近。

「神可使鳥」風俗的孑遺〔註13〕。該鳥紋造型奇特，呈佇立狀，勾喙，目睛似花瓣狀，額頂有角，長尾內卷，身附似角形「垂冠」。此式鳥紋殊爲罕見，存世量極少，迄今發現僅有兩例：一爲美國聖路易斯藝術博物館收藏的西周早期青銅觶〔註14〕（圖九），一爲倫敦佳士得拍賣會 1969 年 10 月 13 日的拍賣圖錄中收錄的一件商代晚期的青銅瓿，腹部及圈足上亦見這類鳥紋〔註15〕（圖一○）。上述二器與本尊時代接近，可知這種鳥紋主要流行於商末周初。鳥尾之上的角形「垂冠」，其與立鳥的關係如何，是值得探究的問題：上述觶、瓿中的鳥紋立於饕餮紋獸面之上，故有學者認爲「垂冠」與鳥紋無關，是獸面的角，而本尊鳥紋與獸面的位置是並列的，而且「垂冠」與鳥身上的線刻亦相同，它明顯屬於鳥紋的一部分，這一紋飾到底作何解，學界已有鳥尾、蠶蛹等看法〔註16〕。而 2013 年石鼓山西周墓地 4 號墓出土的周初犧尊（M4K2：212）似乎爲我們探究這一問題提供了線索。犧尊後肢上俯視亦可見一饕餮紋兩側配鳥紋的組合，其中的鳥紋作銜蛇狀（圖一一），鳥紋爲商末周初青銅器上典型的大鳥紋〔註17〕，昂首挺胸，勾喙利爪，體量大於蛇形，處於優勝地位；除了鳥銜蛇，鳥攫蛇的紋飾和造型在此後也屢見不鮮，相關紋飾如見於 1937 年輝縣琉璃閣出土的兩件銅壺〔註18〕及古越閣收藏的狩獵紋銅壺〔註19〕等，以此爲造型的有壽縣朱家集李三孤堆出土的鷹攫蛇構件等。

〔註13〕 馬承源：《商代青銅器紋樣屬性溯源》，《上海博物館集刊》第 9 期，2002 年。

〔註14〕 Robert E. Bagley, *Shang Ritual Bronzes in the Arthur M. Sackler Collections*, Washington D.C and Cambridge, 1987, p.302, Fig.49.18.另北京故宮博物院收藏有一件此觶的仿品，已由前輩學者撰文指出，參見程長新、王永昶、程瑞秀《銅器辨僞淺說（中）》，《文物》1989 年第 11 期。

〔註15〕 Christie's, *Fine Chinese Ceramics, Lacquers and Bronzes*, Monday, October 13, 1969, Lot 173, pl.25.轉引自 Robert E. Bagley, *Shang Ritual Bronzes in the Arthur M. Sackler Collections*, Washington D.C and Cambridge, 1987, p.302, Fig.49.17；〔美〕楊曉能：《另一種古史——青銅器紋飾、圖形文字與圖像銘文的解讀》，三聯書店，2008 年，第 206 頁，圖 5-3。

〔註16〕 〔美〕楊曉能：《另一種古史——青銅器紋飾、圖形文字與圖像銘文的解讀》，三聯書店，2008 年，第 207 頁。

〔註17〕 參見陳公柔、張長壽的《殷周青銅容器上鳥紋的斷代研究》（《考古學報》1984 年第 3 期），文中將這類大鳥紋定爲 II3 式。

〔註18〕 李零：《琉璃閣銅壺上的神物圖像》，《文物天地》1998 年第 4 期。

〔註19〕 李學勤：《論古越閣所藏三件青銅器》，《文物》1994 年第 4 期。

　　而石鼓山犧尊的蛇紋造型與商周青銅器中常見的蛇紋迴異，整體似角形，蛇回首作反噬狀，身軀呈平面展開，尾部被鳥喙啄銜。不難發現，本尊鳥紋的「垂冠」外形與犧尊蛇紋基本相同，其上有鱗節狀陰線，底部呈卷雲狀，可視作犧尊蛇紋的省變，只不過蛇不再被銜，而是與鳥紋有機的結合在一起，成為了鳥身的一部分。如此看來，本尊的鳥蛇紋飾與上述鳥銜蛇、鳥攫蛇這類鳥蛇相鬥的主題不同，它反映的是鳥蛇關係的中另一面——鳥蛇相配、相融合，這方面相關的史料和實物也是有的，鄭岩先生曾有詳細的論述〔註20〕，可供參考。

　　另外，上舉琉璃閣兩件銅壺中口沿下第二層紋飾有一組「羽人」驅鳥攫蛇的圖案〔註21〕（圖一二），我們推斷這種組合紋飾大概是從饕餮紋配鳥紋發展而來，其中獸化的饕餮紋轉化為羽人形。根據現有的資料，可以得出如下的演變模式：

　　良渚文化「神可使鳥」的風俗 ⟶ 商至西周時期饕餮紋配鳥紋的組合紋飾（包含鳥蛇相鬥或相融的細節） ⟶ 戰國時期「羽人」驅鳥攫蛇的紋飾。

騣髍羹甗

　　高40釐米、口徑26.9釐米。該甗為聯體甗，甑、鬲合鑄，腰間鑄環穿一活箅，箅上有五處十字形鏤孔。侈口，甑口沿作圓鈍角外撇，上有索形立耳，甑腹較深，腹壁往下斜直內收，束腰。鬲部腹足圓鼓，空心蹄形足跟。甑的口沿下飾一周三組變形饕餮紋，饕餮紋身軀分作三列，尾上卷，軀幹下一列填以雲紋，角、足、爪皆呈雲紋狀，脊背之上一列飾密集的羽狀紋，俗稱「列刀紋」；鬲的腹足飾牛角饕餮紋，用陰線勾勒，簡單質樸（圖一三）。

　　從器形上看，該甗與1972年陝西扶風劉家村豐姬墓出土的饕餮紋甗〔註22〕、1980年陝西寶雞竹園溝M4強季墓出土的伯甗（BZM4：14）〔註23〕等器接近。上述二甗皆為西周早期後段的器物：豐姬墓的時代，學界大致認定

〔註20〕 鄭岩：《從古代藝術品看關於蛇的崇拜與民俗（下）》，《民俗研究》1989年第4期。
〔註21〕 李零：《琉璃閣銅壺上的神物圖像》，《文物天地》1998年第4期。
〔註22〕 曹瑋：《周原出土青銅器》，巴蜀書社，2005年，第1159頁。
〔註23〕 盧連成、胡智生：《寶雞強國墓地》，文物出版社，1988年，彩版15-2，圖版74-2。

為康、昭時期〔註24〕，該甗與豐姬墓出土的甗相比，通體顯寬矮，甑之腹部略淺，鬲襠部變低且更加圓鼓，足跟稍短，時代應略晚遲；與伯甗器形更為接近，寶雞竹園溝 4 號墓的時代被定為西周昭王晚期〔註 25〕；從銘文字體風格上分析，該甗銘文排列較為規整，筆畫均勻，未見粗筆波磔，已盡脫武、成、康王時期粗獷渾厚之氣勢。綜察之，其時代可定為西周早期偏晚，即昭王末年。

腹內壁上部鑄有銘文 6 字（圖一四）：

敺（馭）麤（麤）𡎲（塵）乍（作）旅𤊾（甗）。

敺字，左部從馬，右部上從丙，下從攴。夏為鞭之古文，敺象用鞭驅馬之形，乃會意字。馭字此形亦見於《石鼓文·霝雨》「徒馭湯湯」及《鑾車》「徒馭孔庶」，作🖼。

麤字從二鹿，見於卜辭，為地名。王襄先生、商承祚先生、孫海波先生皆讀為麤〔註26〕。李孝定先生曰：「古文會意，字從二體或三體、四體不拘，並狀其多。」〔註27〕麤字未見於金文和字書，暫讀為麤。麤，《說文》云：「行超遠也。」𡎲字從鹿，從四土。《說文·鹿部》云：「麤，鹿行揚土也。從麤從土。🖼，籀文。」《玉篇·鹿部》：「麤，雛珍切，埃麤也，今作塵。麤，籀文。」𡎲是麤字的異體，可省作「塵」。

馭係作器者所任的官職，殆即《周禮·夏官》之大馭，「掌馭玉路以祀」，負責駕駛王的玉路車前往祭祀，是王之左右的侍臣，這類受王寵信的近臣，因官命氏者居多，如宰（宰丰骨匕作器者宰豐）、小臣（小臣宅簋作器者小臣宅）、𤲯（作冊吳盉中的𤲯偈）等。麤塵為器主之私名，此人為雙字名。

𤊾字從𤊾，從犬。𤊾從鼎，從肉，從匕，從爿，爿亦聲，釋為鬻。陳英傑總結鬻在金文中主要有四義：① 煮；② 鬻祭，薦熟肉以祭；③ 相當於文獻中訓「奉將」、「行也」之將；④ 族氏名。其中 ② 義作為修飾器名，最為常用〔註28〕。

〔註24〕 a. 李豐：《黃河流域西周墓葬出土青銅禮器的分期與年代》，《考古學報》1988年第 4 期；b. 中國社會科學院考古研究所：《張家坡西周墓地》，中國大百科全書出版社，1999 年，第 366 頁。

〔註25〕 盧連成、胡智生：《寶雞強國墓地》，文物出版社，1988 年，第 267 頁。

〔註26〕 參見于省吾主編：《甲骨文字詁林》，中華書局，1996 年，第 1665 頁。

〔註27〕 李孝定：《甲骨文字集釋》，中研院歷史語言研究所，1965 年，第 3075 頁。

〔註28〕 陳英傑：《金文釋詞二則》，《中國文字研究》第五輯，廣西教育出版社，2004 年。

在金文器名句子中，鼎字多取「祭祀」義。器名詞組主要有兩種格式：① 寶/尊/旅/宗/享/鼎+彝。「尊彝」、「旅彝」、「鼎彝」這種泛稱常見於各類器物，而且尊、旅等作為定語修飾詞不僅可以單獨使用，也可組合連用。另外還有省「彝」徑作「尊」、「旅」、「鼎」的，單獨稱「尊」、「旅」的較多見，稱「鼎」的如「殺作父戊鼎」（殺鼎《銘圖》01404）；② 寶/尊/旅/鼎+某類具體器名。

此甗銘文為「旅𩱅」，如果按照 ① 格式，即連用「旅」、「𩱅」而省卻「彝」字，則理解為器物的泛稱。但商周青銅甗自名「旅甗」的詞組特為常見，已發現有 32 例，若依 ② 格式，將「𩱅」確指具體器型（本器為甗）理解似乎更加合理。

青銅甗自名者，字形多作獻、𤞤（伯甗《銘圖》03229），亦有省犬者，如𤜵（見甗《銘圖》03194）。獻，從鬳得聲，鬳為疑母元部字，犬為溪母元部字，「疑」、「溪」旁紐諧聲，皆為舌根音，故鬳與犬音近，犬為追加的聲旁。

𩱅字從文字構形上與獻接近，鼎本義為用匕取肉於鼎置於俎上，無論是作為薦熟肉以祭，還是訓為奉將、進將義，皆包涵進獻之義，所以鼎表義，犬為聲旁，可視為獻字的一種異構。青銅甗自名為𩱅者，所見僅此一例。

叔帶父簋

通高 23、口徑 19、耳間距 33 釐米。斂口，鼓腹，器蓋以子母口相合，蓋面呈圓坡狀，蓋近口部有垂直折沿，蓋頂置圈足狀捉手（圖一五）。腹部兩側設獸首半環耳，下有方形垂珥。圈足略外撇，下有三獸首扁足，足尖略外卷。口下、蓋緣和圈足均飾一周變形重環紋，比較鮮見。這種重環紋內環作耳形，外環似「ᒉ」形，中間有一橫條，與後面的單元首尾相接排列（圖一六）。蓋面和腹部飾瓦紋，蓋頂捉手內飾渦紋。與之器形相近的有 1972 年陝西扶風縣北橋村窖藏出土的重環紋簋〔註29〕、伯家父簋（《銘圖》04780）、元年師兌簋（《銘圖》05324、05325）、三年師兌簋（《銘圖》05374、05375）等器，該簋可視為西周晚期較早的器物。器蓋對銘 14 字（圖一七）：

　　蓋銘：弔（叔）彞（帶）父乍（作）障（尊）𣪘（簋），其子＝（子子）孫＝（孫孫）永寶用。

〔註29〕 羅西章：《陝西扶風縣北橋出土一批西周青銅器》，《文物》1974 年第 11 期。

器銘：弔（叔）䨩（帶）父乍（作）尊（尊）段（簋），其子=（子子）孫=（孫孫）永寶用。

作器者之名爲「排行+字+父」的格式，此人之字在蓋銘與器銘中寫法不同：蓋銘的形旁爲廾，器銘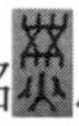之形旁似爲火字的變體，它們俱以爲聲旁。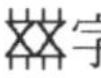字亦見於㦦尊（《銘續》0791）、㦦卣（《銘續》0880）等器，舊被釋爲「菁」或「㡀」，今從裘錫圭先生釋爲「帶」〔註30〕。

杞伯雙聯鬲

通高 10.5、口徑分別爲 13、13.4 釐米。雙鬲一足連鑄，侈口，折沿較寬平，束頸，圓肩，鼓腹，尖襠，弧襠較高，袋狀的腹足向下斜收呈圓錐狀（圖一八）。肩部飾一周重環紋。一鬲口沿鑄有銘文 23 字（圖一九）：

杞白（伯）乍（作）車母朕（媵）鬲，用亯（享）考（孝）于其姑公，邁（萬）年子=（子子）孫=（孫孫）永寶用。

杞伯爲杞國國君。「某母」猶「某父」，「某」爲女子之字，車爲此女之字。單稱女字在媵器銘文中常見，如「鑄公作孟妊車母媵簠」（鑄公簠蓋《銘圖》05905）、「齊侯作虢孟姬良母寶匜」（齊侯匜《銘圖》14982）、「許奓魯生作壽母媵鼎」（許奓魯生鼎《銘圖》02127）、「陳伯鷂之子伯元作西孟嬀婤母媵匜」（陳伯元匜《銘圖》14967）等。姑，《說文》云：「夫母也。」《爾雅·釋親》云：「（婦）稱夫之母曰姑。」姑公即公婆，亦見於㝬叔㝬姬簋（《銘圖》05057、05058）：「㝬叔㝬姬作伯媿媵簋，用享孝于其姑公，子子孫孫其萬年永寶用。」遅盨（《銘圖》05627）：「遅作姜淠盨，用享孝于姑公，用祈眉壽純魯，子子孫永寶用。」從銘文的內容可知此鬲是杞伯爲女出嫁所作之媵器，用作祭祀夫家公婆。

《史記·陳杞世家》記載：「杞東樓公者，夏后禹之後苗裔也。殷時或封或絕。周武王克殷紂，求禹之後，得東樓公，封之於杞，以奉夏后氏祀。」張守節《正義》引《括地志》云：「汴州雍丘縣，古杞國。」司馬貞《索隱》引宋忠曰：「杞，今陳留雍丘縣。」杞國爲夏代之後，姒姓國，西周初年受封於河南杞縣。1986 年陝西安康出土的西周中期偏晚的史密簋（《銘圖》05327）銘文中杞國作爲周師征伐的對象，在周人視野中杞國與虎、盧、州等東南夷一樣被稱作「杞夷」。杞國被視爲化外夷邦的原因在於其行夷俗，《左傳》僖

〔註30〕裘錫圭：《裘錫圭學術文集 3》，復旦大學出版社，2012 年，第 90 頁。

公二十七年載：「春，杞桓公來朝。用夷禮，故日『子』。」杜預注云：「杞，先代之後，而追於東夷，風俗雜壞，言語衣服有時而夷。」《左傳》襄公二十九年載：「杞，夏余也，而即東夷。……杞文公來盟。書口『子』，賤之也。」杜預注：「賤其用夷禮。」有學者已指出杞國本在河南，後僻居山東，與夷人雜處，受東夷文化影響較深〔註31〕。

　　晚清道光、光緒年間山東新泰曾出土了一批杞伯每刃器，計鼎2、簋3、簋蓋2、壺1、壺蓋1、匜1、盆1等11件。1962年武漢文物商店收購有一件杞伯每刃簋（《銘圖》04855）。1966年山東滕縣木石鎮東臺村又出土了一件杞伯每刃鼎（《銘圖》02213）。還有新見的一件杞伯每刃鼎（《銘續》0177）、兩件豆形杞伯每刃簋（《銘圖》04860）和一件杞伯每刃壺（《銘續》0836）。迄今發現的杞伯每刃器共有17件，銘文內容基本相同，皆為杞伯每刃為其婦邾曹所作之器。杞伯每刃器，張懋鎔等先生已列舉其形制受東夷文化侵染的因素〔註32〕，此不贅述。同樣，杞伯雙聯鬲也是受夷人文化影響下的產物。這種尖袋足形制的鬲，與中原地區流行的蹄足鬲類型不同，此式鬲普遍流行於春秋早、中期的山東東南、江蘇寧鎮、皖南等地區，是受淮夷文化影響的產物〔註33〕。與此鬲器形相近的有：山東莒縣西大莊墓葬出土的鬲（M1:4）〔註34〕、濰坊市五蓮縣中至鄉留村遺址墓葬出土的鬲（留:2）〔註35〕，臨沂湯河鄉中洽溝墓葬中出土的鬲（M1:5）〔註36〕，南京浦口林場出土的鬲〔註37〕。此鬲與莒縣西大莊出土的鬲形制更為接近，唯整體更顯寬侈、口徑大於器高、口沿較寬平、兩足夾角更大，時代略晚，西大莊出土的鬲時代為春秋早期偏早、上限可至兩周之際，故此鬲時代在春秋早期偏早至春秋早期中葉。

〔註31〕張懋鎔、趙榮、鄒東濤：《安康出土的史密簋及其意義》，《文物》1989年第7期。

〔註32〕張懋鎔、閆婷婷、王宏：《新出杞伯簋淺談》，《文博》2011年第1期。

〔註33〕a. 王迅：《東夷文化與淮夷文化研究》，北京大學出版社，1994年，第149頁；
　　　　b. 王青：《海岱地區周代墓葬研究》，山東大學出版社，2002年，第183頁；
　　　　c. 鄭小爐：《吳越和百越地區周代青銅器研究》，科學出版社，2007年，第193頁；
　　　　d. 畢經緯：《海岱地區出土東周銅容器研究》，《考古學報》2012年第4期。

〔註34〕莒縣博物館：《山東莒縣西大莊西周墓葬》，《考古》1999年第7期。

〔註35〕濰坊市博物館：《山東濰坊地區商周遺址調查》，《考古》1993年第9期。

〔註36〕臨沂市博物館：《山東臨沂中洽溝發現三座周墓》，《考古》1987年第8期。

〔註37〕南京市文物保管委員會：《南京浦口出土一批青銅器》，《文物》1980年第8期。

　　杞伯雙聯鬲中杞伯未記私名，與杞伯每刃應不是一人。杞伯每刃諸器
中杞伯每刃壺（《銘圖》12379）形制呈現出較早的特徵，束頸，鼓腹，圈
足下承底階，雙獸首半環耳銜環，器形從西周晚期方壺演變而來，與之相
近的如三門峽上村嶺虢國墓地出土的方壺（M2001：90）〔註38〕、（M2012：
25）〔註39〕、（M2011：63）〔註40〕；杞伯每刃簋（《銘圖》4854）器形為
弇口，圓鼓腹，圈足下有三附扁足，雙獸首鋬耳，下無垂珥，與 1974 年新
野小西關墓出土的簋〔註41〕器形相似，該墓出土的簋時代為春秋早期偏晚至
春秋中期初年；杞伯每刃鼎（《銘圖》02061、02062）平頂蓋，蓋頂有三曲
尺形鈕，附耳，蹄足，腹部飾垂鱗紋。器形已接近安徽舒城河口出土的鼎（M1：
1）〔註42〕，舒城出土的鼎時代為春秋早中期之際至春秋中期前段。從器形
上考慮，杞伯每刃器的時代下限已至春秋早期後段；從銘文字體風格上看，
杞伯鬲的字體較為規整，頗有西周晚期的孑遺，而每刃器的字體大小不一、
筆畫舒張、風格粗獷，帶有明顯的地域文化特徵。從上述諸因素分析，杞伯
雙聯鬲的時代應比每刃器要早，此件鬲銘文中的杞伯應為每刃的前輩杞國國
君，根據《史記·陳杞世家》對杞國國君世系的記載，這位杞伯為杞武公的
可能性較大。

　　此外，青銅鬲具有一個重要的社會功能就是用於陪嫁的媵器，陳昭容女
士統計指出兩周時期媵器中炊食器的大宗是青銅鬲，數量大於鼎、簋、甗等
食器〔註43〕，作為陪嫁的銅鬲與女性的關係更加親密〔註44〕；另外，商周聯
體青銅器比較少見，熟知的有殷墟婦好墓 M5 出土的三聯甗、偶方彝，1972

〔註38〕　河南省文物考古研究所、三門峽市文物工作隊：《三門峽虢國墓》第一卷，1999
　　　　年，第 62 頁，圖五四。
〔註39〕　河南省文物考古研究所、三門峽市文物工作隊：《三門峽虢國墓》第一卷，1999
　　　　年，第 255 頁，圖一八三。
〔註40〕　河南省文物考古研究所、三門峽市文物工作隊：《三門峽虢國墓》第一卷，1999
　　　　年，第 334 頁，圖二三二。
〔註41〕　河南省博物館、新野縣文化館：《河南新野古墓葬清理簡報》，《文物資料叢刊》
　　　　第 2 輯，1978 年，第 73 頁，圖六：2。
〔註42〕　安徽省文物考古研究所：《安徽舒城縣河口春秋墓》，《文物》1990 年第 6 期。
〔註43〕　陳昭容：《兩周婚姻關係中的「媵」與「媵器」——青銅器銘文研究中的性別、
　　　　身份與角色研究之二》，《中央研究院歷史語言研究所集刊》第 77 本，第 2 分，
　　　　2006 年，第 240 頁。
〔註44〕　參見喬美美：《商周青銅鬲研究》，陝西師範大學碩士學位論文，2008 年，第
　　　　12～14 頁。

年安徽太湖長河水利工地出土的四聯鼎，晚至西漢館陶家四聯鼎，使用者多為女性，可見聯體器物具有較強的性別指向，原因可能與女性這一性別多與聯姻和親、繁衍宗族等社會觀念有關。杞伯鬲作為媵器，鑄成聯體，寓意佳偶婚配，可謂構思巧妙、獨具匠心。

王子臣俎

該俎已被《銘圖》收錄，編號為 06321，通高 22、長 30、面中寬 13、面邊寬 15.5 釐米。俎作幾形，俎面為束腰長方形，中部微凹，中央有一十字形鏤孔，四隅分別有一 L 形鏤孔，俎面下接四扁平高足，足斷面呈凹槽形，每兩足之間有扉牙相連（圖二○）。通身素面無紋。俎面兩端有 8 字鳥篆銘文（圖二一）：

　　　　王子臣乍（作）𣪊彝，用冬（終）。

「王子」表示作器者的身份，東周時期南方列國楚、吳、越、徐諸國國君稱王，其子尊稱王子。器主之名▉，董珊先生讀為「臣」〔註45〕，細審銘文拓片，該字下部筆畫修長逶迤，起裝飾作用，主要結構在上部▉，為扁曲的豎目形，即臣字，故從董珊先生所釋。

董珊先生根據清華簡《繫年》篇第十五章「吳王子晨將起禍於吳」的記載考證器主「王子臣」為吳王闔閭之弟夫㮣王晨〔註46〕，將其定為吳器。該俎的國屬還有待商榷，我們認為其可能為楚器，理由如下：

東周時期楚式俎比較發達，楚墓出土屢見不鮮，多為漆木、陶、銅等材質。《周禮·天官·內饔》曰：「王舉，則陳其鼎、俎以牲體實之。」鄭玄注：「取於鑊以實鼎，取於鼎以實俎。實鼎曰升，實鼎曰載。」載牲設俎與列鼎一樣，體現著等級差異。從出土的墓葬等級來看，春秋時期隨葬禮俎的貴族至少為士以上，戰國之後只有諸侯、上卿、卜大夫一級的貴族墓中才設俎〔註47〕。隨著時代發展，東周楚墓設置禮俎呈現地位尊貴化趨勢，尤其是青銅俎使用者規格更高，數量稀少，迄今僅見兩例，即 1978 年淅川

〔註45〕　董珊：《讀清華簡〈繫年〉》，《簡帛文獻考釋論叢》，上海古籍出版社，2014年，第 106 頁。

〔註46〕　董珊：《讀清華簡〈繫年〉》，《簡帛文獻考釋論叢》，上海古籍出版社，2014年，第 106 頁。

〔註47〕　a. 聶菲：《楚式俎研究》，《文物》1998 年第 5 期；b. 張吟午：《先秦楚系禮俎考述》，《考古》2005 年第 12 期。

下寺楚墓 M2 出土的矩形鏤孔俎（M2：49）〔註 48〕，時代為春秋晚期偏早，M2 墓主學界一般認為是楚康王時期先後任大司馬、令尹的蒍子馮；1930 年代安徽壽縣朱家集李三孤堆楚王墓出土的十字形鏤孔俎〔註 49〕，為戰國晚期楚幽王之物。上述二俎主人一為執政卿士、一為楚王，地位頗高，而此俎器主身份為「王子」，亦符合高級貴族的條件，且帶有銘文，尚屬首見，彌足珍貴。

從銘文字體上觀，俎銘具備典型楚系銘文的特點，上繼春秋晚期王子午鼎（《銘圖》02468），下暨戰國時期楚王熊璋戈（《銘圖》17322），字體一脈相承，皆為修長的垂露篆，鳥篆字形與王子午鼎銘文相比更顯頎長，筆畫迂曲蜿蜒，文字下端被刻意拉長盡露蚊腳之姿，使得文字重心有明顯上移之勢，而且筆畫中夾有粗筆修飾。書體風格符合春秋晚期中段至晚段及春秋戰國之交的時代特徵〔註 50〕，亦可作為該俎的斷代依據。據《銘圖》介紹同坑還出土有 5 件戈，戈銘為「王子臣之用」，與俎同為王子臣之器，惜未見整體器形，從銘文字體上看是成熟典型的鳥篆，字體瘦長，拖筆垂直頎長，字體風格與楚王孫鮄戟相近。楚王孫鮄戟為雙戈戟，舊被認為是春秋晚期楚司馬子魚的器物〔註 51〕，後劉彬徽、曹錦炎、李零、鄒芙都諸先生皆有所質疑〔註 52〕，劉彬徽先生根據王孫鮄戟形制近似曾侯乙戟（《銘圖》16874、16875）判斷其時代為戰國早期，大體不謬，細審之，二者略有差異，曾侯乙戟援本上端有上翹的鳥翅形扉飾，內與援平齊，而前者沒有扉飾，內略低於援，前者的上述特徵實與曾侯邸戟（《銘圖》16761、16762、16877）形制更加近似，現今學界多傾向於認定曾侯邸為曾侯乙的先君，故王孫鮄戟的確切時代應為戰國早期偏早，王子臣戟的時代也應與之相當。綜上可知，王子臣的生活時代大體應為春秋晚期偏晚至戰國早期偏早這一時段。

〔註 48〕 河南省文物研究所、河南省丹江水庫地區考古發掘隊、淅川縣博物館：《淅川下寺春秋墓》，文物出版社，1991 年，第 127 頁，圖 103。

〔註 49〕 高至喜主編：《楚文物圖典》，湖北教育出版社，2000 年，第 94 頁。

〔註 50〕 鄒芙都：《楚系銘文綜合研究》，巴蜀書社，2007 年，第 244～245 頁。

〔註 51〕 a. 石志廉：〈「楚王孫漁」銅戈〉，《文物》1963 年第 3 期；b. 容庚：《鳥書考》，《中山大學學報》1964 年第 1 期。

〔註 52〕 a. 李零：《楚國銅器銘文編年彙釋》，《古文字研究》第 13 輯，中華書局 1986 年，第 377～378 頁；b. 劉彬徽：《楚系青銅器研究》，湖北教育出版社，1995 年，第 337 頁；c. 曹錦炎：《鳥蟲書通考》，上海書畫出版社，1999 年，第 167、171 頁。

從上述分析來看，此俎的特徵多帶有楚國的文化風貌，王子臣當從楚國公室王子中尋覓。筆者曾認爲王子臣即楚平王庶子公子申〔註53〕，現在看來不妥。原因是臺北故宮博物院收藏有一件王子申匜（《銘圖》14868），銘文爲：「王子龤（申）之鐈（會）𨠖（匜）。」陳昭容女士考證龤字，與蔡侯𫒃之𫒃，皆爲龤之異體，皆讀爲申，此匜之主人王子申即楚半王子，昭土時的公子申〔註54〕，是十分正確的。所以王子申之名就不太可能寫作「臣」。王子臣應爲春秋戰國之際楚國王室中的另一位公子〔註55〕。

本文原刊於《中國國家博物館館刊》2015年第5期，收入本書後有修改。

〔註53〕 《中國國家博物館百年收藏集粹》，安徽美術出版社，2014年，第158頁。

〔註54〕 陳昭容：《故宮新收青銅器王子龤匜》，《中國文字》新25輯，藝文印書館，1999年，第93～122頁。

〔註55〕 筆者揣測王子臣有可能是楚平王的另一位庶子，楚昭王之兄公子結，即子期。理由如下：從聲韻上看，臣爲禪母眞部字，結爲見母質部字，質、眞可對轉。禪母在上古接近舌齒塞音，鄭張尚芳先生擬音認爲臣字上古音應景見母，因遇到短的齶元音i而齶化，轉入禪母。而古、詰本屬見紐因有r而未發生齶化轉到其他部，可見上古音中臣與詰都是見部字（參見鄭張尚芳：《上古音系》，上海教育出版社，2003年，第127～128頁）。故臣、結二字存在通假的可能。從身份上看，公子結官任司馬，爲軍事統帥，官居上卿，地位僅次於令尹。據《左傳》等文獻記載，楚昭王十年（前506年）吳師破郢後，公子結同昭王奔隨，因相貌酷似昭王曾替其赴難，後在秦軍的協助下擊退吳師，輔佐昭王復國。昭王二十年（前496年），子期率軍滅頓。昭王去世後，子期與子西皆拒辭王位，並擁立楚惠王即位，爲楚國的政局安定、領土擴張作出了巨大貢獻。楚惠王十年（公元前479年）死於白公勝之亂。綜上，無論是生活時代還是身份地位，王子結似乎更吻合該俎器主的條件。

附記：

　　新近還發現有兩件王子臣鼎，據吳鎮烽先生介紹，一件為臺灣曹興誠先生收藏，一件現藏於北京某收藏家（《銘續》0124）（圖二二），兩件鼎大小、形制、紋飾、銘文相同。鼎銘內容、字體風格也與王子臣俎相同，是同人同時所作的一組器。

　　王子臣鼎器形為侈口，方唇，束腰，平底，長方形立耳外張，三蹄足，鼎上體裝飾六隻昂首曲腰揚尾的扁體怪獸，怪獸口銜鼎沿，首角翹起，鬣、尾飛揚。腰部有箍棱一道，除足下部以外，通體飾羽翅紋，蹄足上部有高挺的扉棱。王子臣鼎的形制是標準的楚式升鼎，是典型楚文化的產物，器形與淅川下寺 M2 出土的王子午鼎相近，王子午鼎作器者為楚令尹子庚，出仕時間在春秋中晚期之際，王子臣鼎所裝飾的怪獸角、鬣、尾呈螺旋狀上揚，與曾侯乙墓出土的曾侯乙盤所飾龍角形態頗似，時代應比王子午鼎略晚。另外王子臣器據韓自強先生介紹出自安徽西北部阜陽一帶，這一地區原為歸姓胡國舊址，前 495 年被楚昭王所滅，併入楚境，所以王子臣出自楚國王室的可能性較大。

圖一　　　　　　　　　　　　圖二

士尊　　　　　　　　　　　士尊腹部鳥紋

圖三

士尊腹部紋飾拓本

圖四

1. 士尊銘文

2. 士尊銘文拓本

圖五

圖六

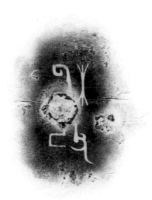

桓父己尊

桓父己尊銘文拓本

圖七

圖八

桓父己尊腹部鳥紋　　　　　　桓父己尊腹部紋飾拓本

圖九

美國聖路易斯藝術博物館藏青銅觶

圖一〇

1. 倫敦佳士得拍賣會出現的青銅觚

2. 倫敦佳士得拍賣會出現的青銅觚圈足紋飾拓本

圖一一

圖一二

石鼓山4號墓出土犧尊局部紋飾

琉璃閣出土青銅壺上羽人驅鳥擾蛇紋飾

圖一三　　　　　　　　　　　**圖一四**

駁麤塵 甗　　　1. 駁麤塵甗銘文　　　2. 駁麤塵甗銘文拓本

圖一五　　　　　　　　　　　**圖一六**

叔帶父簋　　　　　　　叔帶父簋口沿下紋飾

圖一七

1. 叔帶父簋蓋銘

2. 叔帶父簋蓋銘拓本

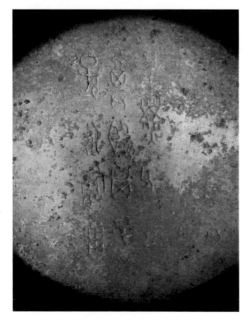

3. 叔帶父簋器銘

4. 叔帶父簋器銘拓本

圖一八

杞伯雙聯鬲

圖一九

杞伯雙聯鬲銘文拓本

圖二〇

王子臣俎

圖二一

1. 王子臣俎銘文

2. 王子臣俎銘文拓本

圖二二

王子臣鼎

中國國家博物館新入藏
西周青銅器選介

中國國家博物館近年來徵集了不少西周時期的青銅器，本文特選取其中具有重要歷史價值的幾件器物予以介紹，將資料獻於學界，以供方家研究。

亢鼎

高 21、口徑 18 釐米。直口，折沿，方唇，雙立耳，腹部微鼓，淺分襠，三柱足較細長（圖一）。器形、銘文與上海博物館收藏的亢鼎（《銘圖》02420）相同，上博亢鼎高 28.5、口徑 25.8 釐米，本鼎尺寸稍小，二鼎應爲一組器。

內壁鑄有銘文 8 行 49 字（圖二）：

　　□□〔乙未〕月初，俘（保）買大琱（琮）玕（于）美亞，才（財）五十朋。公令（命）亢歸（歸）美亞貝五十朋，吕（與）奉（貫）、皀（皀）鼄（觶）、牛一。亞賓亢羋（駢）金二勺（鈞）。

　　亢對亞宮，用乍（作）父己。夫冊。

銘文首行「乙未」二字被鏽所掩；「月初」二字爲修補時誤補，應爲「公太」；第二行「於美」二字個別筆畫也有修補痕跡，奉、賓等字筆畫漫漶不清。銘文個別字的字形與上博亢鼎略有差異，如![字]、羋，上博亢鼎分別作![字]、鐸，乃繁簡之別。

公太保即周初王朝重臣太保召公奭。琱字依陳劍先生讀爲琮〔註1〕；![字]字下半部![字]結構爲上從大，從林，下從勹，可視爲萝之異體，萝釋爲鬱，上半

───────────────

〔註 1〕陳劍：《釋「琮」及相關諸字》，《甲骨金文考釋論集》，線裝書局，2007 年。

部分爲添加髟作爲疊加的義符；莽字爲表示鬱草的量詞，從董珊先生讀爲「貫」〔註2〕。《說文・鬯部》：「鬱，芳草也。十叶爲貫。」；鼅字从鬯从童得聲，童乃蟺的古文，讀爲「觶」〔註3〕用作鬯酒的量詞；羊《說文・角部》有：「觲，用角低仰便也，從羊牛角，《詩》曰：觲觲角弓。」今《詩・小雅・角弓》作：「騂騂角弓。」又《詩・魯頌・閟宮》：「白牡騂剛」之「騂剛」即大簋（《銘圖》05170）銘中的「羊」。觲，通騂，《詩・魯頌・閟宮》：「皇祖后稷，享以騂犠。」毛傳：「騂，赤牲純也。」鄭箋：「騂，赤色也。」《論語・雍也》：「犁牛之子騂且角。」何晏集解：「騂，赤也。」騂多形容牛馬羊等牲畜的毛色，在這裡表示銅材的成色。

銘文內容是乙未日，公太保（召公奭）從美亞手中購得大玉琮，價值五十朋貝，召公遣亢交付美亞五十朋貝，另饋贈美亞一貫鬱草、一觶鬯酒、一頭牛，美亞賓贈亢二鈞重量的騂（赤）銅。亢讚頌美亞之美意，鑄造此鼎祭享父乙。綴於文末的「夫冊」是亢的族氏名。

亢鼎與中國國家博物館收藏的任鼎（《銘圖》02442）銘文可參照對讀，二器反映的皆是西周時期高級貴族（任鼎爲周王、亢鼎爲召公奭）購買下級進獻的寶物以及對下級的高規格賞賜，反映了西周社會中不同階層貴族之間存在著以貨幣支付的商品交易。

沚卣

此卣著錄於《銘續》編號0878。通梁高26.5、合蓋高24、腹徑19、耳間距25、口長14、口寬11釐米。直口，口沿內折爲長子口，器腹橫截面爲橢圓形，下腹向外傾垂，矮圈足，近地處略外侈，下有一周極窄的沿階。頸部兩側有一對半環鈕，套結羊角獸首扁提梁。外罩式蓋，蓋面隆起，蓋頂有一圈足狀捉手，內有一小圓孔，爲舊傷，蓋沿下折呈束腰形。蓋面近沿處、器頸部及提梁外側均飾夔鳳紋，並以細密的雷紋塡地。器頸部前後各增飾浮雕內卷角小獸首，圈足飾兩周弦紋（圖三）。經 X-ray 探傷分析，該卣蓋面與器底均有破損（圖四），經修復後較爲完整，墊片清晰，分佈合理，應爲眞器。

〔註2〕董珊：《任鼎新探——兼說亢鼎》，《黃盛璋先生八秩華誕紀念文集》，中國教育文化出版社，2005年。

〔註3〕董珊：《任鼎新探——兼說亢鼎》，《黃盛璋先生八秩華誕紀念文集》，中國教育文化出版社，2005年。

蓋內與器內底鑄有對銘 2 行 14 字（圖五）：

者（都）魯戊公，乃妹（昧）子汇其乍（作）父戊寶障（尊）。

該卣的時代可從形制、紋飾及銘文字體等方面判斷：

1. 從器形上看，此卣屬於王世民、陳公柔、張長壽等先生的《西周青銅器分期斷代研究》一書中劃定的扁圓體罐形卣 II 型 2 式，與之同式的還有：上海博物館藏保卣（《銘圖》13324）、山西天馬～曲村墓地 M6069 出土的繳卣（M6069：3）〔註4〕、M6214 出土的卣（M6214：45）〔註5〕、美國弗利爾美術館藏趠卣（《銘圖》13311）等。

保卣是成王時期的標準器。

曲村 M6069 和 M6214 的時代，皆為西周早期，但亦有早晚之別：曲村 M6069 出土的饕餮紋鼎（M6069：7）〔註6〕，器形、紋飾與洛陽北窯龐家溝 M1 出土的饕餮紋鼎（M1：3）〔註7〕極為近似，同出的觶（M6069：8）〔註8〕與琉璃河燕國墓地 M251 出土的庶觶（M251：8）〔註9〕、曆觶（M251：9）〔註10〕相近，龐家溝 M1 與琉璃河 M251 的時代皆為西周早期偏早，曲村 M6069 的時代也應相近。

曲村 M6214 同出的有一件弦紋鼎（M6214：42）〔註11〕，下腹近底部傾垂，與 1973 年岐山賀家村 M5 出土的羊庚茲鼎（M5：1）〔註12〕形制近似，73 賀家村 M5 的年代原簡報認為在成康時期，現今學界多認為是西周早期偏晚〔註13〕。曲村 M6214 同出還有一件乳釘紋簋（M6214：47）〔註14〕，腹部

〔註4〕 鄒衡：《天馬—曲村（1980～1989）》，科學出版社，2000 年，圖版九八.1、2。

〔註5〕 鄒衡：《天馬—曲村（1980～1989）》，科學出版社，2000 年，圖版九八.3、4。

〔註6〕 鄒衡：《天馬—曲村（1980～1989）》，科學出版社，2000 年，圖版五二.3。

〔註7〕 洛陽博物館：《洛陽龐家溝五座西周墓的清理》，《文物》1972 年第 10 期。

〔註8〕 鄒衡：《天馬—曲村（1980～1989）》，科學出版社，2000 年，圖版九四.1。

〔註9〕 北京市文物研究所：《琉璃河西周燕國墓地 1973～1977》，文物出版社，1995 年，圖版六十五.2。

〔註10〕 北京市文物研究所：《琉璃河西周燕國墓地 1973～1977》，文物出版社，1995 年，圖版六十五.3。

〔註11〕 鄒衡：《天馬—曲村（1980～1989）》，科學出版社，2000 年，圖版陸零.3。

〔註12〕 陝西省博物館、陝西省文物管理委員會：《陝西岐山賀家村西周墓葬》，《考古》1976 年第 1 期。

〔註13〕 73 賀家村 M5 的時代，李豐將其劃為西周第三期，約昭王前後（參見《黃河流域西周墓葬出土青銅禮器的分期與年代》，《考古學報》1988 年第 4 期）；朱鳳瀚將其定為西周第二期，即康王偏晚至昭王階段（參見《中國青銅器綜論》，

滿飾斜方格乳丁紋，乳丁爲圓泡形，與西周初年的尖刺形乳丁紋有明顯的不同，且乳丁紋四周的斜方格邊線上有細小的勾線，這一類型紋飾的多見於西周早期偏晚至西周中期前段，如 1974 年寶雞茹家莊墓葬出土的弭伯簋（BRM1乙：6）〔註 15〕、𪉢簋（《銘圖》04585）、近年中國國家博物館新入藏的獄器中的兩件伯獄簋等。弭伯墓的年代在昭穆之際〔註 16〕；𪉢簋銘文記昭王末年伐楚荊之事，時代在昭王前後；從伯獄簋「獄肇作朕文考甲公寶𩰍彝」的表述可知這兩件簋是獄器中最早的器物之一，可能在穆王初年。故曲村 M6214 的時代應在西周早期偏晚。

與趠卣爲同組的趠尊（《銘圖》11789）侈口，長頸，腹部下垂，器形與效尊（《銘圖》11809）略同，與效尊同組的效卣（《銘圖》13346）器形爲矮體垂腹，蓋兩側有豎立的「犄角」，紋飾滿工，顧首垂冠大鳥紋爲主，器形、紋飾接近扶風莊白一號窖藏出土的豐卣（76FZH1：44）〔註 17〕，時代在西周中期偏早，年代約穆王世。與效尊相比，趠尊頸部較長，整器更顯瘦高，時代應略早。唐蘭先生將其定爲昭王時器〔註 18〕，是可信的。

保卣整器顯得高聳，腹部外鼓，不見明顯傾垂的姿態，是此式卣較早的形制。本卣腹部的傾垂狀態與曲村 M6214 卣、趠卣更爲近似，時代應與二器更爲接近。

2. 從紋飾上看，此卣主體紋飾舊稱「夔鳳紋」，應歸爲鳥首龍身紋飾的一種。鳥首呈回顧狀，小花冠，附垂一長冠，圓睛，勾喙，長身末端上摺，尾部爲尖刺狀，身脊處有兩排類似「列刀紋」的戟狀歧羽，腳爪向後探伸。這一類以突起的陽線爲表現手法的花冠、勾喙、顧首折身的鳥首龍身紋主要流行於西周早期，與之大致接近的還見於寶雞竹園溝 M4 出土的弭季尊（BZM4：2）、叉簋（《銘圖》04415）、士上卣（《銘圖》13333、13334）等器上。

上海古籍出版社，2009 年，第 1270 頁）；梁星彭定爲西周第二期，約昭、穆世（參見《歧周、豐鎬周文化遺跡、墓葬分期研究》，《考古學報》2002 年第 4 期）。

〔註 14〕 鄒衡：《天馬—曲村（1980～1989）》，科學出版社，2000 年，

〔註 15〕 盧連成、胡智生：《寶雞弭國墓地》，文物出版社，1988 年，彩版一七.2。

〔註 16〕 盧連成、胡智生：《寶雞弭國墓地》，文物出版社，1988 年，第 412 頁。

〔註 17〕 陝西周原考古隊：《陝西扶風莊白一號西周青銅器窖藏發掘簡報》，《文物》1978 年第 3 期。

〔註 18〕 唐蘭：《論周昭王時代的青銅器銘刻》，《古文字研究》第 2 輯，中華書局，1981 年。

　　竹園溝 M4 的墓主強季任仕的時間在康王末年至昭王晚年,墓葬的時代在昭王晚期〔註 19〕;叉簋器形為侈口,束頸,腹部外鼓,雙獸首耳下有鈎狀垂珥,圈足下連鑄三獸腿形長足,與之器形接近是季犀簋(《銘圖》04322),此二簋如除去附足看,是西周早期偏晚至西周中期偏早流行的器形,彭裕商先生將叉簋的年代定在康、昭時期〔註 20〕,是合適的;士上卣是 20 世紀 20 年代洛陽馬坡窖藏出土,同組共 4 器,另有 1 卣、1 尊、1 盉。士上組器的時代,唐蘭、彭裕商等先生定為昭王時期〔註 21〕。現將這類鳥首龍身紋的形態列圖如下(圖六),以供參照。上述三器的時代集中在西周早期後段,本卣與上述三器的鳥首龍身紋飾之間的細微區別主要體現在龍身上的兩列歧羽。

　　3. 從銘文行款來看,鬆散錯落,字體大小不一,橫排不齊,這種縱勢布局在西周早期偏晚仍存在,見於昭王時期的過伯簋(《銘圖》04771)、作冊𡩜卣(《銘圖》13308)等器;從字體上看,個別筆畫仍保留波磔,如「父」字。蓋銘「公」字作 形,與厚趠鼎(《銘圖》02352)銘中公字的寫法「 」相近。厚趠鼎器形與長安花園村 M15、M17 出土的三件歸矢進鼎(M15:14、M15:0.4、M17:35)〔註 22〕略似,長安花園村 M15、M17 的時代學界普遍認為在西周中期偏早,年代相當於穆王時期〔註 23〕。厚趠鼎銘中的祭公亦見於𦰩鼎(《銘圖》02365、02366)、司鼎(《銘圖》02225)等器,陳穎飛女士考證此祭公即《左傳》、《國語》、《逸周書》等文獻及清華簡《祭公》篇中穆王時期的王朝卿士祭公謀父〔註 24〕。故厚趠鼎的年代約在昭、穆之際。

　　綜合該卣的形制、紋飾、銘文字體等特徵分析,其時代應為西周早期偏晚,年代定於昭王世比較適宜。

〔註 19〕 盧連成、胡智生:《寶雞強國墓地》,文物出版社,1988 年,第 267 頁。

〔註 20〕 彭裕商:《西周青銅器年代綜合研究》,巴蜀書社,2003 年,141 頁。

〔註 21〕 唐蘭:《西周青銅器銘文分代史徵》,中華書局,1986 年,第 257 頁;彭裕商:《西周青銅器年代綜合研究》,巴蜀書社,2003 年,284 頁。

〔註 22〕 陝西省文物管理委員會:《西周鎬京附近部分墓葬發掘簡報》,《文物》1986 年第 1 期。

〔註 23〕 李學勤:《論長安花園村兩墓青銅器》,《文物》1986 年第 1 期;李豐:《黃河流域西周墓葬出土青銅禮器的分期與年代》,《考古學報》1988 年第 4 期;朱鳳瀚:《中國青銅器綜論》,上海古籍出版社,2009 年,第 1289 頁;梁星彭:《歧周、豐鎬周文化遺跡、墓葬分期研究》,《考古學報》2002 年第 4 期;張禮艷:《豐鎬地區西周墓葬分期研究》,《考古學報》2012 年第 1 期。

〔註 24〕 陳穎飛:《清華簡祭公與西周祭氏》,《江漢考古》2012 年第 1 期。

「者魯」一詞金文未見，而見於清華簡《厚父》篇：

　　厚父拜手稽首曰：「者魯天子，古天降下民，設萬邦，作之君，作之師，惟曰其助上帝亂下民。」〔註25〕

《說文》云：「都，有先君之舊宗廟曰都，從邑者聲。」者可讀爲都，訓爲大（《廣雅‧釋詁一》）。魯爲嘉美義，如《史記‧周本紀》：「周公受禾東土，魯天子之命。」《魯周公世家》作「嘉天子之命。」卣銘與《厚父》篇中的都魯作爲形容詞，爲至善至美之義，分別修飾戌公和天子，組成偏正短語，和牆盤（《銘圖》14541）中「憲聖成王」、「淵哲康王」、「宏魯昭王」等結構相同。

「乃妹子」中的「乃」是領格第二人稱，義爲「你的」。妹，通昧，大盂鼎（《銘圖》02514）有「汝妹辰有大服」，妹辰讀爲昧晨，與昧爽意同，《說文》：「昧爽，且明也。」借清晨之意形容盂年輕而受重任。本卣銘中的昧當作蒙昧解，取《說文》中的另一義「闇也」，《一切經音義》卷三「蒙昧」注引《廣雅》曰：「昧者，闇也，謂闇蔽無知也。」《荀子‧天論》：「上闇而政險，則是雖無一至者，無益也。」《一切經音義》卷六十七引《埤蒼》：「闇，劣弱也。」所以「乃昧子」義爲「你的愚昧頑劣之子」，是作器者的自謙之詞，與之意味相近的還有帥鼎（《銘圖》02406）中的「乃鸜子」及壹卣（《銘圖》13310）、它簋（《銘圖》05384）中的「乃鵬沈子」、「乃沈子」、「沈子」。「鸜」、「鵬」李學勤先生認爲是一字，讀爲「亶」，訓爲「誠」、「信」〔註26〕。「沈」舊多被認爲是國氏名，陳夢家先生、李學勤先生已有批駁〔註27〕，董珊先生認爲「沈子」即《尚書》、《逸周書》等文獻中的「沖子」、「沖人」〔註28〕，據《盤庚下》僞孔《傳》云：「沖，童。童人，謙也。」孔穎達《正義》：「沖、童聲相近，皆是幼小之名。自稱童人，言己幼小無知，故爲『謙也』。」故「乃鵬沈子」義爲「你的誠懇而年幼無知的孩子」，皆可視爲作器者對祖先的謙辭。

〔註25〕清華大學出土文獻研究與保護中心：《清華大學藏戰國竹簡》（五），中西書局，2015年，第110頁。

〔註26〕李學勤：《它簋新釋——關於西周商業的又一例證》，《文物與考古論集》，文物出版社，1987年。

〔註27〕陳夢家：《西周銅器斷代》，中華書局，2004年，第114頁；李學勤：《它簋新釋——關於西周商業的又一例證》，《文物與考古論集》，文物出版社，1987年。

〔註28〕董珊：《釋西周金文的「沈子」和〈逸周書‧皇門〉的「沈人」》，《清華簡研究》（第一輯），中西書局，2012年。

作器者之名，《銘續》釋爲「乩其」，[圖]字中間不從「卜」，而是「毛」，寫法可參看甲骨卜辭中舌、祜等字所從之毛，如[圖]（《合集》22941）、[圖]（《合集》26031）、[圖]（《英藏》1959）、[圖]（《合集》27194）、[圖]（《合集》27427）、[圖]（《合集》27503）、[圖]（《合集》32441）、[圖]（《合集》32622）、[圖]（《合集》27454）、[圖]（《合集》31086）、[圖]（《合集》31087）等。[圖]爲水字之異體，這類寫法多見於甲骨卜辭中從水之字，如涷，作[圖]（《合集》11156）；沈，作[圖]（《合集》779）、[圖]（《合集》5505）、[圖]（《合集》33276）；洹，作[圖]（《合集》8321）等，故此字可釋爲「沘」。「其」復指作器者，爲主格複指代詞〔註29〕，類似的例子如「史昔其作旅鼎」（史昔鼎《銘圖》01643）、「[圖]嬭其作尊簋」（[圖]嬭簋蓋《銘圖》04834～04836）、「克其用朝夕享於皇祖考」（善夫克盨《銘圖》05678）、「盧其永寶用享」（大師盧豆《銘圖》06158）、「衛其萬年永寶用」（五祀衛鼎《銘圖》02497）等。

戊公與父戊指的是同一人。卣銘意爲：大善大美的戊公，你的愚昧之子沘，爲祭享父戊作了這件卣。

紳鼎

這件鼎著錄於《銘續》編號0230。高32.8、口徑32釐米。器形爲窄折沿，方唇，雙立耳，腹較淺，腹壁斜直，近底部向外傾垂，底微圓，三柱足較粗壯，略向內微斂。口沿下飾一周顧首垂冠龍紋，前後有省變的小獸首，起扉棱爲鼻，雷紋塡地（圖七）。

內壁鑄有銘文6行56字（圖八）：

> 佳（唯）九月旣朢（望）庚寅，王才（在）宗周，各（格）于大（太）室，王蔑齝（紳）曆，易（錫）每（汝）玄衣黹（黹）袡（純）、戈彤必（柲）瑂戚。齝（紳）拜（拜）手頴（稽）首，對馭（揚）王休。用乍（作）文考氏孟寶隬（尊）鼎，子＝（子子）孫其萬年永寶。

〔註29〕 朱其智：《西周金文「其」的格位研究》，《古文字研究》第二十四輯，中華書局，2002年。

這種垂腹柱足圓鼎是西周中期盛行的器形，此鼎形制與 1978 年扶風齊家村 M19 出土的鼎（M19：28）〔註30〕、任鼎等相近。

從銘文字體上看，結構寬博鬆散，已無西周中期偏早（穆王世）的拘謹風格，筆畫粗細均勻，未見粗筆出鋒，如寶、宗、室等字所從宀旁兩側折筆呈溜肩狀，與西周中期偏早那種尖頂聳肩狀已判然不同。

鼎銘內容是典型成熟的賞賜類銘文，賞賜品中某些物品，或表示物品特徵的專詞具有一定的時代性：

「玄衣黹純」中的純字是屯增加衣旁以表義，亦通純，與召簋（《銘圖》05230）、卅年虎簋蓋（《銘圖》05399、05400）裏的「玄衣黹屯（純）」相同。召簋是中國國家博物館近年入藏的器物，其中的右者井伯是穆王時期的重臣，曾參加過王舉行的射禮（見長囟盉《銘圖》14796）；卅年虎簋蓋舊被認為是穆王世的標準器，現在學界多將其歸入恭王世〔註31〕。

「琱戚」一般是修飾戈的，常出現於西周中期偏晚以後的器物中，如恭、懿時期的師全鼎（《銘圖》02476）及走馬休盤（《銘圖》14534）、孝王五年的師旋簋（《銘圖》05248～05250）、厲王世的無叀鼎（《銘圖》02478）等。

綜上所述，該鼎的時代在西周中期，年代約為恭王世。

需要特別指出的還有以下兩點：

1. 除此鼎之外，同屬器主紳所作之器還有一鼎、一簋。

另一件紳鼎（《銘圖》02441）（圖九）現為私人收藏，器形為敞口，腹較淺，腹壁斜直內收，附耳，蹄形足，形制與國博紳鼎明顯不同，故國博新收的垂腹紳鼎可稱 A 型，私人收藏的附耳紳鼎稱為 B 型。其口沿下飾顧首長身龍紋，龍身中脊拱起。B 型紳鼎的年代有穆王世〔註32〕與恭王世〔註33〕二說，我們認為將其歸入恭王世較合適。內壁鑄有銘文 63 字（圖一○）：

〔註30〕　陝西周原考古隊：《陝西扶風齊家十九號西周墓》，《文物》1979 年第 11 期，圖版壹.1。

〔註31〕　參見韓巍：《觀簋年代及相關問題》，朱鳳瀚主編《新出金文與西周歷史》，上海古籍出版社，2011 年；王占奎：《2003 年以來所見西周曆日擬年》，李宗焜主編：《古文字與古代史》（第三輯），中央研究院歷史語言研究所，2012 年；朱鳳瀚：《關於西周金文曆日的新資料》，《故宮博物院院刊》2014 年第 6 期。

〔註32〕　張懋鎔：《新見金文與穆王銅器斷代》，《文博》2013 年第 2 期。

〔註33〕　韓巍：《由新出青銅器再論「恭王長年說」——兼論西周中期後段青銅器的變化》，《浙江大學藝術與考古研究》（第二輯），浙江大學出版社，2015 年。

> 隹（唯）八月初吉庚寅，王才（在）宗周，斿（遊）于比，密弔（叔）右𤕫（紳），𤕫（紳）易（錫）禾于王五十朿（秭），𤕫（紳）捧手𩒨（稽）首，敢對𫊸（揚）皇不（丕）顯天子不（丕）杯休，用乍（作）朕文考氏孟寶尊𪔂（齋）鼎，子₌（子子）孫₌（孫孫）其萬年永寶用。

兩件紳鼎器主之名分別寫作𤰔、𤕫，前者是後者的省形，此字以田、東爲聲符，田、東、申音近相通。「文考」俱是氏孟，二鼎應爲同一人所作。「氏孟」的稱謂是「氏+排行」的格式，氏氏銅器如氏鼎（《銘圖》00152、00153）、1976年陝西武功渠子村出土的氏父己簋（《銘圖》03814）、氏父丁爵（《銘圖》07794）等，皆爲商代晚期的器物。西周時期的氏氏是否與商代氏氏一脈相承，還沒有充分的證據證實。

B型紳鼎銘中「右者」爲密叔，此人亦見於卅年虎簋蓋、趞簋：

> 王在周新宮，格太室，密叔入右虎即位，……今命汝曰：更乃祖考，疋師戲司走馬、騶人眔五邑走馬、騶人……（卅年虎簋蓋）

> 王在宗周，戊寅，王格于大廟，密叔右趞即位，內史即命，王若曰：趞，命汝作𡢁（豳）師冢司馬，適官僕、射、士，訊大小有隣，取徵五鋝……（趞簋《銘圖》05304）

密叔分別擔任虎與趞的右者，在西周金文冊命儀式中右者與受命者通常是上下級的統屬關係。虎被任命輔佐師戲管理「走馬、騶人眔五邑走馬、騶人」。「走馬」即趣馬，《尚書・立政》篇中載其與虎賁、綴衣、小尹等官俱是王之左右近臣，《周禮・夏官》云「趣馬，掌贊正良馬，而齊其飲食，簡其六節」，具體負責馬政。「騶」舊被釋爲「馭」，此字右半部作、，從木從又，隸定爲𡙇。2017年中國國家博物館新入藏的乘盨亦有此字，右半部作，像手持草形，可隸定爲𠬝，𡙇與𠬝是異構關係，它們不是鞭之本字㝮，故釋馭欠妥。郭永秉先生認爲𠬝似是芻的省變〔註34〕，故此字應釋爲騶。《說文》：「芻，刈草也。象包束艸之形。」《說文・馬部》：「騶，廄御也。從馬，芻聲。」《玉篇・馬部》：「騶，養馬人名。」《左傳》襄公二十三年「孟氏之御豐點」孔穎達疏：「騶，是掌馬之官，蓋兼掌御事，謂之御騶。」騶的本義是刈草喂

〔註34〕筆者在「第二屆中國古代文明研究前沿論壇」（貴州大學，2018年3月31～4月1日）提交的《乘盨考論》論文中涉及騶字，郭永秉先生賜告了寶貴意見。

馬，芻旁是表意兼聲，引申爲養馬、御馬駕車之人。虎的身份是師類長官的副職，管理王朝和「五邑」基層組織的走馬、騶人等馬政官員。

趞被任命爲擔任駐棻於𢆷地（今陝西彬縣、旬邑一帶）軍隊的冢司馬，統領僕御、射手、甲兵等武士。有關趞簋的年代，唐蘭、馬承源、張懋鎔等先生認爲是穆王時器〔註35〕，彭裕商先生已指出其器形較晚，將其劃爲夷王世〔註36〕，又似乎過晚。趞簋與穆王世標準器三十四年鮮簋形制近似，唯體形更加寬扁，銘文字體結構較爲鬆散乖張，與穆王時期拘謹之風格不類，涉及到「取徵」的冊命內容也多見於西周中期偏晚以後的器物中，我們同意韓巍先生的看法，將趞簋與卅年虎簋蓋、紳鼎一併歸入恭王世〔註37〕，故上述三器中的密叔爲同一人，而不是兩代密叔。

這幾次冊命的地點均在岐周或宗周的宗廟建築裏，密叔是密國的公族，從其排行上看應爲密國公室的小宗，在王朝擔任軍事類王官。結合 A 型紳鼎銘中紳受賜戈類兵器來看，其與虎、趞身份相同，都是密叔手下的武官。

2011 年 9 月西安大唐西市海外文物回流展展出過一件伯紳簋（《銘圖》05100），器形爲直子口，腹壁較直，矮圈足，下連鑄四獸面小柱足，雙獸首銜環耳，蓋面微隆，蓋頂置圈足狀捉手，蓋沿直折。蓋面及口沿下飾竊曲紋式的象鼻夔紋，圈足飾斜三角雲紋。其銘曰：

> 白（伯）龘（紳）乍（作）寶𣪘（簋），其朝夕用盛汈（粱）䆷（稻）
>
> 糕（穛），其用飤正、御、𣃍（史）、倗（朋）友、尹人，其用匄眉
>
> 壽萬年。

韓巍先生根據該簋的器形、紋飾、銘文語辭將其定爲恭王時器〔註38〕，是正確的。此簋的作器者伯紳與兩件紳鼎的器主紳是同一人，人名前冠以排行「伯」字，係金文人名的一種特殊形式，與之情形相同的還可舉出如下幾組器：

〔註35〕 唐蘭：《西周青銅器銘文分代史徵》，中華書局，1986 年，第 312 頁；馬承源：《商周青銅器銘文選》（三），文物出版社，1988 年，第 112 頁；張懋鎔：《新見金文與穆王銅器斷代》，《文博》2013 年第 2 期。

〔註36〕 彭裕商：《西周青銅器年代綜合研究》，巴蜀書社，2003 年，第 375～376 頁。

〔註37〕 韓巍：《由新出青銅器再論「恭王長年說」——兼論西周中期後段青銅器的變化》，《浙江大學藝術與考古研究》（第二輯），浙江大學出版社，2015 年。

〔註38〕 韓巍：《由新出青銅器再論「恭王長年說」——兼論西周中期後段青銅器的變化》，《浙江大學藝術與考古研究》（第二輯），浙江大學出版社，2015 年。

① 1940 年陝西扶風任家村窖藏出土的梁其器：梁其鼎（《銘圖》02414
～02416）、善夫梁其簋（《銘圖》05161～05165）、梁其壺（《銘圖》12420、
12421）、梁其鍾（《銘圖》15522～15527）中器主曰梁其，伯梁其盨（《銘圖》
05651～05653）梁其前綴「伯」。

② 1975 年陝西扶風莊白墓葬出土的裘器：裘鼎（《銘圖》01412、02448、
02489）、裘甗（《銘圖》03203）、裘簋（《銘圖》05379）中器主名裘，伯裘簋
（《銘圖》04226、05107）、伯裘飲壺（《銘圖》10857、10858）中器主稱伯裘。

③ 近年出現的獄器：獄鼎（《銘圖》02329）、獄簋（《銘圖》05315～05318）、
獄盨（《銘圖》05676）、獄盤（14531）、獄盉（14799）中器主名獄，而兩件
伯獄簋中卻稱伯獄。

人名前冠「伯」字是強調此人排行為伯，係嫡長子且多具宗子身份，單稱
名的銘文內容多涉及冊命、賞賜等政事，如裘鼎（《銘圖》02448）銘載裘受到
穆王後王俎姜的賞賜，獄簋（《銘圖》05315～05318）、獄盨（《銘圖》05676）、
獄盤（《銘圖》14531）、獄盉（《銘圖》14799）皆記獄得到天子的賞賜，兩件
紳鼎載天子蔑歷褒賞紳。而使用「伯+名」稱謂的器物銘文記述更多的是祭享祖
先、個人生活、宴饗親朋等家族內事，如兩件伯獄簋詳細描述了家祀的情況，
伯紳簋是宴饗族親、僚屬時使用的。我們從中可體會到不同的人名格式其銘文
內容存在著內外有別的傾向。朱鳳瀚先生認為春秋時期金文人名中諸侯國君「國
（氏）名+子」與「國（氏）名+公/侯」不同的稱謂方式或可能有所作之器用途
的差異，前者為家族內禮儀用器，後者記國家政治性活動〔註39〕。冠「伯」字
類與稱「子」類人名，二者銘文所蘊涵的內外差別，頗有異曲同工之處。

2. 有關賞賜物品的理解。

「玄衣黹純」中的黹純是修飾玄衣的。《說文》云：「黑而有赤色者為玄。」
玄衣是赤黑色的絲衣，《廣雅‧釋詁》云：「純，緣也。」純指衣服的鑲邊。
林澐先生認為黹字從川得聲〔註40〕，白於藍先生讀為「紃」〔註41〕。玄衣黹純
是「在衣緣之縫中飾有以彩色絲線編成的線條的玄色衣服」〔註42〕。

〔註39〕 朱鳳瀚：《關於春秋金文中冠以國名的「子」的身份》，李宗焜主編《古文字
　　　　與古代史》第五輯，台北中研院史語所會議論文集之十八，2017 年。

〔註40〕 林澐：《新版〈金文編〉正文部分釋字商榷》，《中國古文字研究會第八屆討論
　　　　會論文》，1990 年。

〔註41〕 白於藍：《「玄衣黹純」新解》，《中國文字》新廿六期，藝文印書館，2000 年。

〔註42〕 白於藍：《「玄衣黹純」新解》，《中國文字》新廿六期，藝文印書館，2000 年。

「戈彤⿰必必琱㦸」是定語後置短語，「彤⿰必必琱㦸」是修飾戈的。琱㦸較多見，琱通彫，《說文》云：「彫，琢文也。」即雕畫紋飾。㦸字從戈從肉，戈之肉即戈之援〔註 43〕。「琱㦸」表示戈的援部雕鑄有紋飾。

⿰必必字從二必，亦見於金文「⿱宀⿰必必」字所從：

伯于成周休眦小臣金（易鼎《銘圖》02272）

錫汝……戈晝㦸、厚（師道簋《銘圖》05328）

易鼎之⿱宀⿰必必可讀爲密，銘記密伯在成周賞賜眦小臣銅材；師道簋之⿱宀⿰必必與本銘之⿰必必相同，即「柲」。厚柲最爲常見，厚讀爲「緱」〔註 44〕，表示戈柲上纏繞有絲繩。而「彤柲」一詞首見，《說文》云：「彤，丹飾也。」段玉裁注：「以丹拂拭而塗之。」金文賞賜物品中有彤弓、彤矢，《左傳》僖公二十八年「王於是乎賜之彤弓一、彤矢百、玈弓矢千」，楊伯峻注：「彤弓、彤矢與下玈弓矢，俱以所漆之色言之。」〔註 45〕分別而言，彤弓指的是幹部髹以朱漆之弓，彤矢則是矢笴髹朱漆，彤柲則爲戈柲塗髹朱漆。長安張家坡 M170 出土的兩件帶柲戈（M170：129），木柲上段纏繞細繩，塗以黑漆，下段則不纏繩，但塗以紅漆，漆皮下有細砂狀膩子〔註 46〕，可作爲彤柲戈的實物參考。

伯武父鼎

該鼎最早著錄於《銘圖》，編號 02189，後收入《中國國家博物館典藏甲骨文金文集粹》〔註 47〕，又著錄於《銘續》，編號 0174。通高 14.5、口徑 16.3、腹深 8 釐米。口略呈桃形，窄折沿，方唇，腹較淺，腹壁斜直，近底部內收成圜底。一對附耳明顯高出口沿，附耳橫截面爲長方形。三柱足，較短，三足內裏扁平。口沿下飾一周三組對稱的垂冠顧龍紋，以雲雷紋填地，腹部有一周凸弦紋，外底鑄有三角形加強筋（圖一一）。

〔註 43〕郭沫若：《戈琱㦸𩰫必彤沙說》，《殷周青銅器銘文研究》，科學出版社，1961 年，第 170 頁。

〔註 44〕陳漢平：《西周冊命制度研究》，學林出版社，1986 年，第 258 頁；張政烺：《王臣簋釋文》，《張政烺文史論集》，中華書局，2004 年，第 624 頁。

〔註 45〕楊伯峻：《春秋左傳注》，中華書局，1981 年，第 464 頁。

〔註 46〕中國社會科學院考古研究所：《張家坡西周墓地》，中國大百科全書出版社，1999 年，第 173 頁。

〔註 47〕中國國家博物館、中國書法家協會：《中國國家博物館典藏甲骨文金文集粹》，安徽美術出版社，2015 年，編號 47，第 192～194 頁。

　　這種腹壁斜直內收的盆形鼎在西周時期比較少見，僅就器腹的形制上看，形近的可舉出上揭之 B 型紳鼎、1981 年岐山縣北郭公社曹家溝出土的唇釳騻鼎（《銘圖》01994）、臺北故宮博物院收藏的大鼎（《銘圖》02466）及柞伯鼎（《銘圖》02488）。B 型紳鼎附耳橫截面近扁圓形，時代在西周中期恭王世，此鼎附耳橫截面爲長方形，時代稍晚；唇釳騻鼎與大鼎器形更爲接近，蹄足形態較爲明顯，呈現出西周晚期的特點。另外同屬於大所作之器還有兩件鼎，分別爲北京故宮博物院收藏（《銘圖》02465）及《西清古鑒》著錄（《銘圖》02467），俱是半球形腹鼎，器形與夷、厲之際的南宮柳鼎（《銘圖》02463）酷似，時代接近；而柞伯鼎腹壁較直，近底部內收成平底，年代在厲王世。可見，這類腹壁斜收的盆腹鼎流行於西周中晚期。

　　所飾垂冠顧首龍紋，通體呈橫 S 形，長冠下垂，末端內卷，尾後有三角形連綴，這種顧龍紋盛行於西周中期，亦見於 1951 年扶風上康村 2 號墓出土的鼎、簋〔註48〕，1964 年長安張家坡東北墓葬出土的五號鼎〔註49〕，師奎父鼎（《銘圖》02476）等器上，師奎父鼎銘中有司馬井伯，多次擔任恭、懿時期周王冊命儀式中的「右者」。

　　銘文字體已脫拘謹之貌，結構較爲寬博開闊，帶有的特徵，與恭、懿時期的七年趞曹鼎（《銘圖》02433）、十五年趞曹鼎（《銘圖》02434）等器字體風格近似。另外「朋友」與「婚媾」連用，多見於西周中期偏晚之後的器物，如乖伯簋（《銘圖》05385）、善夫克盨（《銘圖》05678）、叔多父盤（《銘圖》14532、14533）等。

　　綜上而言，此鼎的時代應在西周中期偏晚。

　　鼎內壁鑄有銘文 4 行 19 字（圖一二）：

　　　　　白（伯）武父乍（作）寶䵼（齍）鼎，其朝夕用鄉（饗）朋（朋）

　　　　㫃（友）、𤔲（婚）遘（媾）于宗室。

　　䵼字亦見於上揭 B 型紳鼎，即《說文》中的䵼，此字從齊妻聲，齊在上古爲從母脂部、妻爲清母脂部，韻部相同，同爲齒音旁轉，故䵼爲雙聲符字。可讀爲齍〔註50〕，《說文》云：「齍，炊饎疾也。」伯武父鼎與 B 型紳鼎鼎足、

〔註48〕　陝西省文物管理委員會：《陝西岐山、扶風周墓清理記》，《考古》1960 年第 8 期。

〔註49〕　中國科學院考古研究所灃西考古隊：《陝西長安張家坡西周墓清理簡報》，《考古》1965 年第 9 期。

〔註50〕　參見陳夢家：《西周銅器斷代》，中華書局，2004 年，第 465 頁；朱鳳瀚：《中國青銅器綜論》，上海古籍出版社，2009 年，第 88 頁。

外底皆有煙炱痕跡，可見它們確實爲烹煮飪食所用。

　　伯武父作此齎鼎，在宗廟早晚（每日）宴饗朋友、婚媾。此鼎用途在於敦睦宗族、姻親間的情誼。「朋友」是器主家族的同姓宗親〔註51〕，具體而言應當包括同胞兄弟及從父兄弟、從祖兄弟等兄弟輩族人〔註52〕；婚媾指的是異姓姻親。「宗室」即《詩・召南・采蘋》之「于以奠之，宗室牖下」毛《傳》：「宗室，大宗之廟也。大夫、士祭於宗廟，奠於牖下。」是宗子的祖廟。從伯武父的稱謂上得知其排行爲「伯」，符合其宗子身份，他使用祭祖禮器宴饗親戚，是合族親善的重要手段；銘文也反映出宗子具有主持祭祖、擁有支配祭器的權力。

〔註51〕　參見錢宗範：《朋友考》，《中華文史論叢》第 8 輯，上海古籍出版社，1978年，第 272 頁；朱鳳瀚：《商周家族形態研究（增訂本)》，天津古籍出版社，2004 年，第 293 頁；晁福林：《夏商西周的社會變遷》，北京師範大學出版社，1996 年，第 283 頁；寇占民：《兩周銅器銘文「倗友」考》，《東南文化》2010年第 5 期。
〔註52〕　朱鳳瀚：《商周家族形態研究》（增訂本），天津古籍出版社，2004 年，第 297頁。

圖一

亢鼎

圖二

1. 亢鼎銘文　　　　　　　　　2. 亢鼎銘文拓本

圖三

1. 沱卣（正視）　　　　　　　2. 沱卣（側視）

圖四

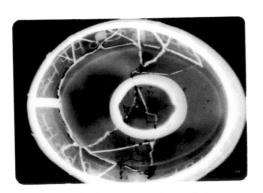 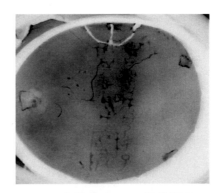

1 沱卣蓋面 X-ray 探傷照片　　　2. 沱卣器底 X-ray 探傷照片

圖五

1. 沜卣蓋銘

2. 沜卣蓋銘拓本

3. 沜卣器銘

4. 沜卣器銘拓本

圖六　鳥首龍身紋飾比較

1. 竹圍溝 BZM4：2 強季尊頸部紋飾

2. 三藩市亞洲藝術博物館藏叉簋頸部紋飾

3. 白鶴美術館藏士上卣蓋折沿及器口沿下紋飾

4. 乇卣蓋面紋飾

5. 乇卣器口沿下紋飾

圖七　　　　　　　　　　　　圖八

　　Ａ型紳鼎　　　　　　　　1.Ａ型紳鼎銘文照片

圖八

　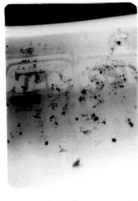　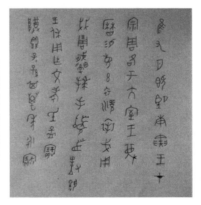

2.Ａ型紳鼎銘文拓本　　3.Ａ型紳鼎Ｘ-ray探　4.Ａ型紳鼎銘文摹本
　　　　　　　　　　　傷照片

圖九

B 型紳鼎

圖一○

B 型紳鼎銘文拓本

圖一一

伯武父鼎

圖一二

1. 伯武父鼎銘文　　　　　　2. 伯武父鼎 銘文拓本

此文原刊於《中國史研究動態》2017 年第 5 期，收入本書後增加了圖版，內容也有增訂。

中國國家博物館新入藏
兩周青銅器咀華

　　中國國家博物館近年來陸續徵集收藏了不少兩周時期的青銅器，特選取其中幾件具有重要歷史價值的器物予以介紹，將資料獻於學界，以供方家研究。

一、師大簋（甲、乙）

　　師大簋 2 件，大小、器形、紋飾、銘文基本相同（圖一）。簋甲高 15.3、口徑 22 釐米，簋乙高 15.1、口徑 22.1 釐米，皆重 3.16 千克。簋乙著錄於吳鎮烽先生編著的《商周青銅器銘文暨圖像集成續編》（上海古籍出版社，2016 年）一書中，編號 0447。侈口，束頸，垂腹，圈足外撇，下有一周矮沿階，頸腹兩側設獸首鋬形耳，下有長方形垂珥。頸部前後中間各置一浮雕小虎首，兩側飾前垂冠長尾鳥紋，圈足飾兩道凸弦紋。

　　該簋形制可歸於朱鳳瀚先生《中國青銅器綜論》中的 Aa 型 V 式簋〔註1〕，這類垂腹簋肇始於西周早期偏晚，盛行於西周中期。與之器形近似的可舉出 1978 年陝西扶風法門鎮齊家村 M19 出土的兩件作旅簋（FQM19：16、46）〔註2〕、1954 年陝西長安斗門鎮普渡村墓葬出土的長囟簋（5 號）〔註3〕、1975 年陝西岐山董家村窖藏出土的廿七年衛簋（75QDJ：1）〔註4〕、1957 年陝西

〔註1〕 朱鳳瀚：《中國青銅器綜論》，上海古籍出版社，2009 年，第 126 頁。

〔註2〕 曹瑋：《周原出土青銅器》，巴蜀書社，2005 年，第 1568 頁、第 1571 頁。

〔註3〕 陝西省文物管理委員會：《長安普渡村西周墓的發掘》，《考古學報》1957 年第 1 期，圖版貳.3。

〔註4〕 岐山縣文化館、陝西省文管會：《陝西省岐山縣董家村西周銅器窖穴發掘簡報》，《文物》1976 年第 5 期，圖版肆.6。

長安兆元坡村出土的輔師嫠簋〔註5〕等。扶風齊家 M19 出土的兩段式垂腹尊
（FQM19：40）、橢方體垂腹卣（FQM19：51）、分襠袋形腹四柱足盉（FQM19：
42）等器與長安花園村 M17 出土的同類器物形制頗似，帶有西周中期偏早的
特徵；長囟組器中的長囟盉（《銘圖》14796）銘中有「穆王」諡號，可知長
囟組器的年代在恭王即位之初；廿七年衛簋舊被認為是穆王世的標準器，從
其竊曲紋與字體風格來看，現今學界將之歸於恭王世〔註6〕，比較適宜；輔師
嫠簋與師嫠簋（《銘圖》05381、05382）為同一人所作，輔師嫠簋銘言「更乃
祖考司輔……今余增乃命」，師嫠簋銘有「命汝更乃祖考司，今余唯申就乃命，
命汝司乃祖舊官小輔、鼓鐘」之語，「申就乃命」是西周冊命金文習語，一般
是新君即位後對先王已做冊命的重命，故輔師嫠簋與師嫠簋應分別屬於前後兩
代周王。陳夢家先生敏銳的指出「嫠歷仕兩朝，三次受命。其一命、再命見於
此器（輔師嫠簋），其三命見於師嫠簋」〔註7〕，堪稱灼見，但陳先生將二簋
時代分別列為懿王、孝王世〔註8〕，稍顯偏早。師嫠簋銘中的右者「宰琱生」
是厲王世琱生組器包括五年琱生簋（《銘圖》05340）、六年琱生簋（《銘圖》
05341）、琱生尊（《銘圖》11816、11817）等的器主，「師龢父」亦見於厲王世
的元年師兌簋（《銘圖》05324、05325）和獸簋（《銘圖》05363），其銘文字體
也顯修頎，帶有西周晚期之貌。故劉啓益先生將師嫠簋定為厲王世器，輔師嫠
簋則為夷王世器〔註9〕，是妥當的。輔師嫠簋應算是這類垂腹簋中時代最晚者
之一。

　　頸部所飾鳥紋係長尾連體式，此式鳥紋流行於西周中期偏早，此後則比較
少見。平頂山應國墓地 M86 出土的兩件疏匕（M86：0132、0133）〔註10〕
柄上裝飾的前垂冠連體式長尾鳥紋與本器的鳥紋樣式酷肖。M86 被盜較為嚴
重，所出車馬器的形制多與長安張家坡井叔墓 M170 同類器物相近，井叔墓

〔註5〕 郭沫若：《輔師嫠簋考釋》，《考古學報》1958 年第 2 期，圖版壹.1。
〔註6〕 參見王占奎：《2003 年以來所見西周曆日擬年》，李宗焜主編：《古文字與古代
　　　　史》（第三輯），中央研究院歷史語言研究所，2012 年：韓巍：《簡論作冊吳盉
　　　　及相關銅器的年代》，《中國國家博物館館刊》2013 年第 7 期；朱鳳瀚：《關於
　　　　西周金文曆日的新資料》，《故宮博物院院刊》2014 年第 6 期。
〔註7〕 陳夢家：《西周銅器斷代》，中華書局，2004 年，第 196～197 頁。
〔註8〕 陳夢家：《西周銅器斷代》，中華書局，2004 年，第 236～237 頁。
〔註9〕 劉啓益：《西周紀年》，廣西教育出版社，2002 年，第 364～365 頁。
〔註10〕 河南省文物考古研究所、平頂山市文物管理局：《平頂山應國墓地》，大象出
　　　　版社，2012 年，第 452 頁，圖一九二。

M170 的時代發掘者認爲在恭、懿、孝時期〔註11〕，失之過晚。朱鳳瀚先生認爲在西周中期中葉，約在穆、恭之際〔註12〕，比較妥當。

從本銘字體上看，布局較鬆散，字體寬博，筆畫之間已不見波磔，「寶」字所從之「貝」下已封口，這些都不是西周中期偏早的書風和字體特徵，與之風貌近似是恭、懿時期的七年趞曹鼎（《銘圖》02433）、十五年趞曹鼎（《銘圖》02434）、利鼎（《銘圖》02452）等器。另外「立中廷，北嚮」這種辭例也多見於穆王以後的冊命賞賜類銘文中。

考慮諸上因素，我們認爲這兩件簋的時代在西周中期後段，年代不會早於恭王。

內底鑄有銘文 8 行 65 字（含重文 1 字）（圖二）：

> 隹（唯）正月既生霸，王各（格）敀（匔）宮，井（井）白（伯）
> 入右師大，立中廷，北卿（嚮），入（內）史冊令（命）師大曰：「易
> （錫）女（汝）赤市（韍）、朱黃（衡）、玄衣黹屯（純）。」師大捧
> （拜）頴（稽）首，叔（敢）對飌（揚）天子休令（命），用乍（作）
> 寶殷（簋）。師大其萬年子＝（子子）孫永寶用。

簋銘內容是一篇典型的賞賜類銘文，發生的地點在「敀宮」，西周冊命儀式多在宮廟中舉行，「宮」的含義正如楊寬先生所言：「『宮』是指整個一所房屋，外面用圍牆包起來的，既是指君主及其家族居住的整所宮殿，也可以用來指君主祭祀祖先的整所宗廟。」〔註13〕西周金文中出現的「某宮」〔註14〕作爲具體建築，涉及的範疇主要包括以下三類：

1. 周王宗廟（群）。唐蘭先生曾指出：「『康宮』是周康王的宗廟。令彝上『京宮』和『康宮』並稱，『京宮』是祭太王、王季、文王、武王成王的宗廟；『康宮』裏有『昭宮』、『穆宮』、『剌宮』，是昭王、穆王、厲王的宗廟。」〔註15〕此外還有「周新宮」，見於師湯父鼎（《銘圖》02431）、卅年虎簋蓋（《銘

〔註11〕 中國社會科學院考古研究所：《張家坡西周墓地》，中國大百科全書出版社，1999 年，第 368 頁。

〔註12〕 朱鳳瀚：《商周家族形態研究（增訂本）》，天津古籍出版社，2004 年，第 649 頁。

〔註13〕 楊寬：《中國古代陵寢制度史研究》，上海古籍出版社，1985 年，第 14 頁。

〔註14〕 本文所探討的「某宮」是特指某類宮殿建築的專有名詞，有些不在其列：如卯簋蓋（05389）銘曰「今余唯命汝死司葊宮、葊人」，榮伯冊命家臣卯管理榮氏家族在葊京的宮室和人口，葊宮在這裡泛指宮室；再如靜簋銘云「王命靜司射學宮」，王冊命靜管理學宮中習射之事，學宮是太學一類的機構名稱。

〔註15〕 唐蘭：《西周銅器斷代中的「康宮」問題》，《考古學報》1962 年第 1 期。

圖》05399、5400）、十五年趞曹鼎、師遽簋蓋（《銘圖》05236）、殷簋（《銘圖》05305、05306）、士山盤（《銘圖》14536）等器，墾簋（《銘圖》05319）有「周康宮新宮」。上述諸器的時代皆在恭王及之後，可知新宮是恭王時期修建的新宗廟，與昭宮、穆宮、剌宮一樣同屬於康宮宗廟建築群。

2. 王朝貴族的宗廟。常見的是「周師某宮」，如師𩵖鼎（《銘圖》02481）、諫簋（《銘圖》05336）、師艅簋蓋（《銘圖》05330）、宰獸簋（《銘圖》05376、05377）、癲盨（《銘圖》05671、05672）等器中的「周師錄宮」；太師虘簋（《銘圖》05280～05283）中的「周師量宮」；師𣄰簋（《銘圖》05338）中的「周師司馬宮」（司馬即該銘中的司馬井伯）。還有「師某宮」，如師再父宮（獄盤《銘圖》14531）、師汈父宮（牧簋《銘圖》05403）、師田宮（𩰫比盨《銘圖》05679）等。周師是周地的地方軍事長官〔註 16〕，師也是軍事類職官。上述的「周師/師某宮」是這些貴族的家族宗廟。

3. 專門的宮殿。如𣪘鼎（《銘圖》02427）、高卣蓋（《銘圖》13345）中的「西宮」〔註 17〕，周王曾在此宮中飲酒；七年趞曹鼎和利鼎中的「般宮」，《爾雅‧釋詁上》：「般，樂也。」邢昺疏：「般者，遊樂也。」般宮似乎與娛樂有關；九年衛鼎（《銘圖》02496）中有「駒宮」，執駒禮可能在此舉行；詢簋（《銘圖》05378）中的「射日宮」。這些宮殿皆在周（宗周），周王在別地也還建有殿堂，如荓京有涇宮（伯姜鼎《銘圖》02445、史懋壺蓋《銘圖》12426）和上宮（儕匜《銘圖》15004）。另外，王朝世家大族也修築有私家的宮室，多友鼎中的「獻宮」是武公家族的殿宇，在此慶功對部屬多友進行賞賜。

本銘中的「敂宮」顯然屬於第三類，是宗周都城內屬於周王的一處宮殿。敂，從勾得聲，讀為「勾」。《玉篇‧勹部》：「勾，乞也，行請也。」金文成語有「用勾眉壽」、「用勾多福」、「用勾百福」等，意為祈求。勾宮可能是天子祈福之宮。

〔註 16〕 唐蘭：《陝西省岐山縣董家村新出西周重要銅器銘辭的譯文和注釋》，《文物》1976 年第 5 期。

〔註 17〕 金文中的「西宮」、「東宮」大多數是指主持「西宮」、「東宮」的具體人物，有的是官署之稱，作為宮殿之專名則比較少見。詳細論述參見張懋鎔：《夷伯尸於西宮解》，《古文字與青銅器論集》（第二輯），科學出版社，2006 年；黃鳳春：《從葉家山新出曾伯爵銘談西周金文中的「西宮」和「東宮」問題》，《江漢考古》2016 年第 3 期。

　　右者井伯在恭、懿時期多次擔任冊命儀式中的右者。韓巍先生對這一時期井伯組器有過詳細的梳理，包括井伯自作器，即廿四年親簋（《銘圖》05362）和井伯爲「右者」之器：恭王世的器物有七年趞曹鼎、利鼎、師奎父鼎（《銘圖》02476）、師毛父簋（《銘圖》05212）、師瘨簋蓋（《銘圖》05338）、豆閉簋（《銘圖》05326）、救簋蓋（《銘圖》05278）等；懿王世的器物有元年師虎簋（《銘圖》05371）、走簋（《銘圖》05329）、永盂（《銘圖》06230）等〔註18〕。這位井伯私名親，官任司馬，是王朝執政大臣之一。

二、曾卿士季寅簋（甲、乙）、曾季卿士奐壺（甲、乙）

　　簋與壺爲同組器，應爲一人同時所作。兩件簋的大小、器形、紋飾、銘文基本相同（圖三）。通高 25.8、口徑 19.6 釐米，簋甲重 6.32 千克，簋乙重 6.72 千克。整器合蓋縱截面略呈梯形。弇口，器身子口，鼓腹，隆蓋，蓋面坡度較陡，蓋頂有圈足狀捉手，圈足下連鑄三個獸面扁足，腹部兩側有一對龍首鋬形耳，卜有垂珥。通體飾瓦紋。器、蓋對銘 5 行 24 字（圖四）：

　　　　唯曾卿事（士）季寅（宣）用其吉金，自乍（作）寶設（簋），

　　用言（享）于皇且（祖）文考，子孫用。

　　兩件壺的大小、器形、紋飾、銘文亦基本相同（圖五），收錄於《銘續》，編號 0835。通高 40.9、蓋捉手徑 17.5、口徑 14.4 釐米，壺甲重 11.16 千克，壺乙重 14.34 千克（壺乙蓋之子口與器口之間有銹蝕未能打開，壺內存有部分積水）。口微侈，束頸較長，圓鼓腹，矮圈足外撇，下有一周沿階，蓋爲子口，蓋頂有圓形捉手，雙獸耳銜環。頸上部及下腹部飾波帶紋，頸下部與上腹部分別飾竊曲紋與對稱的卷鼻龍紋，蓋沿飾竊曲紋，捉手飾垂鱗紋，蓋頂飾團身夔紋，圈足飾垂鱗紋。蓋面與口沿內壁對銘 21 字（圖六）：

　　　　隹（唯）曾季卿事（士）奐用其吉金，自乍（作）寶鹽（醴）

　　壺，子＝（子子）孫＝（孫孫）用言（享）。

　　另外《銘續》還收錄了三件曾卿士宣鼎（0155～0157），器形、紋飾、銘文俱同，與簋、壺應爲同人同組器。鼎器形爲半球形腹，直口圜底，折沿方唇，口沿上有一對立耳，三蹄足。口沿下飾一周一大一小重環紋，腹部飾波帶紋。內壁鑄有銘文 13 字：

〔註18〕　韓巍：《由新出青銅器再論「恭王長年説」——兼論西周中期後段青銅器的變化》，《浙江大學藝術與考古研究》（第二輯），浙江大學出版社，2015 年。

曾卿事（士）宣用其吉金，自乍（作）簋（？）鼎。

鼎的器形與 1957 年三門峽上村嶺虢國墓地出土的尹小叔鼎（M1819：5）〔註19〕及傳河南潢川出土的叔單鼎（《銘圖》02251）酷似，時代在春秋初年。

簋的器形、紋飾與 1972 年襄陽吳店曹門灣 CM01 出土的瓦紋簋（CM01：03）〔註20〕十分接近。曹門灣 CM01 的時代在西周晚期晚段或西周末期〔註21〕。

壺的形制與三門峽上村嶺虢國墓地出土的重環紋壺和 S 形竊曲紋壺（M2011：215、62）〔註22〕、聯羽紋圓壺（M2001：80、89）〔註23〕、重環紋壺（M2006：53）〔註24〕；棗莊東江村春秋墓 M2、M3 出土的邾君慶壺〔註25〕等近似。上述墓葬年代在兩周之際至春秋早期偏早。

從銘文字體上看，熊家老灣出土的曾伯文簋（《銘圖》05025～05028）、曾仲大父螶簋（《銘圖》05228、05229）等西周晚期曾國器物的銘文相對規整，與同時期的周文化中心區仍保持著同步，而此組器字體規整程度明顯減弱，簋銘中的「文」、「祖」等字寫法特殊，「季」字還出現了漏筆的失誤，帶有所謂「諸侯式」的地方特色。

故我們認為這組器的時代大致在兩周之交或春秋初年，可歸於張昌平先生劃分的曾國青銅器第一階段第二期〔註26〕，簋和壺的器形、紋飾仍具有濃鬱典型的中原周文化色彩。

〔註19〕 中國科學院考古研究所：《上村嶺虢國墓地》，科學出版社，1959 年，圖版伍捌.1。

〔註20〕 襄樊市考古隊、湖北省文物考古研究所、湖北孝襄高速公路考古隊：《棗陽郭家廟曾國墓地》，科學出版社，2005 年，彩版九.2。

〔註21〕 襄樊市考古隊、湖北省文物考古研究所、湖北孝襄高速公路考古隊：《棗陽郭家廟曾國墓地》，科學出版社，2005 年，第 320 頁。

〔註22〕 河南省文物考古研究所、三門峽市文物工作隊：《三門峽虢國墓》第一卷，1999 年，圖版一二四.1、2。

〔註23〕 河南省文物考古研究所、三門峽市文物工作隊：《三門峽虢國墓》第一卷，1999 年，圖版一七.1、2。

〔註24〕 河南省文物考古研究所、三門峽市文物工作隊：《上村嶺虢國墓地 M2006 的清理》，《文物》1995 年第 1 期，圖五。

〔註25〕 M2 出土的 2 件邾君慶壺見棗莊市政協臺港澳僑民族宗教委員會、棗莊市博物館：《小邾國遺珍》，中國文史出版社，2006 年，第 85、87 頁；M4 出土的 4 件邾君慶壺為北京中貿聖佳國際拍賣有限公司購得，《銘圖》編號 12334～12337。

〔註26〕 張昌平：《曾國青銅器研究》，文物出版社，2009 年，第 91～92 頁。

　　銘文內容比較簡單，屬於某人「用其吉金」自作器。值得深味的是器主的人名形式。鼎銘「曾卿士宣」，是常見的「國名＋官職＋名」的格式；簋銘「曾卿事季奐」則爲「國名＋官職＋排行＋名」的格式，類似的還有「魯司徒伯吳」（魯司徒伯吳盨《銘圖》05594）、「魯司徒仲齊」（魯司徒仲齊盨《銘圖》05640、05641，魯司徒仲齊盤《銘圖》14451，魯司徒仲齊匜《銘圖》14988）、「曾師季韓市」（曾師季韓市盤《銘圖》14475）、「曾大工尹季怡」（曾大工尹季怡戈《銘圖》17302）、「曾大司馬伯國」（曾大司馬伯國簠《銘續》0488）等；而壺銘「曾季卿事奐」是「國名＋排行＋官職＋名」的格式。在曾國其他銅器中，也存在著同人同組器人名格式不同的現象，如 1996 年河南羅山高店春秋墓葬出土的悼臣組器中，曾子季悼臣（曾子季悼臣簠《銘圖》05797、05798）與曾卿事季奐格式相類，子代表器主的身份。而曾季悼臣（曾季悼臣盤《銘圖》14496）與曾季卿事奐格式近似，只不過省略了官職。還有曾悼臣（曾悼臣匜《銘圖》14871）是「國名＋名」的格式。

　　器主之名鼎銘是「宣」，而簋銘作「奐」，奐是宣的繁構。奐字從夶，宣聲，夶多隸定爲「大」，是攀字的古體。宣是心母元部字，攀字也在元部，故也可以理解爲復加的聲符。奐是曉母元部字，二字韻部相同，而從宣得聲的字如萱、愃等在曉母，從佳（心母）得聲的字也有類似的情況，如睢字既在曉母又在心母，娷在曉母而睢在心母。所以曉母、心母互諧是沒問題的，奐與宣可通。再看二字之義，《說文·廾部》云：「奐，大也。」而宣亦有寬大之義，朱駿聲《說文通訓定聲·乾部》：「宣，當訓大室也，與寬略同。」《左傳》襄公二十九年：「用而不匱，廣而不宣。」王引之《經義述聞·毛詩中》：「宣與廣義相因。《易林·需之萃》曰：『大口宣舌』。《大有之蠱》曰：『大口宣脣』。又《小蓄之噬嗑》：『方喙廣口』，《井之恒》作『方喙宣口』。是宣爲侈大之意。」宣、奐字義相因，符合古人名、字相應的原則，故宣、奐實爲一名一字。

　　另外《銘續》還收錄了兩件曾卿士篾鬲（0250、0251）和一件曾卿士洷簋（0427）。鬲的器形作侈口，折沿較寬，肩部銳折，下腹斜直內收，弧襠，三矮短柱足。頸部飾簡化竊取紋，肩部有一周凸弦紋。形制、紋飾與 1979 年隨州安居桃花坡 M2 出土的竊曲紋鬲〔註27〕十分相像；簋的器形、紋飾、銘文字體與曾卿士季宣簋酷似。這組鬲、簋的時代與季宣器大體同時。

〔註27〕隨州市博物館：《湖北隨縣安居出土青銅器》，《文物》1982 年第 12 期，圖版陸.5。

鬲銘爲：「曾卿事（士）濩自乍（作）薦鼎（鬲），用亯（享）。」

簋銘爲：「隹（唯）曾卿事（士）淫，用吉金自乍（作）寶段（簋），用亯（享）于朕文考，用易（錫）眉壽，子=（子子）孫=（孫孫）永寶。」

鬲銘器主之名爲濩，此字從夆得聲，夆爲夋未加飾筆時的形態，夋係夒的異體。《說文・夒部》云：「夒，治也。讀若亂同。𤔔，古文夒。」段玉裁注云：「此與《乙部》『亂』音義皆同。」亂上古音在來母元部。而簋銘器主從生得聲，生爲山母耕部字，耕、元雖然元音及韻尾有較大差別，但二部關係頗爲密切，通轉不乏其例。裘錫圭先生、李家浩先生在《曾侯乙墓竹簡釋文與考釋》中就曾指出簡文中從宴得聲的瑗，韻在元部可通耕部的嬰字〔註28〕，所舉之列如《詩・北風・燕燕》「燕燕于飛」之「燕燕」（元部），馬王堆漢墓帛書《五行》引作「嬰嬰」（耕部）；《左傳》僖公元年「公敗邾師於偃」之「偃」，《公羊傳》作「纓」，偃屬元部，纓屬耕部；《春秋》襄公十七年「邾公牼」之「牼」，《公羊傳》、《穀梁傳》並作「瞯」，牼屬耕部，瞯屬元部；《禮記・郊特牲》「故既奠，然後炳蕭合羶薌」，鄭玄注：「羶，當爲馨，聲之誤也。」羶屬元部，馨屬耕部。而來母存在著與山母相諧聲的現象，從一些同源字的分化情況上可以參考，最典型的例子就是來母的吏字分化出山母的使、事等字。如果濩、淫相通可以成立的話，那麼它們也與宣、奐同理，可視爲這組鬲、簋主人的一名一字。此人應該是在曾國與宣同時主政的另一位卿士，曾國的這種政治格局與春秋初年周王室任鄭莊公與虢公忌父、周公黑肩與虢公林父二卿士輔政的局面十分相似。

器主「卿事」的官職顯然是仿傚周王朝而設的。「卿事」之官金文習見，文獻作「卿士」。伯公父簋（《銘圖》05976）明言「卿事辟王」，可知卿士是輔佐君主的執政大臣，以往出土材料只見周王朝的卿士，諸侯國內的卿士則不多見。曾國的官僚制度在一定程度上與周王朝保持一致性，如曾國是諸侯國中唯一設置太保職位的，見於 1976 年湖北隨州萬店周家崗墓葬出土的兩件曾太保簋（《銘圖》04963）、曾太保嬉簋《銘續》0425）、曾太保慶盆《銘圖》06256）、曾太保䰟叔砥盆（《銘圖》06268）等；與太保對應的太師之職，見於1973 年湖北京山羅新村出土的曾太師賓樂與鼎（《銘圖》01840）、1990 年河南淅川和尚嶺 M1 出土的曾大師奠鼎（《銘圖》01750）等；還有隸屬太師之下的軍事長官「師」，如前引的曾師季䵃；另外還有內廷長官少宰，即《周禮・

〔註28〕 湖北省博物館：《曾侯乙墓》（上），文物出版社，1989 年，第 517 頁。

天官》中的小宰「中大夫二人，掌治王宮之政令」，作爲太宰的副職，見於1994年湖北隨州義地崗曾國墓地M1出土的曾少宰黃仲酉組器（黃仲酉鼎《銘圖》01884、黃仲酉甗《銘圖》03313、黃仲酉簠《銘圖》05802、黃仲酉壺《銘圖》12249、黃仲酉盤《銘圖》14409、黃仲酉匜《銘圖》14902）。

曾國的「太師」、「太保」與周室「三公」建制雷同，「卿士」這類輔弼君主的高級官員是周王朝職官體系的重要構成。曾國職官設置倣仿周王室，深受中原王朝影響，其中原因可以從曾國的族屬角度思考。曾國是周朝統治者在南土分封的重要諸侯。近年在湖北隨州葉家山發現的西周早期曾國墓地出土的曾侯狁簋（M111：67）銘文爲「狁作烈考南公寶尊彝」〔註29〕、文峰塔墓地出土的曾侯與鍾（M1：1）銘曰：「伯適上哲，左右文武。徹殷之命，撫定天下，王逝命南公，營宅沃土，君庀淮夷，臨有江夏。」另一件曾侯與鍾（M1：3）銘爲：「曾侯與曰：余稷之玄孫。」〔註30〕曾侯狁簋銘中的南公之南爲南宮的省稱〔註31〕，南（宮）氏與周室同姓，皆爲稷之後裔。伯適，學界普遍認爲是南宮氏的始祖南宮适，即上述簋銘和鍾銘中的南公，其輔佐文王、武王滅紂，成、康之時受封於南土江漢地區，是爲曾侯。與燕、魯等國分封情況相類，南宮适長子諫（一說狁）就封，爲第一代姬姓曾侯〔註32〕。西周早期的葉家山墓地、西周末期至春秋早期的郭家廟墓地、春秋中晚期至

〔註29〕 黃鳳春、胡剛：《說西周金文中的「南公」——兼論隨州葉家山西周曾國墓地的族屬》，《江漢考古》2014年第2期。

〔註30〕 湖北省文物考古研究所、隨州市博物館：《隨州文峰塔M1（曾侯與墓）、M2發掘簡報》，《江漢考古》2014年第4期。

〔註31〕 杜正勝：《周代封建制度的結構》，《中央研究院史語所集刊》第50本第4分冊，1979年；李學勤：《大盂鼎新論》，《鄭州大學學報》1985年第3期；朱鳳瀚：《商周家族形態研究》（增訂本），天津古籍出版社，2004年，第339頁。

〔註32〕 參見李學勤：《試說葉家山M65青銅器》，《楚簡楚文化與先秦歷史文化國際學術研討會論文集》，湖北教育出版社，2013年；馮時：《葉家山曾國墓地筍記三題》，《江漢考古》2014年第2期；黃鳳春、胡剛：《再說西周金文中的「南公」——二論葉家山西周曾國墓地的族屬》，《江漢考古》2014年第5期；羅運環：《新出金文與西周曾侯》，《陝西師範大學學報》2015年第6期；程浩：《由清華簡〈良臣〉論初代曾侯「南宮天」》，《管子學刊》2016年第1期；樊森、黃勁偉：《西周早期「南公」家族世系探略》，《西南大學學報》2016年第5期。而朱鳳瀚先生在2015年4月16日的「兩周青銅的新發現與新啓示」報告中揭示了葉家山西周早期曾侯墓地的族屬問題：M65（曾侯諫墓）、M2（曾侯諫夫人墓）、M28（曾侯墓）爲非姬姓曾國貴族墓葬，M111（曾侯狁墓）爲西周早期始封的姬姓曾侯墓。墓主狁爲曾國始封君。

戰國時期的義地崗墓地以及擂鼓墩曾侯乙墓等曾國貴族墓群的發掘揭示出經略南土、屏藩周邦的曾國從周初一直延續至東周，一脈相承，流傳有序；而南宮适的另一子即《尚書‧顧命》中的南宮毛在朝襲爵，畿內的南氏家族皆出自南宮毛。眾所周知的大盂鼎（《銘圖》02514）、小盂鼎（《銘圖》02516）的器主盂，稱其「嗣祖」爲南公（南宮适），在宗周被周王冊命，可見盂應是在周室任仕的南宮毛之後，遺胄直至西周晚期的南宮柳、南宮乎。曾國與周人出自同一祖先，作爲同姓宗邦是周王朝在南方邊疆重要的屏障，作爲「漢陽諸姬」之首，政治地位非凡，亦是周文化在漢水流域延伸和擴張的橋頭堡，可視爲曾國職官制度與周室呈現相似性的原因之一。

三、杞伯每刃簋

這套杞伯每刃簋最早由張懋鎔先生撰文披露[註33]，後著錄於《銘圖》，編號04860。據張懋鎔先生文中介紹，這套杞伯每刃簋共有兩件，大小、器形、紋飾、銘文基本相同。《銘圖》著錄的杞伯每刃簋通高 20、口徑 16.6、腹深9.1 釐米，重 3.18 千克；國博這件杞伯每刃簋通高 19.5、口徑 16.4、腹深 8.9釐米，重 3.12 千克，器蓋有明顯的修復痕跡（圖七）。

器形整體頗似豆，弇口，鼓腹，腹下部斜收成底，底部近平，圈足較高，近底處外撇，蓋面微隆呈緩坡狀，蓋頂有圈足狀捉手，通身飾較淺的瓦紋，蓋捉手內飾蜷曲鳥紋。內底鑄有銘文 3 行 19 字（含重文 2 字）（圖八）：

杞白（伯）每刃乍（作）竈（邾）孃（曹）園（媵）𣪘（簋），

萬年其子＝（子子）孫＝（孫孫）坴（永）寶用。

張懋鎔先生對這套豆形杞伯每刃簋做了詳細深入的研究，得出的結論令人信服。我們僅作如下補充：

1. 杞伯每刃器的時代。杞伯每刃器最早一批是晚清道光、光緒年間出土於山東新泰，計鼎 2、簋 3、簋蓋 2、盆 1、壺 1、壺蓋 1、匜 1 等 11 件。後1962 年武漢市文物商店收購有一件杞伯每刃簋（《銘圖》04855），1966 年山東藤縣木石鎮東臺村又出土了一件杞伯每刃鼎（《銘圖》02213），再加上新見的兩件豆形杞伯每刃簋、一件杞伯每刃鼎（《銘續》0177）和一件杞伯每刃壺（《銘續》0836），凡 17 件。

〔註33〕張懋鎔、閆婷婷、王宏：《新出杞伯簋淺談》，《文博》2011 年第 1 期。

　　筆者曾在介紹國家博物館新入藏的杞伯雙聯鬲的文章中，將其與杞伯每刃器的時代做了比較，得出的結論是杞伯雙聯鬲的時代約在春秋早期偏早至早期中葉，而杞伯每刃器的時代略晚一些，兩組器中的杞伯不是同一人〔註34〕。從形制上看，杞伯每刃器中杞伯每刃壺（《銘圖》12379）呈現出較早的形態，束頸，鼓腹，圈足下承底階，雙獸首半環耳銜環，器形從西周晚期方壺演變而來，與之相近的有三門峽上村嶺虢國墓地出土的虢季方壺（M2001：90、92）〔註35〕、鳳鳥紋方壺（M2012：25、16）〔註36〕、鳳鳥紋方壺（M2011：63、64）〔註37〕。杞伯每刃簋（《銘圖》04854）器形爲弇口，圓鼓腹，圈足下有三附扁足，雙獸首鋬耳，下無垂珥，與1974年新野小西關墓出土的簋〔註38〕器形相似，小西關簋的時代在春秋早期偏晚至春秋中期初年。杞伯每刃鼎（《銘圖》02061、02062）器形爲平頂蓋，蓋頂有三曲尺形鈕，附耳，圓腹圓底，蹄足，腹部飾垂鱗紋。形制已接近安徽舒城河口出土的鼎（M1：1）〔註39〕，舒城河口鼎的時代在春秋早中期之際至春秋中期前段；從銘文字體風格上看，杞伯雙聯鬲的字體較爲規整，頗有西周晚期的孑遺，而杞伯每刃器的字體大小不一、筆畫乖張、風格粗獷，帶有明顯的地域文化特徵，尤其是這件豆形簋的銘文甚至還出現了筆畫缺失的情況，如「乍」字漏鑄了兩筆，「㜏」字所從之女和「設」字所從之殳的部分都有漏筆，顯得十分潦草疏率。故結合上述因素考慮，杞伯每刃器的時代下限已至春秋早期後段，根據《史記·陳杞世家》等文獻的記載，如果說杞伯雙聯鬲中的杞伯是杞武公的話，那麼杞伯每刃應該是繼任的杞靖公。

　　2. 圂簋之圂表明了此簋具體用途的特徵。商周青銅器自名前綴的修飾詞最常見的是尊、寶、宗等，除此之外還有一部分反映的是該器專門或特殊的用途和功能，如旅鼎、饙簋、醴壺、盥缶等。杞伯簋銘中修飾簋的詞語是圂，

〔註34〕　田率：《國家博物館新入藏的兩周青銅器管見》，《中國國家博物館館刊》2015年第5期。

〔註35〕　河南省文物考古研究所、三門峽市文物工作隊：《三門峽虢國墓》第一卷，1999年，圖版一八.1、2。

〔註36〕　河南省文物考古研究所、三門峽市文物工作隊：《三門峽虢國墓》第一卷，1999年，圖版九四.5、6。

〔註37〕　河南省文物考古研究所、三門峽市文物工作隊：《三門峽虢國墓》第一卷，1999年，圖版一二四.3、4。

〔註38〕　河南省博物館、新野縣文化館：《河南新野古墓葬清理簡報》，《文物資料叢刊》第2輯，1978年，第73頁，圖六：2。

〔註39〕　安徽省文物考古研究所：《安徽舒城縣河口春秋墓》，《文物》1990年第6期。

理應屬於後者。我們認爲國可讀爲飧，國上古音在匣母文部，飧在心母文部，韻部相同，前文所揭宣、奠相通之列，心母是可與舌根音（曉母、匣母）諧聲的。飧，《六書故‧工事四》：「飧，夕食也。古者夕則餕朝膳之餘，故熟食曰飧。」《詩‧魏風‧伐檀》「不素飧兮」毛傳：「熟食曰飧。」孔穎達疏：「是飧爲飯之別名。」《詩‧小雅‧大東》「有饛簋飧」，毛傳：「飧，熟食，謂黍稷也。」此外，飧與饔在文獻中經常對舉，《古今韻會舉要‧宋韻》：「饔，朝食曰饔，夕食曰飧。」《孟子‧滕文公上》：「賢者與民並耕而食，饔飧而治。」趙岐注：「饔飧，熟食也，朝曰饔，夕食飧。」新見的叔駒父簋（《銘圖》04668）：「叔駒父作遣姬饔簋，其萬年用。」飧簋和饔簋的含義十分接近，表示此簋是用來盛放蒸熟後的黍稷飯食。

本文原刊於牛鵬濤、蘇輝編《中國古代文明研究論集》，科學出版社，2018年，第 208～221 頁。

圖一

1. 師大簋甲　　　　　　　　　2. 師大簋乙

圖二

1. 師大簋甲銘文　　　　　　　3. 師大簋乙銘文

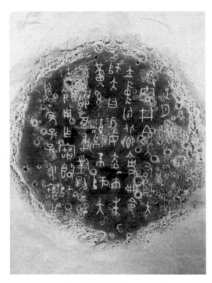 

2. 師大簋甲銘文拓本　　　　　4. 師大簋乙銘文拓本

圖三

曾卿士季窶簠（甲、乙）

圖四

1. 曾卿士季窶簠甲蓋銘拓本　　　　2. 曾卿士季窶簠甲器銘拓本

 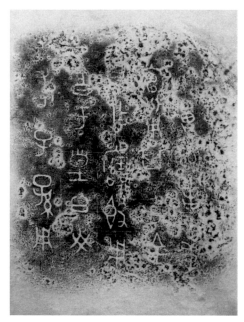

3. 曾卿士季寏簋乙蓋銘拓本　　　　4. 曾卿士季寏簋乙器銘拓本

圖五

曾季卿士奐壺（甲、乙）

圖六

1. 曾季卿士尹壺甲蓋銘拓本

2. 曾季卿士尹壺甲器銘拓本

3. 曾季卿士尹壺乙蓋銘拓本

圖七

1. 杞伯每刃簋　　　　　　　　2. 杞伯每刃簋蓋

圖八

1. 杞伯每刃簋銘文　　　　　　2. 杞伯每刃簋銘文拓本

伯有父劍考釋

　　2015 年中國國家博物館新入藏了一件東周時期的青銅劍，兩從鑄有銘文 36 字。在已知的商周時期青銅劍中，銘文字數最多的是蘇州博物館 2014 年入藏的吳王余眜劍 75 字〔註1〕；其次是 1997 年浙江紹興魯迅路出土的壽夢之子劍（《銘圖》18077）40 字；此劍銘文篇幅排第三。劍銘倒置，布局爲脊兩側兩從各鑄銘兩行，而非常見的各一行，這在劍銘中尚屬首例。吳鎮烽先生編著的《商周青銅器銘文暨圖像集成續編》收錄了此劍，編號 1351，銘文多處被鏽掩蓋，不能盡讀。經 X-ray 探傷攝影，絕大部分的銘文可以辨識，現將資料公佈，以供方家研究探討。

一

　　通長 36.3、格長 3.8 釐米。圓首，莖部橫截面略呈菱形，中部較細，近首處漸粗，半中空，近格處有接鑄痕跡，窄格，薄從，劍身中央棱脊突出（圖一）。兩從鑄銘隸定如下（圖二）：

　　　　隹（唯）東王之孫，子浮君之子，白（伯）有父渙（擇）其吉

　　金，自乍（作）佩鉅，用狄（逖）伐四方，用刜（劀、別）牛羊，

　　用卲（禦）于□王之。

　　劍的形制特徵爲：「一」字形格，莖爲圓柱形中空（或半空），首爲圓盤形，劍身較窄，這類青銅劍流行於春秋晚期至戰國早期。與之器形近似的可舉出洛陽中州路 M2719 出土的劍（M2719：86）〔註2〕、陝縣後川 M2071 出

〔註 1〕 程義、張軍政：《蘇州博物館新入藏吳王余眜劍初探》，《文物》2015 年第 9 期。
〔註 2〕 中國科學院考古研究所：《洛陽中州路（西工段）》，北京：科學出版社，1959
　　　　年，第 99 頁，圖六七：4。

土的劍（M2071：25）〔註3〕、長沙東郊 M329 出土的劍（M329：2）〔註4〕、慈利官地 M1 出土的劍（M1：11）〔註5〕等。上述諸墓葬的時代集中在戰國早期，可作為本器斷代的參考依據。

銘文字體細小、俊秀，筆劃拘謹、多短筆且圓曲。與之字體酷肖的是 1979 年隨州季氏梁墓葬出土的曾大工尹季怡戈（《銘圖》17302），此戈的時代在春秋中期。劍銘言「某人之孫，某人之子」是器主自述出身的辭例，在自作器類中比較常見：

1. 鄭莊公之孫，剌疢之子（鄭莊公之孫盧鼎《銘圖》02408、02409，鄭莊公之孫缶《銘圖》14095、14096）

2. 殷王之孫，右師之子（庚壺《銘圖》12453）

3. 徐頷君之孫，利之元子（次尸祭缶《銘圖》14093）

4. 鄭武公之孫，聖伯之子（良夫盤《銘圖》14521、良夫匜《銘圖》15000）

5. 宣王之孫，雍王之子（東姬匜《銘圖》15002）

6. 徐王旨退之孫，足劍次留之元子（之乘辰鍾《銘圖》15360）

7. 徐王之孫，尋楚歔之子（遱邡鍾《銘圖》15520、15521、《銘續》1027；遱邡鎛《銘圖》15794～15796）

8. 迭斯于之孫，茲佫之元子（僕兒鍾《銘圖》15528、15530）

9. 畢公之孫，邵伯之子（邵黛鍾《銘圖》15570～15582）

10. 茂厥于之孫，鍾離公柏之季子（季子康鎛《銘圖》15787～15791）

11. 齊辟鮑叔之孫，躋仲之子（鮑子鎛《銘圖》15828）

12. 穆侯之子，西宮之孫（曾大工尹季怡戈）

13. □□王之孫，嚚仲之子（伯剌戈《銘圖》17348）

14. 滕師公之孫，吞叔之子（者兒戈《銘續》1255）

〔註 3〕 中國社會科學院考古研究所：《陝縣東周秦漢墓》，北京：科學出版社，1994 年，第 72 頁，圖五七：2。

〔註 4〕 中國科學院考古研究所：《長沙發掘報告》，北京：科學出版社，1957 年，圖版拾伍：5。

〔註 5〕 高中曉、袁家榮：《湖南慈利官地戰國墓》，《湖南考古輯刊》第 2 集，長沙：嶽麓書社，1984 年。

上述列舉諸器十四例，僅例 13 的時代在春秋早期器，例 5、10、11、12 為春秋中期，例 6 為戰國早期，其餘皆在春秋晚期。而單稱「某人之孫」或「某人之子」的例子就更多了，大抵齊集在春秋時期，也以春秋晚期為最。

結合上述劍的形制、銘文字體、作器者自述出身的辭例等因素分析，我們認為這柄劍的時代大致在春秋晚期，不晚於戰國初年。

二

「唯東王之孫」之「東王」的解釋。東、申古音相近可以通假，實例頗多，茲不贅述。所以東王可讀為申王，原地處南陽後被楚國遷至信陽的南申國在春秋時期確曾稱王，如申文王（州𢼬簠《銘圖》05943）、申王（叔姜簠《銘圖》05897）等，申國之名以「東」借之，這還是首次出現，遍檢兩周時期的申國器物，作為國、氏名的申皆作𤲮、𤲴等繁體，從未出現過省形，故還是將「東」按本字讀比較穩妥。

「東王」見於《左傳》昭公二十三年的記載：「八月丁酉，南宮極震。萇弘謂劉文公曰：『君其勉之！先君之力可濟也。周之亡也，其三川震。今西王之大臣亦震，天棄之矣！東王必大克。』」杜預注云：「子朝在王城，故謂西王。敬王居狄泉，在王城之東，故謂東王。」從萇弘與劉文公的對話來看，時人有稱周敬王為東王的習慣，東王可理解為周敬王的一種別稱。

周景王去世前的三年，太子壽辭世（《左傳》昭公十五年）。景王欲立庶子王子朝為儲君，而遭到王朝卿士單穆公、劉獻公及其子劉盆的反對。魯昭公二十二年夏（前 520 年），周景王在畋獵時暴斃，單子、劉子遂立王子猛登基，是為周悼王。同年「王子朝因舊官、百工之喪職秩者與靈、景之族以作亂。……十一月乙酉，王子猛卒，……己丑，敬王即位。」這次王位之爭，史稱「王子朝之亂」，前後持續長達十八年之久。《春秋經》昭公二十三年（前 519 年）記「天王（敬王）居於狄泉，尹氏立王子朝」，《傳》云「甲午，王子朝入於王城」（《左傳》）。這一年王子朝攻佔了王城，周敬王避居狄泉。

兩周時期，洛邑王城的城址發生過變遷，周敬王所居之狄泉到底位於何處，需要做一簡單說明。《公羊傳》宣公十六年云：「成周者何？東周也。」又昭公二十二年：「王城者何？西周也。」《漢書·地理志》河南郡洛陽條：「周公遷殷民是為成周，《春秋》昭公二十二年晉合諸侯於狄泉，以其地大成周之

城，居敬王。」又河南條：「故郟鄏地。周武王遷九鼎，周公致太平，營以為都，是為王城。」杜預在注《春秋》經傳時也明確指出成周與王城是兩處不同的都城，《左傳》隱公三年鄭國「又取成周之禾」，杜注：「成周，洛陽縣。」《春秋經》昭公二十二年「秋，劉子、單子以王猛入於王城」，杜注：「王城，郟鄏，今河南縣。」《漢書》、杜注皆是受《公羊傳》記載的影響，這種成周、王城「兩城說」的認識一直延續至清代。唐蘭先生、陳夢家先生在論述令方彝（《銘圖》13548）銘文中的「明公朝至於成周」之「成周」和「用牲於王」之「王」時，仍舊認為東邊的是成周在洛陽縣，西邊的是王城在河南縣〔註6〕。但成周、王城「兩城說」日益遭到當今學界詰難，成周與王城實為一座城邑，位於瀍水東、西兩岸〔註7〕，即西周初年周公營建的成周洛邑。平王東遷後在澗河東岸修築了新的都城，仍叫「成周」或「王城」。澗河東岸的東周王城遺址發現的城牆，北垣全長 2890 米，西垣南北兩端相距約 3200 米，東垣殘存約 1000 米，宮殿建築分佈在城址偏南或中部，發現了兩組較大的夯土建築遺址，北組建築的四周有夯土圍牆環繞，平面呈長方形，東西長約 344 米，南北寬約 182 米。在今小屯村東、南及瞿家屯一帶發現了大量建築材料，據《國語‧周語》「谷（即澗水）洛鬥，將毀王宮」的記載，澗、洛交匯處的高地應是王城宮殿區的遺址。城址西北部有較大的窯廠，南垣附近有大面積的糧倉遺址，城內中心偏西處有冶鐵作坊遺址。20 世紀 50 年代在城址的中部中州路一帶發掘了 260 座東周墓葬，時代從春秋初期至戰國晚期。城東北隅還發掘了大型積石積碳帶墓道的戰國墓〔註8〕。

〔註6〕 唐蘭：《作冊令尊及作冊令彝銘文考釋》，《唐蘭先生金文論集》，北京：紫禁城出版社，1995 年，第 11 頁；陳夢家：《西周銅器斷代》，北京：中華書局，2004 年，第 40 頁。

〔註7〕 李民：《說洛邑、成周與王城》，《鄭州大學學報》1982 年第 1 期；曲英傑：《周都成周考》，《史學集刊》1990 年第 1 期；葉萬松、張劍、李德芳：《西周洛邑城址考》，《華夏考古》1991 年第 2 期；梁云：《成周與王城考辨》，《考古與文物》2002 年第 5 期；朱鳳瀚：《〈召誥〉、〈洛誥〉、何尊與成周》，《歷史研究》2006 年第 1 期；徐昭峰：《成周與王城考略》，《考古》2007 年第 11 期；魏成敏、孫波：《漢魏洛陽西周城與西周洛邑探索》，《東方考古》第 9 集，北京：科學出版社，2012 年；侯衛東：《論西周晚期成周的位置及營建背景》，《考古》2016 年第 6 期。

〔註8〕 中國社會科學院考古研究所：《中國考古學‧兩周卷》，北京：中國社會科學出版社，2004 年，第 230～231 頁。

　　而周敬王避難的狄泉，位置在東周王城之東，杜預注云：「狄泉，今洛陽城內大倉西南池水也，時在城外。」《國語‧周語》韋昭解：「狄泉，成周之城，周墓所在也。」《洛陽伽藍記》卷一載：「太倉西南有翟泉，周回三里，即《春秋》所謂王子虎、晉狐偃盟於翟泉也。」《晉元康地道記》曰：「城東北隅，周威烈王冢。」20 世紀 20 年代末在金村發現了東周單墓道大墓八座，學界普遍認爲是東周天子墓葬。20 世紀 80 年代在漢魏洛陽故城遺址中部和北部勘探出春秋晚期城址，北部是春秋晚期諸侯爲居敬王築城時新擴建的部分〔註9〕，與《左傳》昭公三十二年「冬十一月，晉魏舒、韓不信如京師，合諸侯之大夫於狄泉，尋盟，且令城成周」的記載相吻合。

　　從昭公二十三年始至昭公二十六年王子朝「奉周之典籍以奔楚」，這三年期間，東周王室一度存在「二王並立」的局面，王子朝佔據澗水之濱的工城，周敬王避居於東部瀍水的狄泉，故有東王之稱。上揭「某人之孫，某人之子」之辭例，孫多爲玄孫、遠孫之義，而此劍的時代在春秋晚期，若東王是周敬王的話，其在位 44 年，時間跨度較長。按照周禮男子 20 歲冠字，伯有父當爲周敬王之親孫，比較符合當時的情況〔註10〕。

　　「子浮君之子」從其稱謂上看，「君」字可以有兩種理解：

　　一、單純表示尊稱之義。如子𦥑君（子𦥑君鼎《銘圖》01223 商代晚期）、夲者君（夲者君尊《銘圖》11729 西周早期）、甚孿君（甚孿君簋《銘圖》04680 西周早期）。這類稱呼是人名後綴「君」的格式。如果將「子浮君」這一稱謂歸於此類，由於「子某」是東周時期常見的男子之字的形式，故「子浮」則可理解爲器主父親的字。但「君」表示尊稱的用法僅見於商代晚期至西周早期，在東周時期頗爲少見，「名/字+君」作爲人名在春秋時期更是罕有，所以這種解釋於義未安。

　　二、表示封君身份的「君」，作爵位、爵稱解。東周時期，各諸侯統下紛紛設置封君。楊寬先生將封君的封號分爲三種類型：1. 以封邑之名爲封號（常例）；2. 以功德爲封號（如張儀封五邑而號武信君，呂不韋封洛陽而號文信君，田嬰封於薛而號靖郭君，廉頗封於尉文而號信平君等）；3. 只有封號而無封邑

〔註9〕　中國社會科學院考古研究所洛陽漢魏城隊：《漢魏洛陽故城城垣試掘》，《考古學報》1998 年第 3 期。

〔註10〕　有關春秋、戰國的分野年代有前 481、前 476、前 468、前 453、前 403 年等不同説法，本文將周敬王在位的最後一年（前 476 年）視爲春秋時代的結束。

（如白起因功封武安君，趙奢因功封馬服君，以色受封的楚宣王男寵安陵君及楚頃襄王男寵鄢陵君、壽陵君等）〔註11〕。楊先生的劃分內涵存在交叉，實際上封君的性質是可以分為有封邑和無封邑兩種，而封君的封號也是分為以封邑之地名和以功德、行狀概括的兩類，前者最為常見。

若將「子浮」理解為封邑的地名，其地望已無從可考。或將「子浮」理解成一種譽稱、美號，亦未嘗不可。子可讀為孜，見於史牆盤（《銘圖》14541）「柔惠乙祖逑匹厥辟，遠猷腹心，子納狎明」，裘錫圭先生疑讀子為孜〔註12〕，《說文·支部》：「孜，汲汲也，從支子聲。《周書》曰：『孜孜無怠。』」《書·泰誓下》：「爾其孜孜。」孔傳：「孜孜，勤勉不怠。」而浮可讀為孚，《說文·爪部》：「孚，一曰信也。」《爾雅·釋詁上》：「孚，信也。」邢昺疏：「謂誠實不欺也。」《詩·大雅·下武》：「永言配命，成王之孚。」鄭箋：「孚，信也。」「子浮」讀為「孜孚」，表示此人憑其「勤勉誠信」之德行而以周王子的身份受封為君，至於有無封邑、身世經歷等情況，史料闕如，不得而知。

「伯有父溇其吉金」，作器者伯有父，伯為排行，通常情況下表示宗子身份，有是字，父為男子之美稱。這類「排行+字+父」的人名格式是周代男性貴族常見的冠字形式，據張再興先生統計在金文中共有 161 例，其中西周時期 149 例，春秋時期 12 例，而春秋晚期僅 1 例〔註13〕。春秋時期男性貴族的冠字方式基本上以「子某」為主流。伯有父這種冠字方式仍固守舊章，因循故法，說明器主深受傳統周文化的侵染，與其周室王孫的身份也相符合。溇字從水臬聲，《說文·大部》：「臬，古文以為澤字。」段玉裁注：「又按澤當作皋。古澤、睪、皋三字相亂。」劉釗先生對睪、臬、皋的形、音演變關係有精當的論述，它們本為一字〔註14〕。在這裡溇字讀為「擇」，「擇其吉金」是春秋時期的金文習語。

「自作佩鉅」，商周青銅劍自名為「鉅」，尚屬首例。劍，上古音在見母談部；鉅，為群母魚部字。見母、群母旁紐，同為牙音，而談、魚通轉之例

〔註11〕 楊寬：《戰國史》，上海：上海人民出版社，1998 年，第 268～269 頁。

〔註12〕 裘錫圭：《史墻盤銘解釋》，《文物》1978 年第 3 期。

〔註13〕 張再興：《金文人名「某某父」中排行的計量考察》，《中國文字研究》2008 年第二輯。

〔註14〕 劉釗：《古文字構形學》（修訂本），福建人民出版社，2011 年，第 181～188 頁。

亦頗多，近年孟蓬生先生多有高論〔註15〕，可作參考。鉅與劍通假是能夠成立的。劍，《說文・刃部》：「人所帶兵也。」周代貴族男子素有佩劍習俗，《老子》第五十三章：「服文采，帶利劍。」東周時期各地區大中小型墓葬的出土情況表明，劍類兵器一般出於棺內墓主人骨腰間位置，確爲佩帶使用。春秋戰國之際，周文化及諸侯國範圍內出土的青銅圓莖短劍（即七首），長度多在30 釐米以下，而此劍長 36.3 釐米，形制、規格與圓莖短劍接近，「鉅」可能是這類短劍的特指專稱。

「用狄伐四方，用刜牛羊，用刞于□王之」，這幾句說明了此劍的用途。狄通逖，《說文・辵部》：「逖，遠也。」意爲遠征天下。刜字從肉從刃，作爲偏旁刃與刀多混用，董珊先生分析了這個字不同形體之間的演變關係，字體大致有四種〔註16〕：

1. ![字](《包山簡》116）可隸定爲從肉從刀的剢；

2. ![字](燕客問量《銘圖》18816）、![字](《九店簡》M56：7）從肉從辛從刀（或從刃），隸爲剢或剢；

3. ![字](《包山簡》146）、![字](半鎰環權《銘圖》18844），隸爲剢；

4. ![字](《信陽簡》2-010），隸作剢。李學勤先生將其讀爲「半」〔註17〕，於義通順。

〔註15〕 孟蓬生：《師寰簋「弗叚組」新解》，復旦大學出土文獻與古文字研究中心網站（http：//www.gwz.fudan.edu.cn/SrcShow.asp 跡 Src_ID=705），2009 年 2 月 25 日；《楚簡所見舜父之名音釋——談魚通轉例說之二》，《簡帛》第六輯，上海：上海古籍出版社，2011 年；《〈孟子〉「接淅而行」音釋——談魚通轉例說之三》，簡帛網（http：//www.bsm.org.cn/show_article.php 跡 id=1294），2010 年 9 月 6 日；《「出言又（有）丨，利（黎）民所訌」音釋——談魚通轉例說之四》，《簡帛》第七輯，上海：上海古籍出版社，2012 年；《「法」字古文音釋——談魚通轉例說之五》，《中國文字研究》第十六輯，2012 年；《上博簡「臧罪」音釋——談魚通轉例說之六》，《古漢語研究的新探索——第十一屆全國古代漢語學術研討會論文集》，北京：語文出版社，2014 年；《「竜」字音釋——談魚通轉例說之八》，《歷史語言學研究》第七輯，北京：商務印書館，2014 年；《「執」字音釋——談魚通轉例說之九》，《古文字研究》第三十一輯，北京：中華書局，2016 年。
〔註16〕 董珊：《楚簡簿記與楚國量制研究》，《簡帛文獻考釋論叢》，上海：上海古籍出版社，2014 年，第 182～183 頁。
〔註17〕 李學勤：《楚簡所見黃金貨幣及其計量》，《中國錢幣論文集》第四輯，北京：中國金融出版社，2002 年，第 61～64 頁。

　　魏宜輝先生認為刐是「別（刐）」字之異體〔註18〕，是正確的。從肉與從冎（骨字的古體）作為表意的偏旁可相通換，且「別」與「半」二字本身在聲韻上通假是沒有問題（古音別在幫母月部，半在幫母元部，月、元陽入對轉），而刐字的其他幾種異體，是增加了「辛」（或訛為二）義符或「八」等表義兼聲符，讀為「半」。本銘取刐字分解、分剖的本義，《說文・冎部》云：「刐，分解也。」王筠《說文句讀》：「從冎從刀，主臚辜而言⋯⋯《淮南子》曰『宰庖之切割分別也』。」

　　此句形容劍之鋒利，類似的典例還見於《戰國策・韓策一》「韓卒之劍戟，⋯⋯龍淵、太阿，皆陸斷馬牛，水擊鵠雁」、《戰國策・趙策三》「夫吳干之劍，肉試則斷牛馬，金試則截盤匜」等。

　　「钌于□王之」，「于」後鏽失一字，钌是御的本字，可通「禦」，有抵擋、捍禦之義，見《小爾雅・廣言》：「禦，抗也。」《詩・小雅・常棣》：「兄弟鬩於牆，外禦其務。」儘管缺失一字，但句意大體可揣測為「抵禦侵害王的一切」。此句與毛公鼎（《銘圖》02518）「以乃族干（捍）𠭯（敬、御）王身」、師詢簋（《銘圖》05402）「率以乃友干（捍）菩（敬、御）王身」、師克盨（《銘圖》05680）「干（捍）害（敬、御）王身，作爪牙」等詞句意思相近。

三

　　器主伯有父從血統上看是周王孫，其父是周王室的一位封君。有關周王室封君的情況，以往史料鮮有披露，劍銘可補史闕。東周時期，各諸侯國內封君林立、蔚然成風，封君制度成為了當時重要的政治組織制度之一。春秋以來，諸侯對宗室成員的分封不曾止息：鄭莊公封同母弟段於京邑，後被剿滅；晉昭侯封叔父成師於曲沃，最終釀成了「曲沃代翼」的結局；楚國封子國於析，封號為「析君」。戰國以後，隨著兼併戰爭的加劇，大國開疆拓土，在新征服的地域裏掀起了封土賜邑的高潮，受封對象的範圍也不僅限於宗室，還有姻親、功臣、幸臣等群體。封君治下有與諸侯中樞相似的職官體系，宗邑下還有小邑，呈現出制度化、層級化。「賜予封邑、授予封號」構成了周代封君制度的根本特徵。

　　平王東遷以降，王室式微，雖已無能力分封諸侯，但周王在直接控制的王畿範圍內仍能封臣賜邑，甘氏、劉氏、王叔氏、儋氏等新生世族皆出自王

〔註18〕 魏宜輝：《試析楚系文字中的「別」字》，《東南文化》2009 年第 6 期。

室：甘氏爲周惠王之子、周襄王母弟王子帶之後，《世本》：「甘氏出甘昭公，王子帶之後。」《左傳》僖公二十四年：「初，甘昭公有寵於惠后，惠后將立之，未及而卒。昭公奔齊，王復之，又通於隗氏。」杜預注：「甘昭公，王子帶也，食邑於甘。河南縣西南有甘水」；劉氏出自周頃王之子，周匡王、周定王之弟，《春秋》宣公十年：「秋，天王（周定王）使王季子來聘。」《左傳》：「秋，劉康公來報聘。」杜預注：「王季子也，其後食采於劉。」《國語·周語中》：「定王八年，使劉康公聘於魯。」韋昭注：「劉，畿內之國。康公，王卿士王季子也。」王叔氏爲周僖王王子虎之後，《國語·周語上》：「襄王使太宰文公及內史興賜晉文公命。」韋昭解：「太宰文公，王卿士王子虎也。」《春秋》文公三年：「夏五月，王子虎卒。」《左傳》爲「王叔文公卒」。王叔文公之子是王叔桓公、之孫是王叔陳生，王叔氏三世而亡；儋氏出於周簡王之子，《左傳》襄公三十年「王儋季卒」，杜預注：「儋季，周靈王弟。」戰國時期王室分封仍存餘波，《史記·周本紀》：「考王封其弟於河南，是爲桓公，以續周公之官職。桓公卒，子威公代立。威公族，子惠公代立，乃封其少子於鞏以奉王，號東周惠公。」周考王封其弟揭在河南，即西周桓公，形成一個了所謂的「西周」，後又分裂出「東周」。由王室分封出的新世族，與封君的關鍵區別在於無「君號」之名，卻有封君之實。從子浮君的身份上看，他是未繼王位的周王子，被周敬王受封爲君，體現了周王室在領域範圍內仍保持著掌控力。

春秋時期，王室沒落衰微是毋庸置疑的事實。春秋初年周鄭交惡，鄭國與周天子不僅出現了交換人質這種踐踏禮制的做法，甚至還發生了鄭將射王中肩的惡性衝突，橫掃了周天子的威風。儘管如此，在霸權迭興的春秋時代，周天子在政治舞臺上依然是主角，「尊王」這面鮮明的大旗始終未偃，周王至高無上的權力也非完全褪色，直至三家分晉也要通過周王的冊命才具備合法性。

「東王之孫」、「迷伐四方」、「別牛羊」、「禦于□王之」這些辭句不能單純按照程式化的套語來理解，它們背後隱含深意：「東王之孫」強調器主的出身源自王室正統，注重宣揚自己作爲周王孫的身份，油生的優越感透露出周王室仍舊是「天下共主」的尊嚴，周王有著無法替代的統治地位；「迷伐四方」申明天子至高無上的軍事指揮權；《禮記·禮器》篇云「大廟之內敬矣……君親割牲，夫人薦酒」、《禮記·樂記》篇亦云「天子祖而割牲」，可見「別牛羊」

象徵的是周王主持祭祀、宰割犧牲的權力。這兩句可視爲「國之大事，在祀與戎」的生動注腳，足見器主恪守著「禮樂征伐自天子出」的法統理念；「禦于□王之」著重申述了捍衛王權是臣子須要履行的職責和義務。作爲東周王室的遺物，伯有父劍銘所表達的意願與王孫滿宣佈的「周德雖衰，天命未改」口號相比毫不遜色，甚至表現得更加強烈和自信。

　　本文原刊於北京大學出土文獻研究所編《青銅器與金文》第二輯，上海古籍出版社，2018 年。

圖一

伯有父劍

圖二

1. 伯有父劍銘文　　　　　　　2. 伯有父劍銘文拓本

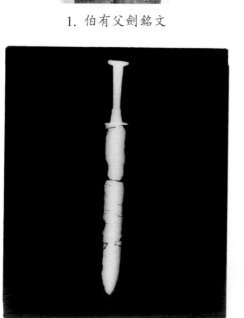 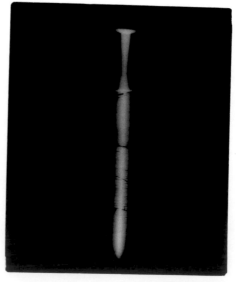

3. 伯有父劍 X-ray 探傷照片　　　4. 伯有父劍 X-ray 探傷照片

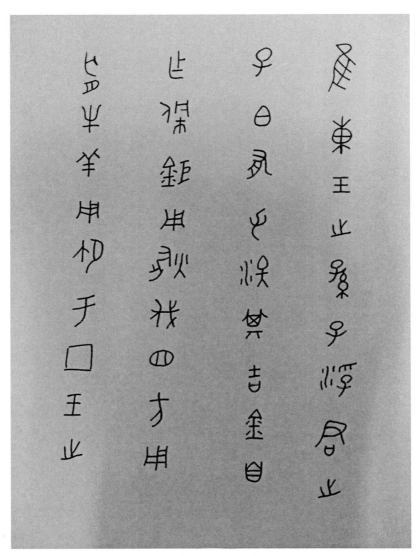

5. 伯有父劍銘文摹本

論永壽二年錯金環首鋼刀的重要價值

　　2011 年 8 月中國國家博物館新入藏了一件錯金環首鋼刀（圖一）。刀全長 79.8、刀身寬 3、刀脊厚 0.7 釐米，原鐔部位置長 0.9 釐米。環首外徑 6 釐米，為橢圓形，飾幾何形卷雲紋，以嵌金方式裝飾（圖二）。刀柄上殘存木質夾板握手，上有織麻殘段，外有髹漆殘留，髹漆上還遺留有描金紋飾的痕跡（圖三）。刀柄與刀身基本等寬，刀身上有木質刀鞘殘跡，刀身近柄處、刀身兩側均飾錯金流雲紋，間有羽飾（圖四），這種紋飾在漢代較為罕見。刀脊有錯金銘文 54 字（圖五），字下飾錯金火焰紋及勾連雲紋（圖六）。

　　鐔部以上、刀身兩側及刀脊上的錯金紋飾的位置和形式，符合東漢時期環首刀的規制，與此刀形制、紋飾相同者可舉出河北省定縣中山穆王劉暢的 43 號墓出土的錯金鐵刀[註1]。

　　整個鋼刀銹蝕較嚴重，但錯金裝飾瑰麗，內容豐富，工藝考究。中國國家博物館科技保護部對此刀進行了 X-ray 探傷分析，得知這件鋼刀保存完整、製造精湛（圖七），另外刀柄處還有 6 字銘文（圖八）。現將全部銘文釋讀如下：

　　刀脊銘文：*永壽二年二月濯龍造，廿〔董〕（灌）百辟，長三尺四寸把刀。鐵工劉滿，鍛工虞廣，削屬待詔王甫，金錯待詔灌宜，領濯龍別監唐衡監作，騶姚北主。*

　　刀柄銘文：*濯龍持作百辟。*

　　「廿灌」之「灌」字筆畫剝落殘缺，其餘字體基本完整。銘文詳細記述了金錯刀製造的時間、製造地點、器物歸屬、規格尺寸、製造工藝、製造工

〔註 1〕定縣博物館：《河北定縣 43 號漢墓發掘簡報》，《文物》1973 年第 11 期。

種、技術工匠和監造主造官的姓名。此件鋼刀對於研究漢代的物勒工名製度以及中國古代冶金製造技術，皆具有十分重要的學術價值。

一、「廿灌百辟」的冶金製造技術

「廿〔韕〕（灌）百辟」，銘文中「灌」字的錯金剝落，僅剩韕部，從後文的人名「灌宜」中可以推斷出是灌字。「廿灌百辟」描述的是鋼刀的冶煉加工過程。

「灌」即灌鋼法，從文獻記載來看，灌鋼技術出現的時間在東漢末年，王粲《刀銘》云：「相時陰陽，制茲利兵，和諸色劑，考諸濁清；灌襞已數，質象已呈。附反載穎，舒中錯形。」〔註2〕稍後晉代張協的《七命》中也談到與之相近的工藝：「楚之陽劍，歐冶所營。邪溪之鋌，赤山之精。銷逾羊頭，鑠（或作鍱）越鍛成。乃煉乃鑠，萬辟千灌。豐隆奮椎，飛廉扇炭。」〔註3〕文中所述為製作寶刀、寶劍的冶煉方法。「銷」，李善注引許慎曰：「銷，生鐵也。」「鑠」是指經過鍛製的熟鐵〔註4〕。其中的「萬辟千灌」，李善注云：「辟謂疊之，灌謂鑄之。」「灌」即灌煉澆鑄，是一種生鐵煉鋼的方法，即文獻中所謂的「雜煉生鍒」。見於《重修政和經史證類備用本草》卷四《玉石部》引南朝梁陶景弘的記述：「鋼鐵是雜煉生鍒作刀鐮者。」〔註5〕所謂「生」是指生鐵；「鍒」，《說文‧金部》云：「鐵之耎也。」王筠《句讀》云：「謂鐵中之柔耎者也。」〔註6〕《正字通‧金部》：「鍒，俗謂軟鐵者，熟鐵也。」「雜煉生鍒」就是把生鐵與熟鐵按一定比例配合起來，混雜冶煉，這是灌鋼技術的核心內涵。灌鋼法的具體操作工藝，史籍中也有記載。東魏北齊間的綦毋懷文就利用灌鋼法制成了一種「宿鐵刀」，見於《北史》卷八十九：

> 懷文造宿鐵刀，其法，燒生鐵精以重柔鋌，數宿則成剛。以柔鐵為刀脊，浴以五牲之溺，淬以五牲之脂，斬甲過三十札。今襄國冶家所鑄宿柔鋌，是其遺法，作刀猶甚快利，但不能頓截三十札也。

〔註7〕

〔註2〕（唐）歐陽詢：《藝文類聚》卷六十，上海古籍出版社，1982年，第1084頁。
〔註3〕（南朝梁）蕭統：《文選》卷三十五，中華書局，1977年，第494〜495頁。
〔註4〕楊寬：《中國古代冶鐵技術發展史》，上海人民出版社，2004年，第263頁。
〔註5〕（宋）唐慎微：《證類本草》，華夏出版社，1993年，第110頁。
〔註6〕（清）王筠：《說文解字句讀》，中華書局，1988年，第571頁。
〔註7〕（唐）李延壽：《北史》，中華書局，1974年，第2940頁。

「柔鋌」，即熟鐵爲原料。「宿」當聚合講，見《莊子·天地》：「至無而供其求，時騁而要其宿。」成玄英疏：「宿，會也。」〔註 8〕這種生鐵與熟鐵混合煉製的灌鋼技術，在後世得到了長足發展〔註9〕。銘文中的「廿灌」說明此刀的製作是將冶煉出液態的優質生鐵灌注到熟鐵原料上，經過熔煉，使之成鋼，如此反覆經過了二十次的灌鋼過程而成。

從前文陶景弘的描述來看，南朝當時已用灌鋼法制造刀、鐮等普通的生產工具，說明灌鋼技術在南北朝時期已經十分成熟，普遍應用，那麼灌鋼技術的誕生應該更早一些。這件鋼刀紀年爲「永壽二年」，即公元 156 年，說明至遲在東漢晚期灌鋼法業已運用嫻熟，這件鋼刀可作爲中國古代灌鋼技術最早的實物例證之一。

再看「百辟」。前文引有「灌襞已數」、「萬辟千灌」之語。《說文通訓定聲·解部》：「辟，又爲襞。」「辟」通「襞」假，《說文·衣部》云：「襞，韏衣也。」徐鍇《繫傳》曰：「猶卷也。襞，摺疊衣也。」〔註 10〕襞，原指折疊衣裙，借用在鋼鐵冶煉上，指將鋼鐵材料的多層積疊、反覆折疊進行鍛打。這種折疊鍛打的工藝，即漢代鋼鐵刀劍銘文中的「湅」，「湅」是「湅」字之省〔註 11〕。《說文·支部》：「湅，辟湅鐵也。」朱駿聲《說文通訓定聲》中說湅是「取精鐵折疊鍛之」。「辟」與「湅」的含義相同，這種經過鍛打鑄鐵而成的鋼稱之爲「辟煉鋼」〔註 12〕。從已發現的古代鋼製品來看，早在東漢時代就已經有了辟湅技術。當時的湅數已有「三十湅」、「五十湅」、「百湅」的差別。

〔註 8〕　（晉）郭象注、（唐）成玄英疏：《南華眞經注疏》，中華書局，1998 年，第 237 頁。

〔註 9〕　北宋蘇頌在《本草圖經》書中記載了生鐵與熟鐵混合煉製成鋼的技術：「初煉去礦，用以鑄鎬器物者爲生鐵；再三銷拍，可以作鏷者爲鑌鐵，亦謂之熟鐵；以生柔相雜和，用以作刀劍鋒刃者爲鋼鐵。」（引自蘇穎、趙宏岩：《本草圖經研究》，人民衛生出版社，2011 年，第 206 頁。）沈括的《夢溪筆談》中更加明確的提出了灌鋼的概念：「世間鍛鐵所謂『鋼鐵』者，用柔鐵屈盤之，乃以生鐵陷其間，泥封煉之，鍛令相入，謂之『團鋼』，亦謂之『灌鋼』。」（引自胡道靜：《夢溪筆談校證》，古典文學出版社，1957 年，第 135 頁。）明代宋應星的《天工開物》描述的灌鋼技術更加進步：「生鋼先化，滲淋熟鐵之中，兩情投合。取出加錘，再煉再錘，不一而足。俗名團鋼，亦曰灌鋼者是也。」（引自潘吉星：《天工開物校注及研究》，巴蜀書社，1989 年，第 369 頁。）

〔註 10〕　（南唐）徐鍇：《說文解字繫傳》，中華書局，1987 年，第 171 頁。

〔註 11〕　孫機：《略論百煉鋼刀劍及相關問題》，《文物》1991 年第 1 期。

〔註 12〕　孫機：《漢代物質文化資料圖說》（增訂本），上海古籍出版社，2011 年，第 57 頁。

羅振玉《貞松堂吉金圖》卷下著錄有 4 件東漢時期的環首「金馬書刀」。其中 3 件銘文都是「卅湅」：

> 永元十□年，廣漢郡工官，卅湅書刀，工馮武（下缺）。〔註13〕

> 永元十六年（公元 104 年），廣漢郡工官卅湅（中間缺九字）史成、長荊、守丞熹主。〔註14〕

> （上缺）廣漢〔郡工官〕卅〔湅〕□□□秋造，護工卒史克，長不，丞奉主。〔註15〕

1974 年山東蒼山縣漢墓出土一把環首鋼刀，與永壽二年鋼刀形制相近，上有錯金隸書銘文：

> 永初六年（公元 112 年）五月丙午造卅湅大刀，吉羊（祥），宜子孫。〔註16〕

廣漢郡工官所造的書刀和山東蒼山的環首鋼刀皆是經過三十湅工藝製成的。

1978 年江蘇徐州銅山縣駝龍山漢墓出土了一把鋼劍，劍把正面有錯金銘文：

> 建初二年（公元 77 年），蜀郡西工官王愔造五十湅□□□孫劍□。〔註17〕

這把鋼劍是蜀郡工官用五十湅工藝製成的。

1961 年日本奈良縣天理市東大寺山一座 4 世紀後期的古墓中出土了一柄鋼刀，上有錯金銘文：

> 中平□〔年〕五月丙午，造作〔支〕刀，百練清剛。上應星宿，〔下辟不祥〕。〔註18〕

中平是東漢靈帝年號，即公元 184～189 年。東大寺刀是用「百湅」工藝製造的。

〔註13〕 容庚：《秦漢金文錄》，中華書局，2012 年，第 670 頁。
〔註14〕 容庚：《秦漢金文錄》，中華書局，2012 年，第 671 頁。
〔註15〕 容庚：《秦漢金文錄》，中華書局，2012 年，第 671 頁。
〔註16〕 陳自經、劉心健：《山東蒼山發現東漢永初紀年鐵刀》，《文物》1974 年第 12 期。
〔註17〕 徐州博物館：《徐州發現東漢建初二年五十湅鋼劍》，《文物》1979 年第 7 期。
〔註18〕 〔日〕梅原末治：《奈良縣櫟本東大寺山古墳出土の漢中平紀年の鐵刀》，《考古學雜誌》第 48 卷第 2 號，1962 年。轉引自孫機：《略論百鍊鋼刀劍及相關問題》，《文物》1991 年第 1 期。

上述山東蒼山縣漢墓出土的「卅湅」鋼刀和徐州銅山縣出土的「五十湅」鋼劍，通過金相分析，它們都是由含碳量較高的炒鋼為原料反覆加熱疊打而成〔註19〕。在它們的斷面上都觀察到分層現象，蒼山鋼刀約30層，徐州鋼劍約60層，與銘文標識的湅數基本一致。因此湅數可能是指疊打後的層數〔註20〕。對炒鋼原料進行反覆加熱、折疊鍛打，可以使鋼的組織緻密，成分均勻，夾雜物減少細化，從而能使鋼件更加堅韌，顯著提高鋼的質量。

這把永壽二年的「廿灌百辟」鋼刀，結合了灌鋼和辟湅的冶煉工藝，利用生鐵含碳量較高，熟鐵含氧化夾雜較多的特點，在高溫下用液態生鐵中的碳、錳、矽與熟鐵中的氧化物「宿」合發生反應，再經過多次反覆加熱折疊鍛打，去除雜質，純化金屬組織，成就了質量上乘的鋼刀利刃。從「廿灌百辟」的描述上看，辟的次數遠遠多於灌的次數，也符合實際操作的工藝邏輯。原因在於灌鋼仍然使用固體原料煉成，不能熔成鋼液，還是需要不斷的鍛打，使組織均勻，所以後面的工序還需要大量的「辟湅」。

從X-ray探傷照片上看，此刀的刃部與刀身的構成存在著明顯的差異（圖九）。由於這件鋼刀未做金相分析，具體組織結構情況不得而知。根據經驗，我們推測刃部有可能做了局部淬火的處理。淬火技術多應用於鋼鐵製品的刃部或頭部，最早出現於戰國晚期，河北易縣燕下都M44出土的兩把鐵劍和一把鐵戟中，均有針狀馬氏體組織，是迄今所知最早的淬火鐵器〔註21〕。《漢書·王褒傳》：「巧冶鑄干將之樸，清水淬其鋒。」西漢時期冶造工匠已掌握高超的局部淬火技術。從出土的實物來看，文獻記載屬實。兩漢時期生產者對刀劍等器物的刃部已成熟的使用局部淬火的新工藝：徐州獅子山楚王陵出土的3件圓頭鐵鑿、1件平頭鐵鑿的頭部均發現了馬氏體組織，是局部淬火的結果〔註22〕。河北滿城漢墓出土的兩把鋼劍（M1：5105、4249）和錯金書刀（M1：5197）刃部均採用了局部淬火的技術，經測定劉勝佩劍（M1：5105）的刃部

〔註19〕 蒼山鋼刀的金相分析參見李眾《中國封建社會前期鋼鐵冶煉技術發展的探討》，《考古學報》1975年第2期；徐州鋼劍的金相分析參見韓汝玢、柯俊《中國古代的百煉鋼》，《自然科學史研究》1984年第3卷第4期。

〔註20〕 孫機：《漢代物質文化資料圖說》（增訂本），上海古籍出版社，2011年，第56頁。

〔註21〕 北京鋼鐵學院壓力加工專業：《易縣燕下都44號墓葬鐵器金相考察初步報告》，《考古》1975年第4期。

〔註22〕 北京科技大學冶金與材料史研究所、徐州漢兵馬俑博物館：《徐州獅子山西漢楚王陵出土鐵器的實驗研究》，《文物》1999年第7期。

硬度約爲維氏硬度 900 公斤/毫米 2，錯金書刀（M1：5197）的刃部硬度約爲維氏硬度 570 公斤/毫米 2 等〔註 23〕。1974 年山東蒼山出土的永初六年（112年）三十湅鋼刀「刃部經過淬火，雖然銹蝕，仍可見極少量馬氏體」〔註 24〕。在兵器、工具的刃口或頭部進行局部淬火，顯著提高了使用部位的硬度，極其鋒利，而其他部位則避免了因淬火而引起的脆性，硬度較低，保持了較強的韌性，不易折斷。獅子山漢墓出土的鐵鑿與佩刀佩劍相比不具備禮儀法度價值，是普遍的生產工具，其頭部使用淬火，反映出西漢早期局部淬火技術已經得到較廣泛的傳播和應用。這件鋼刀刃口的結構表明東漢末年局部淬火工藝更加完善、進步。

綜上所述，這件鋼刀是東漢晚期鋼鐵刀劍高規格製作工藝的上乘之作，是使用灌鋼辟湅法的最早實物之一，具有極爲重要的科技價值。

二、鋼刀的製造處與使用者

刀脊銘文首先言稱「永壽二年二月濯龍造」。「濯龍」爲東漢的宮苑名，司馬彪《續漢書・百官志》云：「濯龍園，在洛陽西北角。」〔註 25〕《續漢志》云：「濯龍，園名，近北宮。」〔註 26〕李尤《德陽殿賦》：「德陽之北，斯曰濯龍。」〔註 27〕濯龍園是東漢時期洛陽城內規模較大的宮苑，位於洛陽城的西北，可通北宮，內有濯龍殿、濯龍池。桓帝時期進行擴建修葺，園林景色秀麗，以水景取勝。薛綜注《東京賦》引《洛陽圖經》曰：「濯龍，池名，故歌曰：『濯龍望如海，河橋渡似雷。』」〔註 28〕又《後漢書・桓帝紀》：「前史稱桓帝好音樂，善琴笙，飾芳林而考濯龍之宮。」〔註 29〕〕桓帝經常在園內演樂娛樂。桓帝末年，「（延熹）九年，親祠老子於濯龍」〔註 30〕，「設華蓋以祠浮屠、老子」〔註 31〕，皇帝在濯龍宮進行宗教祭祀。桓帝一朝在濯龍宮內活動

〔註 23〕 北京鋼鐵學院金相實驗室：《滿城漢墓部分金屬器的金相分析報告》，載中國社會科學院考古研究、河北省文物管理處《滿城漢墓發掘報告》附錄三，文物出版社，1980 年，第 372～373 頁。

〔註 24〕 韓汝玢、柯俊：《中國古代的百湅鋼》，《自然科學史研究》第 3 卷第 4 期，1984 年。

〔註 25〕 （唐）李昉等：《太平御覽》卷八二四，中華書局，1960 年，第 3671 頁。

〔註 26〕 引自吳樹平：《東觀漢記校注》，中州古籍出版社，1987 年，第 198 頁。

〔註 27〕 （唐）歐陽詢：《藝文類聚》卷六十，上海古籍出版社，1982 年，第 1122 頁。

〔註 28〕 （南朝梁）蕭統：《文選》卷三，中華書局，1977 年，第 55 頁。

〔註 29〕 （南朝宋）范曄：《後漢書》卷七，中華書局，1965 年，第 320 頁。

〔註 30〕 （南朝宋）范曄：《後漢書》志第八，中華書局，1965 年，第 3188 頁。

〔註 31〕 （南朝宋）范曄：《後漢書》卷七，中華書局，1965 年，第 320 頁。

十分頻繁，不僅遊嬉消遣，而且還熱衷宗教活動。桓帝對於濯龍宮鍾愛有加，頗爲寵幸。這把鋼刀爲濯龍宮所造，歸皇帝所屬也是順理成章的。另外從「濯龍造」的辭例來看，由宮苑製造產品的情況，在漢代的器物銘文中也是極其少見的，說明這件鋼刀的特殊性，應當爲專供皇帝使用之物。

刀柄銘文「濯龍持作百辟」。持作是漢魏六朝的俗語，如曹植著名的《七步詩》中有「煮豆持作羹」（《世說新語‧文學》六六），東漢以來翻譯的佛經中也常見此詞，如後漢人譯《雜譬喻經》卷上：「長者婦問曰：『卿在此仰我衣食，欸復用錢爲？持作何等？』」三國吳康僧會譯《舊雜譬喻經》卷上：「昔海邊有國王行射獵，得一沙門，持作使沙門夜誦經作梵聲。」刀柄銘文與刀脊銘文內容相呼應，仍然強調此刀的製造處爲濯龍宮，加工工藝採用的是百鍊鋼技術。

「長三尺四寸把刀」揭示了鋼刀的尺寸和性質。漢代一尺合 23.1 釐米，然而從出土的東漢尺類實物的長度來看，東漢後期尺度略有增長，每尺約長23.5 釐米〔註32〕。據此值這算，刀的長度爲 79.9 釐米，與實際長度極其接近。結合銹蝕磨損等因素考慮，漢尺取值 23.5 釐米是較爲科學和精準的。「把刀」，謝承《後漢書‧應奉傳》有：「延熹中，詔應奉曰：『賜奉金錯把刀。』」〔註33〕《後漢書‧輿服志》曰：「佩刀，諸侯王黃金錯，環挾半鮫，黑室。」〔註34〕把刀是一種環首錯金的佩刀，在漢代只有諸侯王級別以上的貴族才能佩戴。張協《把刀銘》：「奕奕名金，昆吾遺璞，裁爲把刀，利亞切玉。」〔註35〕把刀不僅華貴，而且能夠銷金斷玉，堅韌鋒利。根據文獻上對把刀的讚譽，這件鋼刀在當時想必也是異常銳利，乃是經過「廿灌百辟」工藝和局部淬火處理的結果。

〔註32〕 丘光明：《中國古代度量衡》，商務印書館，1996 年，第 106 頁。《中國科學技術史‧度量衡卷》：「東漢尺長定在 23.1 釐米還是恰當的，但同時又不能否定在東漢末年，尺度已略有增長。」（丘光明、邱隆、楊平著，科學出版社，2001 年，第 211 頁）；《中國歷代度量衡考》書中徑直言道「東漢尺位量值暫定爲 23.5 釐米」（丘光明著，科學出版社，1992 年，第 55 頁）。
〔註33〕 周天遊：《八家後漢書輯注》，上海古籍出版社，1986 年，第 72 頁。
〔註34〕 （南朝宋）范曄：《後漢書》志第三十，中華書局，1965 年，第 3672 頁。
〔註35〕 （唐）歐陽詢：《藝文類聚》卷六十，上海古籍出版社，1982 年，第 1084～1085 頁。

三、物勒工名的生產管理制度

「物勒工名，以考其誠」是指將器物製造者的名字鑄刻在器物上，以便管理者檢驗產品的質量和核查生產者的績效。物勒工名製度始於戰國中期，是古代手工業生產和管理模式的一項基本制度，對確保產品的質量和技術進步具有十分重要的意義。漢代的物勒工名製度已經相當成熟完備，戰國以來形成的官營手工業製造三級負責制一直延續到兩漢時期，器物的銘文中一般包括製造者、主造者和監造者三個級別，並在器物上鐫刻其名字。

銘文中製造者、主造者和監造者俱全。製造者包括「鐵工劉滿」、「鍛工虞廣」、「削厲待詔王甫」、「金錯待詔灌宜」。鐵工是負責冶煉鋼鐵的工官，此銘中特指灌鋼這道工序。《說文·金部》：「鍛，小冶也。」鍛的意思是對鋼鐵材料在加熱的狀態下進行錘擊的加工方式，鍛工是負責反覆加熱折疊鍛打的工官。「削厲」一詞見於《史記·梁孝王世家》「問長安中削厲工」之句，據瀧川資言引岡白駒曰：「削，劍室也。厲，磨石。謂作劍室及磨礪劍者。」〔註36〕劍室為劍鞘之別稱，楊雄《方言》卷九：「劍削，自河而北燕趙之間謂之室。」〔註37〕《史記·刺客列傳》：「親王驚，自引而起，袖絕。拔劍，劍長，操其室。」司馬貞《索隱》：「室謂鞘也。」〔註38〕「削厲」在這裡是指製造刀鞘和磨礪鋒刃的工序。「待詔」本義是「等待皇帝詔命」，以便供奉內廷，為皇室服務。漢代將有才技而無官職者，徵召到京待命，後演變成一種具有臨時和候補性質的職官名稱。漢代待詔由具有特殊才能和專業技術的人充任，如《漢書·郊祀志》有「本草待詔」，顏師古注：「本草待詔，謂以方藥本草而待詔者。」〔註39〕即為宮廷服務的藥事管理人員。因此，王甫負責製作刀鞘、磨礪鋒刃的工作，灌宜是對鋼刀的紋飾和銘文進行錯金工藝加工，二人的身份都是專為皇室供職的待詔之官。

「領濯龍別監唐衡監作」一句指出了監造官的官銜。「領」表示兼任官職之義，在漢代十分常見。如漢昭帝即位之初「大將軍（霍）光秉政，領尚書事」〔註40〕，漢宣帝時霍光病故後「（張安世）竟拜為大司馬車騎將軍，

〔註36〕　〔日〕瀧川資言：《史記會注考證》，上海古籍出版社，1986年，第1263頁。
〔註37〕　華學誠：《揚雄方言校釋彙證》，中華書局，2006年，第590頁。
〔註38〕　（漢）司馬遷：《史記》卷八十六，中華書局，1959年，第2535頁。
〔註39〕　（漢）班固：《漢書》卷二十五，中華書局，1962年，第1258頁。
〔註40〕　（漢）班固：《漢書》卷七，中華書局，1962年，第271頁。

領尙書事」〔註41〕，漢宣帝病危時「拜（史）高爲大司馬車騎將軍，領尙書事」〔註42〕，漢成帝即位時「以（王）鳳爲大司馬大將軍，領尙書事」〔註43〕等。這些朝中重臣皆有本職本官，但都兼管或主持尙書臺的工作；又《居延新簡》（EPF22：169）：「建武黍（七）年六月庚午，領甲渠候（侯）職門下督盜賊。」〔註44〕即本官兼領甲渠侯之職懲治盜賊。「濯龍監」見於《後漢書‧百官志》，是掌管濯龍苑的官員，歸管理京城及其周邊的「池、苑、囿、遊觀」的鈎盾令統屬。《漢書‧百官公卿表》謂鈎盾令下屬有五丞二尉。《後漢書‧百官志》具體列舉了這「五丞二尉」：永安丞、苑中丞、果丞、鴻池丞、南園丞及濯龍監、直裏監，其中的濯龍、直裏二監的官位爲尉，秩俸一般爲四百石，由於濯龍宮的重要性，故濯龍監的秩俸爲六百石〔註45〕。濯龍別監是濯龍監的佐官副貳。這位監造官唐衡很有可能就是桓帝身邊的宦官唐衡，此人頗受桓帝恩寵信賴，其家族成員也位居要職，其兄唐玹歷任京兆虎牙都尉、京兆尹，其弟唐珍歷任司隸、太常、司空。延熹二年（159年），唐衡與單超、左悺、具瑗、徐璜等宦官合謀協助桓帝誅滅權傾朝野的外戚集團首領大將軍梁冀，受封汝陽侯，顯赫一時。濯龍宮爲桓帝經常活動的場所，由親信的宦官任管理者並負責監督製造專供皇帝使用的佩刀，這再合理不過了。

驕姚北係主造官。隸變之後的驕字字形有 馬号（《禮器碑》）、騀（《唐右勳衛周君平墓誌》）〔註46〕等，此字 騀 與唐墓誌寫法相同，應爲驕字在漢代的一種異寫。按照漢代物勒工名製度的慣例，驕應理解爲主造官的官職，驕官早在西周時期就已出現，金文中稱爲「驕人」（卅年虎簋蓋《銘圖》05399、05400，乘盨〔註47〕），具體負責馬政。《說文‧馬部》：「驕，廄御也。從馬，芻聲。」《玉篇‧馬部》：「驕，養馬人名。」《左傳》襄公二十三年「孟氏之

〔註41〕 （漢）班固：《漢書》卷五十九，中華書局，1962年，第2648頁。
〔註42〕 （漢）班固：《漢書》卷八十二，中華書局，1962年，第3375頁。
〔註43〕 （漢）班固：《漢書》卷九十八，中華書局，1962年，第4017頁。
〔註44〕 甘肅省博物館、中國社會科學院歷史研究所：《居延新簡》，文物出版社，1990年，第488頁。
〔註45〕 參見劉昭注引應劭《漢官秩》曰：「（濯龍監）秩六百石。」（范曄：《後漢書》志第二十六，中華書局，1965年，第3596頁。）
〔註46〕 秦公：《碑別字新編》，文物出版社，1985年，第449頁。
〔註47〕 此盨爲2017年中國國家博物館新入藏的器物，時代在西周晚期屬王世，見於筆者拙文《乘盨小考》，待刊。

御豐點」孔穎達疏：「騶，是掌馬之官，蓋兼掌御事，謂之御騶。」漢代的騶是專爲皇帝養馬、御馬駕車之人，是天子身邊的近臣。

在製造這把鋼刀的過程中，各類匠工分工明確，流水作業，不同工種依次進行，每完成一道工序都要勒名於上，主造官和監造官的姓名也要鐫刻其上，以表示對製造工作的負責，確保產品的質量。此刀爲濯龍宮所造，專門供皇帝使用，故而產品的生產管理監控十分嚴格，「物勒工名」制度得到了有效的貫徹。

四、結語

永壽二年錯金環首鋼刀，經過「卅灌百辟」的冶煉製作而成，利用灌鋼與辟煉相結合的技術，並進行局部淬火的處理，代表了當時最先進的工藝水平。此刀爲濯龍宮所造，專供皇帝佩帶使用，是迄今發現的同類器物中等級最高的一件，殊爲珍貴。刀銘凡 60 字，是目前所見漢代刀劍類器物中銘文字數最多的一件。「物勒工名」詳細完備，反映出東漢晚期皇室對於手工業生產的質量管理和檢驗監督存在著制度性的保證。

本文是在《對東漢永壽二年錯金鋼刀的初步認識》（載《中國國家博物館館刊》2013 年第 2 期）一文的基礎之上修改增訂而成。

永壽二年錯金環首鋼刀

圖二　　　　　　　　　　　　　圖三

環首紋飾　　　　　　　　刀柄髹漆描金紋飾殘留

圖四

刀身錯金紋飾

圖六

刀脊錯金火焰紋及勾連雲紋

圖七　　　　　　圖八　　　　　　圖九

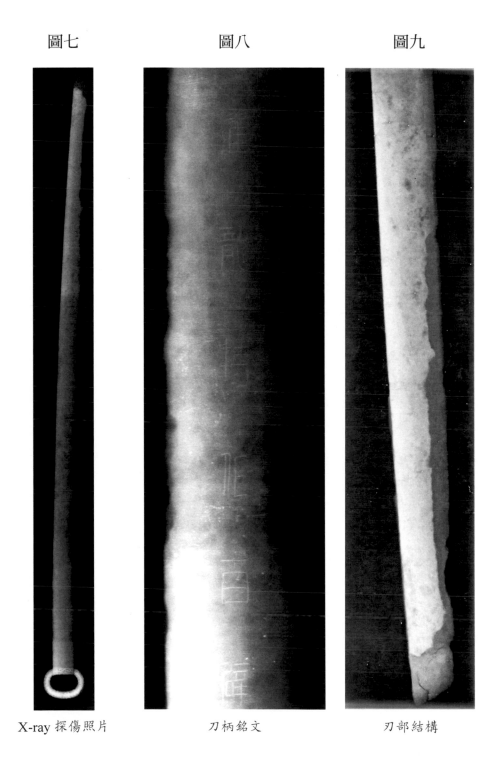

X-ray 探傷照片　　　　刀柄銘文　　　　刃部結構

引用甲骨、金文來源著錄書簡稱表

《懷特》	許進雄：《懷特氏等收藏甲骨文集》，皇家安大略博物館，1979 年。
《合集》	郭沫若主編、胡厚宣總編輯、中國社會科學院歷史研究所編：《甲骨文合集》，中華書局，1982 年。
《屯南》	中國社會科學院考古研究所：《小屯南地甲骨》，中華書局，1983 年。
《英藏》	李學勤、齊文心、艾蘭：《英國所藏甲骨集》，中華書局，1985 年、1992 年。
《三代》	羅振玉：《三代吉金文存》，中華書局，1983 年。
《集成》	中國社會科學院考古研究所：《殷周金文集成》（修訂增補本），中華書局，2007 年。
《銘圖》	吳鎮烽：《商周青銅器銘文暨圖像集成》，上海古籍出版社，2012 年。
《銘續》	吳鎮烽：《商周青銅器銘文暨圖像集成續編》，上海古籍出版社，2016 年。

後　記

　　2009 年 7 月，我從北京師範大學歷史學院博士畢業後，旋即進入中國國家博物館工作，被安排在原藏品保管一部徵集室。今年十月，館內部門調整，我被分配在藏品徵集與鑒定部，仍從事文物徵集工作。

　　在校期間，我所學的專業是先秦史，主攻西周史，對商周金文有一些粗淺的認識。入職國家博物館後，在文物徵集崗位上，我可以零距離的觀察摩挲新見的文物資料，這是極為難得的機會和幸福。不僅如此，在文物鑒定過程中，能夠跟隨李學勤、孫機、朱鳳瀚、李伯謙、吳鎮烽、陳佩芬、信立祥、劉緒等業內頂級專家左右，聆聽他們的高論和教誨，從中受教良多、獲益匪淺。

　　2015 年蒙恩師晁福林先生不棄，向花木蘭出版社推薦了我的這本小書，由於本人愚懶駑鈍，今年夏天才將近年練筆之作彙集交付給出版社。這本小冊子聊算是我在中國國家博物館工作近十年的一個學術總結。

　　本書中收錄的論文涉及的主題文物皆為中國國家博物館的藏品，既包括舊藏重器，又囊收近年新入藏的精品，以具名青銅器為主：2013 年本人有幸參與《中國國家博物館館藏文物研究叢書》這一重大項目，負責《青銅器卷·西周分冊》的編撰，現已截稿，這本書收錄的研究宜侯夨簋、師酉簋等重器的文章，是基於「館藏叢書」中的一些內容豐富充實而成；2017 年 6 月本人主持國家社科基金項目「中國國家博物館新入藏商周青銅器研究」（項目批號：17BZS128），書中的大部分內容是這一項目的階段性成果。由於本人沒有接受過考古學、古文字學的系統訓練，缺乏相關的專業知識，謬誤淺薄之處甚多，還請方家不吝賜教指正。

　　在北師大的十年，晁福林先生作爲我的本碩博畢業論文的指導教師，引領我踏入了先秦史研究的殿堂，晁先生的悉心栽培和鞭策，令我沒齒難忘。入職國家博物館後，在徵集鑒定實踐中，朱鳳瀚先生給予我莫大的指導和提攜，使我對青銅器學有所涉足，朱先生的無私扶掖令我感遇忘身。此次承蒙兩位先生垂青眷顧，特爲拙作撥冗賜序，予以充分的肯定和鼓勵，幸甚至哉。

　　感謝中國國家博物館各級領導和同事對我的關心和支持，從藏品信息，攝影圖片，銘文拓制，科學檢測等方面都提供了便利和幫助。感謝北京大學、清華大學、北京師範大學、香港中文大學、香港大學、東北師範大學、首都師範大學、西南大學、深圳大學、貴州大學、中國社會科學院、山東省文物考古研究院、河南省文物考古研究院等高校、科研院所、文博單位的領導、學界前輩同仁的盛情邀請，通過舉辦講座和學術研討會，創造交流學習、求教大方的機會，將我的一些陋見獻於學界。

　　最後感謝花木蘭出版社副總編輯楊嘉樂女士、責任編輯許郁翎老師、王筑老師，沒有他們的辛勤付出，這本小書恐難問世。

田率
2018 年 12 月 12 日